Hans-Joachim Bauschke · AGG
Allgemeines Gleichbehandlungsgesetz im öffentlichen Dienst

Kommentar

Hans-Joachim Bauschke

AGG

Allgemeines Gleichbehandlungsgesetz im öffentlichen Dienst

Kommentar

Luchterhand

Bibliografische Information der Deutschen Bibliothek
Die Deutsche Bibliothek verzeichnet diese Publikation in der Deutschen Nationalbibliografie; detaillierte bibliografische Daten sind im Internet über **http://dnb.ddb.de** abrufbar.

ISBN 978-3-472-06802-0

www.luchterhand-fachverlag.de

Alle Rechte vorbehalten.
© 2007 Wolters Kluwer Deutschland GmbH, Köln
Luchterhand – eine Marke von Wolters Kluwer Deutschland
Das Werk und seine Teile sind urheberrechtlich geschützt. Jede Nutzung in anderen als den gesetzlich zugelassenen Fällen bedarf der vorherigen schriftlichen Einwilligung des Verlages. Hinweis zu § 52a UrhG: Weder das Werk noch seine Teile dürfen ohne eine solche Einwilligung eingescannt und in ein Netzwerk eingestellt werden. Dies gilt auch für Intranets von Schulen und sonstigen Bildungseinrichtungen.
Satz: Mediendesign Ute C. Renda-Becker, Lahnstein.
Grafik: Martina Busch, Grafikdesign, Fürstenfeldbruck
Druck: Wilco, NL

∞ Gedruckt auf säurefreiem, alterungsbeständigem und chlorfreiem Papier

Vorwort

Trotz der langen **Tradition** des **Schutzes** vor **Diskriminierung** in Deutschland durch die **Verfassung**, durch gesetzliche Regelungen und eine ausdifferenzierte **Rechtsprechung** ist insbesondere aufgrund **europäischer Rechtsentwicklung** in den letzten Jahren erheblich Bewegung in das Thema des Diskriminierungsverbots geraten. In aktueller Zeit mussten insbesondere **Richtlinien** der **EU** umgesetzt werden, die einzelne Aspekte des Schutzes vor Diskriminierung, auch über das Kriterium »Geschlecht« hinausgehend, zum Gegenstand hatten und damit den nationalen Gesetzgeber zur Reaktion zwangen.

Nachdem das durch von der Rot-Grüne Koalition eingebrachte **Antidiskriminierungsgesetz** (ADG) wegen der politischen Widerstände und der dynamischen politischen Entwicklung zum **Scheitern** verurteilt war, hat die große Koalition nunmehr das **Allgemeine Gleichbehandlungsgesetz (AGG)** geschaffen, das mit Wirkung vom 18.08.2006 in Kraft trat.

Der Themenkreis des Schutzes vor **Diskriminierung** durch gesetzliche Initiativen gehört zu den **rechtspolitischen Brennpunkten** der letzten Zeit. Zahlreiche Reaktionen im Schrifttum, namentlich auch durch eine Vielzahl von angekündigten Kommentaren, setzen sich mit dem AGG auseinander.

In dem hier vorgelegten **Kommentar** sollen einerseits die Vorschriften des AGG **praxisnah** kommentiert werden. Insbesondere wird **Wert** auf seine Berührungspunkte und Auswirkungen im **öffentlichen Dienst** gelegt. Das **Gesetz** wird jedenfalls Auswirkungen auf das **Innenverhältnis**, d. h. das Rechtsverhältnis zwischen Dienstherrn und Beschäftigten haben; zugleich wird es wegen seiner allgemeinen Programmatik auch den **Außenbereich** der Tätigkeit der öffentlichen Verwaltung, nämlich die »**Kundenkontakte**« mit betroffenen Bürgern und damit der Öffentlichkeit berühren. Der öffentliche Dienst und sein Tätigwerden wird noch mehr als die übrigen Bereiche der Gesellschaft bei der Frage auf den Prüfstand gestellt werden, inwieweit es gelingt, die allgemein akzeptierten Ziele, insbesondere eine Verbesserung der Einstellungen und Verhaltensweisen sowie die Verhinderung und Bekämpfung von Diskriminierung zu erreichen.

Dabei kann es bei dem vorliegenden **Kurzkommentar** zunächst nur um eine **erste Annäherung** an die komplexe Materie und an die in sich nicht unproblematischen Einzelbestimmungen gehen. Die Zukunft wird zeigen, inwieweit es durch Handlungsprogramme, Schulungen und Aufklärungsarbeit gelingen wird, das AGG mit Leben zu erfüllen und praktikabel zu machen. Derzeit wird dem AGG fast ausnahmslos mit erheblichen Ressentiments begegnet. Erste »Diskriminierungsprozesse« beschäftigen die Gerichte. Auf eine »angemessene Behandlung« ist zu hoffen.

Heidelberg, März 2007   Hans-Joachim Bauschke

Inhaltsverzeichnis

Seite

Vorwort V

Abkürzungsverzeichnis XI

Literaturverzeichnis XV

Einführung 1

Kommentierung des AGG 13
Abschnitt 1: Allgemeiner Teil 13
§ 1 Ziel des Gesetzes 13
§ 2 Anwendungsbereich 23
§ 3 Begriffsbestimmungen 34
§ 4 Unterschiedliche Behandlung wegen mehrerer Gründe 40
§ 5 Positive Maßnahmen 40

Abschnitt 2: Schutz der Beschäftigten vor Benachteiligung 43
Unterabschnitt 1: Verbot der Benachteiligung 43
§ 6 Persönlicher Anwendungsbereich 43
§ 7 Benachteiligungsverbot 48
§ 8 Zulässige unterschiedliche Behandlung wegen beruflicher Anforderungen 51
§ 9 Zulässige unterschiedliche Behandlung wegen der Religion oder Weltanschauung 54
§ 10 Zulässige unterschiedliche Behandlung wegen des Alters 55

Unterabschnitt 2: Organisationspflichten des Arbeitgebers 59
§ 11 Ausschreibung 59
§ 12 Maßnahmen und Pflichten des Arbeitgebers 62

Seite

Unterabschnitt 3: Recht der Beschäftigten 66
§ 13 Beschwerderecht 66
§ 14 Leistungsverweigerungsrecht 68
§ 15 Entschädigung und Schadensersatz 69
§ 16 Maßregelungsverbot 72

Unterabschnitt 4: Ergänzende Vorschriften 73
§ 17 Soziale Verantwortung der Beteiligten 73
§ 18 Mitgliedschaft in Vereinigungen 74

Abschnitt 3: Schutz vor Benachteiligung im Zivilrechtsverkehr 76
§ 19 Zivilrechtliches Benachteiligungsverbot 76
§ 20 Zulässige unterschiedliche Behandlung 80
§ 21 Ansprüche 81

Abschnitt 4: Rechtschutz 84
§ 22 Beweislast 84
§ 23 Unterstützung durch Antidiskriminierungsverbände 85

Abschnitt 5: Sonderregelungen für öffentlich-rechtliche Dienstverhältnisse 86
§ 24 Sonderregelung für öffentlich-rechtliche Dienstverhältnisse 86

Abschnitt 6: Antidiskriminierungsstelle 90
§ 25 Antidiskriminierungsstelle des Bundes 90
§ 26 Rechtsstellung der Leitung der Antidiskriminierungsstelle des Bundes 91
§ 27 Aufgaben 93
§ 28 Befugnisse 95
§ 29 Zusammenarbeit mit Nichtregierungsorganisationen und anderen Einrichtungen 95
§ 30 Beirat 96

Inhaltsverzeichnis

Seite

Abschnitt 7: Schlussvorschriften 97
§ 31 Unabdingbarkeit 97
§ 32 Schlussbestimmungen 99
§ 33 Übergangsbestimmungen 99

Kommentierung des SoldGG 101

Arbeitshilfen 113

Vorschriften 119

Richtlinie 2000/43/EG des Rates vom 29. Juni 2000 119

Richtlinie 2000/78/EG des Rates vom 27. November 2000 129

Richtlinie des Rates 76/207 EWG vom 9. Februar 1976 143

Richtlinie 2006/54/EG des Europäischen Parlaments
und des Rates vom 5. Juli 2006 153

Grundgesetz (GG) - Auszug 175

Bundesgleichstellungsgesetz (BGleiG) 177

Soldatinnen- und Soldaten-Gleichstellungsgesetz (SGleiG) 191

Stichwortverzeichnis 205

Abkürzungsverzeichnis

A
a. a. O.	am angegeben Ort
a. F.	alte Fassung
Abs.	Absatz
ADG	Antidiskriminierungsgesetz
AGG	Allgemeines Gleichbehandlungsgesetz
AktG	Aktiengesetz
Alt.	Alternative
Anl.	Anlage
Anm.	Anmerkung
AP	Arbeitsrechtliche Praxis, Nachschlagewerk des BAG
ArbG	Arbeitsgericht
ArbGG	Arbeitsgerichtsgesetz
AR-Blattei	Arbeitsrecht-Blattei
ArbPlSchG	Arbeitsplatzschutzgesetz
Art.	Artikel
Aufl.	Auflage
AÜG	Arbeitnehmerüberlassungsgesetz
AZG	Arbeitszeitgesetz

B
BA	Bundesagentur für Arbeit
BAG	Bundesarbeitsgericht
BB	Betriebs-Berater
BBG	Bundesbeamtengesetz
BBiG	Berufsbildungsgesetz
Bd.	Band
BErzGG	Bundeserziehungsgeldgesetz
BetrVG	Betriebsverfassungsgesetz
BGB	Bürgerliches Gesetzbuch
BGBl.	Bundesgesetzblatt
BGH	Bundesgerichtshof
BGleiG	Bundesgleichstellungsgesetz
Bl.	Blatt
BMAS	Bundesministerium für Arbeit und Sozialordnung
BMFSFJ	Bundesministerium für Familie, Senioren, Frauen und Jugend
BMW	Bundesministerium für Wirtschaft
BSG	Bundessozialgericht
BT	Bundestag
BT-Drucks.	Drucksache des deutschen Bundestags
BVerwG	Bundesverwaltungsgericht

C
Ch	Charta der Grundrechte der EU

D
DB	Der Betrieb
d. h.	das heißt
DGB	Deutscher Gewerkschaftsbund

E
e. V.	eingetragener Verein
EFZG	Entgeltfortzahlungsgesetz
EGV	Vertrag über die europäische Gemeinschaft
EU	Europäische Union
EWIV	Europäische Wirtschaftliche Interessensvereinigung

F
ff.	fortfolgende
Fn.	Fußnote
FS	Festschrift

G
GbR	Gesellschaft des bürgerlichen Rechts
GG	Grundgesetz
GmbH	Gesellschaft mit beschränkter Haftung
GWB	Gesetz gegen Wettbewerbsbeschränkungen

H
h. M.	herrschende Meinung
Halbs.	Halbsatz
hg.	herausgegeben
HGB	Handelsgesetzbuch
Hrsg.	Herausgeber

I
i. d. F.	in der Fassung
i. V. m.	in Verbindung mit

K
Kap.	Kapitel
KG	Kommanditgesellschaft
KSchG	Kündigungsschutzgesetz

L
LAG	Landesarbeitsgericht
LS	Leitsatz
lt.	laut

M
m. E.	meines Erachtens
m. w. N.	mit weiteren Nachweisen

N
n. F.	neue Fassung
NJW	Neue juristische Wochenschrift
Nr.	Nummer
NRW	Nordrhein-Westfalen
NZA	Neue Zeitschrift für Arbeitsrecht

O
OHG	Offene Handelsgesellschaft

R
RdA	Recht der Arbeit
Rn.	Randnummer
Rspr.	Rechtsprechung
Rz.	Randzahl

S
S.	Satz, Seite
s.	siehe
SGB	Sozialgesetzbuch
SGleiG	Soldatinnen- und Soldaten-Gleichstellungsgesetz
sog.	sogenannt(e), (er)
SoldGG	Gesetz über die Gleichbehandlung der Soldatinnen und Soldaten (Soldatinnen-, und Soldaten-Gleichbehandlungsgesetz)
SprAuG	Sprecherausschussgesetz
st.	ständig
StGB	Strafgesetzbuch
str.	strittig

T
TVÖD	Tarifvertrag für den öffentlichen Dienst
TzBfG	Teilzeit- und Befristungsgesetz

U
u. a.	unter anderem
u. ä.	und ähnliches
umstr.	umstritten
Urt.	Urteil
usw.	und so weiter

V
vgl.	vergleiche
v. H.	von Hundert
Vorbem.	Vorbemerkung

Abkürzungsverzeichnis

Z
z. B. zum Beispiel
Ziff. Ziffer
zit. zitiert
ZPO Zivilprozessordnung

Literaturverzeichnis

Alenfelder, Klaus M., Diskriminierungsschutz im Arbeitsrecht, Köln 2006

Bauer, Jobst-Hubertus/Göpfert, Burkhard/Krieger, Steffen, Allgemeines Gleichbehandlungsgesetz (AGG), München 2007

Busch, Sebastian, Allgemeines Gleichbehandlungsgesetz, Frankfurt 2007

Däubler, Wolfgang/Bertzbach, Martin (Hrsg.), Allgemeines Gleichbehandlungsgesetz, Baden-Baden 2006

Flohr, Eckhard/Ring, Gerhard, Das neue Gleichbehandlungsgesetz, Münster 2006

Gaier, Reinhard/Wendtland, Holger, Allgemeines Gleichbehandlungsgesetz: AGG, München 2006

Nollert-Borasio, Christiane/Perreng, Martina, Allgemeines Gleichbehandlungsgesetz, Frankfurt/M. 2006

Roesner, Ralf, Das Allgemeine Gleichbehandlungsgesetz, 1. Aufl., Heidelberg 2006

Rudolf, Beate/Mahlmann, Matthias (Hrsg.), Gleichbehandlungsrecht, Baden-Baden 2007

Rühl, Wolfgang/Schmid, Matthias/Viethen, Hans Peter, Allgemeines Gleichbehandlungsgesetz, München 2007

Schiek, Dagmar (Hrsg.), Allgemeines Gleichbehandlungsgesetz (AGG), 2006

Schleusener, Aino/Suckow, Jens/Voigt, Burkhard, AGG, Neuwied 2007

Schrader, Peter/Schubert, Jens Michael, Das neue AGG, Baden-Baden 2006

Stuber, Michael, Das allgemeine Gleichbehandlungsgesetz in der betrieblichen Praxis, Freiburg/Berlin/München 2006

Thüsing, Gregor, Arbeitsrechtlicher Diskriminierungsschutz, München 2007

Worzalla, Michael, Das neue Allgemeine Gleichbehandlungsgesetz, Stuttgart 2006

Einführung

I. Rechtsgrundlagen

Der **Schutz** gegen **Diskriminierung** hat in **Deutschland** insbesondere seit Ende des Zweiten Weltkriegs **Tradition**. So enthält die Verfassung des Grundgesetzes insgesamt ein **implizites Bekenntnis** zum Antidiskriminierungsschutz. Hierzu tragen die **Menschen-** und **Grundrechte** wie etwa die »**Würde** des Menschen« (Art. 1 Abs. 1 GG), die »unverletzlichen und unveräußerlichen **Menschenrechte**« (Art. 1 Abs. 2 GG), die **allgemeinen Freiheitsrechte** (Art. 2 Abs. 1 GG), die freie Entfaltung der Persönlichkeit und die **besonderen Freiheitsrechte** (Glaubens-, Gewissens- und Bekenntnisfreiheit, Art. 4 GG) sowie insbesondere auch die Freiheit der **Berufswahl** als Bürgerrecht (Art. 12 GG), aber insbesondere der Grundsatz der **Gleichheit** vor dem Gesetz (Art. 3 Abs. 1 GG) bei. 1

Die verfassungsrechtliche Verknüpfung, die nunmehr auf der Basis von **Art. 23 GG** erfolgt, fordert eine stärkere Hinwendung zur **europäischen Entwicklung** und den dort normierten Rechtsgrundsätzen. Das Thema **Diskriminierung** ist insbesondere in den Art. 12 und 13 des Vertrags zur Gründung der europäischen Gemeinschaft (**EGV**) berührt. Danach besteht einerseits ein Diskriminierungsverbot wegen der Staatsangehörigkeit, mit dem jedoch vor allem eine wechselseitige Diskriminierung der EU-Mitgliedsstaaten und ihrer Angehörigen untereinander verhindert werden soll. Antidiskriminierungsmaßnahmen in der Neuregelung durch das AGG vergleichbarer Zielrichtung enthält **Art. 13 EGV**. Danach kann der Rat auf Vorschlag der Kommission nach Anhörung des Europäischen Parlaments einstimmig geeignete Vorkehrungen treffen, um Diskriminierung aus Gründen des Geschlechts, der Rasse, der ethnischen Herkunft, der Religion oder der Weltanschauung, einer Behinderung, des Alters oder der sexuellen Ausrichtung zu bekämpfen. Der dort aufgeführte **Kriterienkatalog** entspricht nahezu wortgleich (Unterschied sexuelle Ausrichtung statt sexueller Identität) den nunmehr im AGG festgehaltenen verpönten Merkmalen. Schließlich finden sich auch entsprechende Vorschriften in der am 07.12.2000 in Nizza feierlich proklamierten **Charta** der **Grundrechte** der **Europäischen Union** (ABl. Nr. C 364/1). Dort ist neben der Regulierung von Freiheitsrechten, zu denen beispielsweise auch die Gedanken-, Gewissens- und Religionsfreiheit (Art. 10 Ch), die Berufsfreiheit und das Recht zu arbeiten (Art. 15 Ch) und das Recht auf Bildung (Art. 20 Ch) gehören, vor allem auch das Prinzip der Gleichheit vor dem Gesetz (Art. 20 Ch) sowie das Verbot der Diskriminierung wegen des Geschlechts, der Rasse, der Hautfarbe, der ethnischen und sozialen Herkunft, der genetischen Merkmale, der Sprache, der Religion oder der Weltanschauung, der politischen und sonstigen Anschauung, der Zugehörigkeit zu einer nationalen Minderheit, des Vermögens, der Geburt, einer Behinderung, des Alters oder der sexuellen Ausrichtung verankert (Art. 21 Ch). Das Diversityprinzip findet seinen Niederschlag in Art. 22 GG, nach dem die »Vielfalt der Kulturen, Religionen und Sprachen« der Union zu achten ist. Die Gleichheit von Männern und Frauen ist nach Art. 23 Ch sicherzustellen, wobei die Beibehaltung 2

Einführung

oder Einführung spezifischer Vergünstigungen für das unterrepräsentierte Geschlecht nicht verboten sind.

3 Die vom AGG erfassten umgesetzten **Richtlinien** sind die Folgenden:

EU-Richtlinien
- 2000/43/EG des Rates vom 29.06.2000 zur Anwendung des Gleichbehandlungsgrundsatzes ohne Unterschied der Rasse oder der ethnischen Herkunft (ABl. EG Nr. L 180 S. 22)
- 2000/78/EG des Rates vom 27.11.2000 zur Festlegung eines allgemeinen Rahmens für die Verwirklichung der Gleichbehandlung in Beschäftigung und Beruf (ABl. EG Nr. L 303 S. 16)
- 202/73/EG des Europäischen Parlaments und des Rates vom 23.09.2002 zur Änderung der Richtlinie 76/207/EWG des Rates zur Verwirklichung des Grundsatzes der Gleichbehandlung von Männern und Frauen hinsichtlich des Zugangs zur Beschäftigung, zur Berufsbildung und zum beruflichen Aufstieg sowie in Bezug auf die Arbeitsbedingungen (ABl. EG Nr. L 269 S. 15)
- 2004/113/EG des Rates vom 13.12.2004 zur Verwirklichung des Grundsatzes der Gleichbehandlung von Männern und Frauen beim Zugang zu oder bei der Versorgung mit Gütern und Dienstleistungen (ABl. EG Nr. L 373 S. 37)

4 Die Rot-Grüne-Koalition war in den Jahren 2004/2005 mit einem Umsetzungsvorstoß am Bundesrat gescheitert. Durch die vorgezogenen **Neuwahlen** am 18.09.2005 und dem damit eingetretenen Ende der 15. Legislaturperiode des Bundestages hat sich die Initiative ohnehin erledigt. Dies führte zu dem Entwurf eines Gesetzes zur Umsetzung europäischer Antidiskriminierungsrichtlinien, (BT-Drs. 15/4538 vom 16.12.2004) für ein **Antidiskriminierungsgesetz** (ADG).

5 Mit diesem Gesetzgebungsverfahren wollte die alte Bundesregierung noch auf die **Vertragsverletzungsverfahren** reagieren, die die europäische **Kommission** gem. Art. 226 EGV bereits durch entsprechende Klage beim EuGH eingeleitet hatte. Der EuGH hatte bereits eine Vertragsverletzung Deutschlands wegen Nichtumsetzung der Antirassismusrichtlinie festgestellt (EuGH 28.04.2005 – Rs. C – 329/04). Der Gesetzentwurf zum ADG war durch die erhebliche Eile bei seiner Herstellung gekennzeichnet. Kaum eine Initiative der alten Bundesregierung war derartig in **Kritik** geraten. Dabei wurden namentlich rechtstechnische die Grundsätze von Dogmatik und Systematik verletzende Fehler gerügt. Immerhin war durch den Gesetzentwurf die avisierte Strafzahlung wegen Verletzung europäischen Rechts abgewendet.

6 **Allgemeines Gleichbehandlungsgesetz (AGG)**
Das am 18.08.2006 in Kraft getretene AGG stellt einen weiteren **Anlauf** zur Umsetzung der europäischen Antidiskriminierungsrichtlinien dar. Ganz ursprünglich wollte man die Regelungsbereiche des Schutzes vor Diskriminierung in Beschäftigung und Beruf einerseits und die zivilrechtlichen Aspekte andererseits in unterschiedlichen Gesetzen regeln. Ob dies nicht zu einer saubereren Trennung geführt hätte, mag dahinstehen. Insbesondere hat man durch Schaffung des »**Allgemeinen Teils**« und die Einbeziehung von sachlichen Anwendungsbereichen, die außer-

Einführung

halb des Arbeits- und Zivilrechts liegen, jedenfalls nach hier vertretener Auffassung die Grundsätze des AGG für einen deutlich **größeren Rechtsbereich** zur Anwendung gebracht. Nachdem das Gesetz im August 2006 in Kraft getreten war (BGBl. I S. 1897), musste es schon kurze Zeit später geändert werden, weil sich Ungereimtheiten und rechtssystematische Widersprüche eingeschlichen hatten. Auf die Einzelheiten wird an gegebener Stelle eingegangen werden (vgl. zu §§ 10 und 20 AGG sowie unten Rn. 9). Mit der gleichen Änderung wurden auch überflüssig gewordene Vorschriften des BGB (§§ 611a und 611b BGB) gestrichen.

Die wesentlichen **Unterschiede** im Hinblick auf den Vorgängerentwurf zum sog. ADG bestehen darin, dass das **Kündigungsrecht** aus dem Geltungsbereich des AGG gänzlich **herausgenommen** wurde. Darüber hinaus sind einige als besonders eingreifend empfundene **Rechtsregelungen abgeschwächt** oder **beseitigt** worden. Hierzu gehören die **Rechtsfolgen** der in § 7 Abs. 2 AGG geregelten Unwirksamkeit von AGG-widrigen Vereinbarungen, die Verkürzung der Frist zur Geltendmachung von **Schadensersatz-** und **Entschädigungsansprüchen**, die Reduzierung der Rechtsstellung von **Betriebsräten/Personalräten** und Gewerkschaften sowie der Position der **Antidiskriminierungsverbände** (nur noch Beistand statt Prozessvertretung) und die Erhöhung der Anforderungen an den Antragsteller in Bezug auf die **Beweislast**. 7

Mittlerweile gibt es eine **neue Richtlinie**: 8
- Richtlinie 2006/54 EG des Europäischen Parlaments und des Rates vom 05.07.2006 zur Verwirklichung des Grundsatzes der Chancengleichheit und der Gleichbehandlung von Männern und Frauen in Arbeits- und Beschäftigungsfragen (neue Fassung), ABl. EU 26.07.2006, Nr. L 204, S. 23.

Dabei ist fraglich, ob die dort geregelten, im Wesentlichen zusammengefassten Vorschriften anderer Richtlinien bereits eine erneute Änderung des AGG erfordern könnten.

Am 19.10.2006 hat der Bundestag eine **Änderung** des am 18.08.206 in Kraft getretenen allgemeinen Gleichbehandlungsgesetzes (AGG) beschlossen. Die geplanten Nachbesserungen sind im »Gesetz zur Änderung des **Betriebsrentengesetzes** und anderer Gesetze« (BGBl. 2006 I, S. 2742) enthalten. Die Änderungen dienen der Verbesserung einiger **sprachlicher Unebenheiten** und betreffen insbesondere die Sonderregelung über die **Rechtfertigung** einer unterschiedlichen Behandlung wegen des **Alters** (§ 10 AGG). Auf die Änderungen im Einzelnen wird an der jeweiligen Stelle innerhalb der Kommentierung eingegangen. 9

Neben dem sekundären Europarecht trägt insbesondere die Rechtsprechung des Europäischen Gerichtshofs (**EuGH**) zur **Fortentwicklung** des Europäischen Rechts insgesamt und namentlich in Richtung auf die Etablierung eines stärkeren Diskriminierungsschutzes erheblich mit bei. Nach der Rechtsprechung des EuGH haben **unter bestimmten Voraussetzungen**, zu denen insbesondere eine begriffliche Klarheit der Anweisung innerhalb der Richtlinie und die Festsetzung einer Frist zur Umsetzung in nationales Recht gehören, **Richtlinien** über die normale Wirkung des Art. 249 Abs. 3 EGV hinaus **unmittelbare Wirkung**. Dies gilt verstärkt für den öffentlichen Dienst (vgl. EuGH 26.05.2005, ABl. EG Nr. C 182, S. 19). Danach ist der Staat einschließlich der für ihn Tätigen auch vor Umsetzung in 10 nationales Recht an die Richtlinien unmittelbar gebunden. Insofern kann zu Recht eine **stärkere Bindung** des **öffentlichen Dienstes** insgesamt an die Inhalte der jeweiligen Richtlinien konstatiert werden. Die **Gesetzesbindung** der **öffentlichen Hand** ergibt sich aufgrund nationalen Verfassungsrechts aus Art. 20 Abs. 3 GG, wonach die vollziehende Gewalt, zu dem im Wesentlichen auch der öffentliche Dienst gehört, an Gesetz und Recht gebunden ist.

11 In gleiche Richtung geht auch die **Europäische Menschenrechtskonvention** (Konvention zum Schutz der Menschenrechte und Grundfreiheiten vom 04.11.1950, in der ab 01.11.1998 geltenden Fassung der Bekanntmachung vom 17.05.2002 (BGBl. II, S. 1054). Dort werden u. a. die Gedanken-, Gewissens- und Religionsfreiheit (Art. 9 KonV), sowie insbesondere **Diskriminierungsverbote** des Genusses der in der Konvention anerkannten Rechte und Freiheiten ohne Diskriminierung insbesondere wegen des Geschlechts, der Rasse, der Hautfarbe, der Sprache, der Religion, der politischen oder sonstigen Anschauung, der nationalen und sozialen Herkunft, der Zugehörigkeit zu einer nationalen Minderheit, des Vermögens, der Geburt oder eines sonstigen Status gewährleistet.

12 Der **Antidiskriminierungsschutz** ist **jenseits** der **Grenzen Europas** ebenso bekannt. Insbesondere entspricht er **US-amerikanischen** Gepflogenheiten. Im Bereich des Arbeitsrechts hat der Schutz vor Diskriminierung wegen eines »verpönten« Merkmals lange Tradition (Thüsing, NZA 2004, Sonderbeilage zu Heft 22, S. 3). Anders als im europäischen Recht und in der deutschen Rechtsordnung vollzieht sich in den USA jedoch der Antidiskriminierungsschutz hauptsächlich durch **Einzelfallentscheidungen** der Gerichte. Diese konkretisieren generelle und abstrakt formulierte Verfassungsgebote. Neben der gewissen Rechtsunsicherheit, die im Zusammenhang mit Einzelfallentscheidungen immer zutage tritt, hat der europäische und deutsche Weg den Vorteil, dass die dort geschaffenen Rechtsquellen normative Wirkung haben, die selbst die Precedents-Urteile des amerikanischen **Supreme Court** nicht besitzen.

II. Ziele und Schwierigkeiten bei der Verwirklichung

13 Zumindest die geäußerten Meinungen deuten darauf hin, dass die Ziele der gesetzlichen Initiative und ihrer Umsetzung in weiten Teilen der Gesellschaft durchaus akzeptiert werden. Die Vorschriften sollen nämlich dazu dienen, **Benachteiligungen** in **Beschäftigung** und **Beruf** wirksamer als bisher begegnen zu können, Rechtsunsicherheiten zu beseitigen und die Grundlage für ein tolerantes und benachteiligungsfreies Miteinander in der Arbeitswelt zu schaffen. Das Gesetz kann allerdings von vornherein **keine faktische Gleichstellung** aller Personen und Personengruppen erreichen. Dies könnte allenfalls über eine nachhaltige Änderung der Einstellung und des Verhaltens der Betroffenen erfolgen.

14 Die **gesellschaftliche Realität** ist allerdings derzeit von diesem idealtypischen Bild weit entfernt. Wie in anderen Gesellschaften auch, haben sich ausgrenzende und damit diskriminierende Denk- und Handlungsweisen etabliert. Klischees, Stereotype und Vorurteile sind allenthalben zu finden; gerade letztere lassen sich kaum revidieren. Von diesen negativen Erscheinungsformen sind nicht nur gesellschaft-

liche Extremgruppen, die ihre Bedeutung in der Ausgrenzung anderer scheinbar inferiorer Menschen finden, betroffen, vielmehr handelt es sich um ein weit verbreitetes gesellschaftliches Phänomen. Aus diesem Grund hat ein Gleichbehandlungsgesetz von vornherein den Nachteil, dass es der vorgefundenen Realität widerspricht und von vielen diese Realität prägenden Menschen als Irritation oder gar Bedrohung empfunden wird.

So erklärt sich, dass die **Reaktionen überwiegend ablehnend** sind. Die Intentionen des Gesetzes werden nur sehr mühsam akzeptiert; statt dessen werden die Mechanismen und das zur Verfügung stehende juristische Instrumentarium inhaltlich kritisiert, Systembrüche werden herausgestellt, Vorschriften werden im Einzelnen als unzulänglich bezeichnet, im Ganzen wird das Gesetz als unzulässiger Eingriff des Staates und seiner Bürokratie in die Freiheitssphäre der Bürger verstanden. Eine ähnliche Reaktion erfuhren auch die in der Vergangenheit liegenden Gleichbehandlungsregelungen, wie z. B. die Gleichbehandlungsregelungen in Bezug auf das Geschlecht (§ 611a ff. BGB), die Regelungen des Teilzeit- und Befristungsgesetzes (TzBfG) und in besonderem Maße der Vorläufer des AGG, das ADG. 15

Dabei werden die erwähnten **Zielsetzungen** des Gesetzes, wie sie in der amtlichen Begründung erläutert sind, durchaus als vernünftig angesehen. Es sei/ist einsichtig, dass ein **benachteiligungsfreies** Umfeld im Interesse aller Beteiligten liegt. Erwähnt werden die direkten Auswirkungen eines solchen Umfelds auf Motivation und Gesundheit der Beschäftigten und die Steigerung von Arbeitsqualität und Produktivität. Insofern zielt das Gesetz nicht nur auf die Verwirklichung grundrechtsähnlicher Positionen; es ist vielmehr auch Ausdruck der **wirtschaftlichen Vernunft** und kann dabei durch innerbetriebliche Regelungen oder spezielle Förderprogramme ergänzt und vertieft werden. 16

Auch aus **sozialen Gründen** nimmt das AGG bestimmte Personengruppen, die als besonders schutzbedürftig gelten, in den Katalog der geschützten Merkmale auf. Dabei sind insbesondere Frauen, Menschen mit Migrationshintergrund, behinderte und ältere Menschen durch eine schlechtere Einbindung in die Arbeitswelt gekennzeichnet. Die Vereinigung verschiedener Merkmale bei einer Person verstärken dabei die Häufigkeit der Ausgrenzung, sowie wirtschaftliche und immaterielle Nachteile. Zu diesen Überschneidungen gehören beispielsweise die Merkmale ethnische Herkunft und Religion. Auch die allgemeine soziale Lage von Frauen mit Migrationshintergrund ist im Vergleich zu Männern häufig prekärer. 17

Ein wichtiger Aspekt ist auch die **Ausbildungsbeteiligung** zugewanderter Jugendlicher. Sie geht kontinuierlich zurück. Mehr als ein Drittel aller Jugendlichen ohne deutsche Staatsangehörigkeit hat keine abgeschlossene Ausbildung. Daneben sind zunehmende Belästigungen bei ausländischen Beschäftigten, rassistische Übergriffe und insgesamt eine geringe Akzeptanz gegenüber Migrantinnen und Migranten festzustellen. 18

Das Diskriminierungsmerkmal »**Alter**«, bei dem jedes Alter eingeschlossen ist und das nicht nur auf ältere Menschen abzielt, ist im Verbund mit anderen Diskriminierungsmerkmalen wie ethnische Herkunft oder auch Behinderung häufig Anlass zu erheblichen Benachteiligungen. Die soziale Lage für Menschen mit **Be-** 19

Einführung

hinderungen, insbesondere die Beschäftigungssituation schwerbehinderter Menschen zeigt sich an deren gravierendem Anteil bezüglich der Arbeitslosenquote. Auch der gesamte Dienstleistungsbereich ist durch Diskriminierung Behinderter gekennzeichnet. Insbesondere Frauen und Mädchen mit Behinderungen tragen ein besonderes Risiko, Opfer von sexueller Belästigung sowie Gewalt zu werden.

20 Das Diskriminierungsmerkmal »**sexuelle Identität**« dient in erster Linie dem Schutz der Homosexuellen. Diese sind insbesondere am Arbeitsplatz häufig Diskriminierungen durch Kollegen und Kolleginnen oder Vorgesetzte ausgesetzt. So sind sie oft gezwungen, ihre Homosexualität am Arbeitsplatz gänzlich zu verschweigen. Wegen der Neutralität des Begriffes »sexuelle Identität« zieht sich der Schutz allerdings nicht nur auf homosexuelle Menschen, sondern betrifft sämtliche Erscheinungsformen menschlicher Sexualität.

21 Immer noch am häufigsten betroffen ist die **unterschiedliche Situation von Frauen und Männern** am Arbeitsplatz. Hierzu existiert reichhaltiges Datenmaterial, wobei ein erster Gleichstellungsbericht der Bundesregierung in Vorbereitung ist. Dabei haben die geringsten Chancen auf dem Arbeitsmarkt und die höchsten Risiken, benachteiligt zu werden, Frauen mit Migrationshintergrund, Frauen mit Behinderung und ältere Frauen.

22 Aus dem **sozialen Befund** insgesamt ergibt sich, dass auch für die Bundesrepublik Deutschland ein Bedürfnis besteht, alle Merkmale der EU-Gleichbehandlungsrichtlinien gesetzlich zusammenfassend zu regeln.

III. Überblick über die Neuregelung

23 Das Gesetz ist als **Artikelgesetz** gefasst worden. In Artikel 1 wird das **Allgemeine Gleichbehandlungsgesetz (AGG)** geregelt. Artikel 2 betrifft den Bereich der Bundeswehr im »Gesetz zum Schutz der Soldatinnen und Soldaten vor Diskriminierungen (Soldatinnen- und Soldatengleichbehandlungsgesetz – **SoldGG**)«. Artikel 3 enthält die **Änderungen** in anderen Gesetzen, zu denen unter anderem das Bundespersonalvertretungsgesetz, das Bundesbeamtengesetz und einzelne Teile des SGB gehören. Wichtige bisherige Vorschriften (z. B. § 611a BBG) sind aufgehoben. Hierzu gehören auch die Vorschriften des Beschäftigtenschutzgesetzes. Artikel 4 regelt das **Inkrafttreten** und **Außerkrafttreten** von Gesetzen.

24 Das Allgemeine Gleichbehandlungsgesetz (AGG, Art. 1) ist der **Hauptbestandteil** des Umsetzungsgesetzes. Es enthält **sieben Abschnitte**.

25 Im **Allgemeinen Teil** enthält das Gesetz Bestimmungen, die für alle betroffenen Rechtsgebiete gleichermaßen gelten. Der **sachliche Anwendungsbereich** bezieht sich auf das Arbeitsleben, den Sozialschutz, soziale Vergünstigungen, Bildung und den zivilrechtlichen Bereich. Zugleich enthält der allgemeine Teil **Begriffsbestimmungen** der unmittelbaren und mittelbaren Benachteiligung, der Belästigung und der sexuellen Belästigung. Regelungen über die **Mehrfachdiskriminierung** sowie sog. **positive Maßnahmen** ergänzen den Allgemeinen Teil. Insgesamt geht durch die Formulierung des Allgemeinen Teils das AGG weit über die Regelungsbereiche

»Arbeit und Beruf« hinaus und betrifft maßgebliche Teile der Rechtsordnung, insbesondere den öffentlichen Dienst (vgl. § 2 Rn. 20).

Abschnitt 2 betrifft den **Schutz der Beschäftigten** vor Benachteiligung. Hier hat das Gesetz das **Ziel**, Rechtsunsicherheiten zu beseitigen und die Grundlage für ein tolerantes und benachteiligungsfreies Miteinander in der Arbeitswelt zu schaffen. Zugleich enthält das Gesetz eine **Zusammenfassung** der in den Richtlinien genannten Merkmale in ein einheitliches arbeitsrechtliches **Vorschriftensystem**. Dies soll den arbeitsrechtlichen Zusammenhang wahren und die **Anwendung** für die **Praxis** erleichtern. Dabei enthalten die §§ 6 bis 10 Regelungen über den **persönlichen Anwendungsbereich** sowie das zentrale **Benachteiligungsverbot** in **Beschäftigung und Beruf und zulässige unterschiedliche Behandlungen**. Die §§ 11 und 12 regeln die **Arbeitgeberpflichten** zur diskriminierungsfreien **Arbeitsplatzausschreibung** sowie die **Organisationspflichten**. Die §§ 13 – 16 beinhalten die **Rechte** der Beschäftigten und die **Rechtsfolgen** bei Verstoß gegen das Benachteiligungsverbot. Öffentlich-rechtliche Sanktionen (Bußgelder, behördliche Aufsicht etc.), sind nicht vorgesehen. Appellatorischen Charakter hat § 17, der die beteiligten Parteien zur Mitwirkung an der Verwirklichung einer benachteiligungsfreien Beschäftigungswelt auffordert. **Sonderrechte** für **Betriebsräte** und **Gewerkschaften**, auch in Bezug auf die Möglichkeit des Gerichtsgangs zu den **Arbeitsgerichten** sind ebenfalls enthalten.

26

Abschnitt 3 betrifft den Schutz vor Benachteiligung im **Zivilrechtsverkehr**. Hierbei geht das Gesetz über die gemeinschaftsrechtlichen Vorgaben hinaus und bezieht sämtliche Diskriminierungsgründe des § 1 AGG in ein **zivilrechtliches Benachteiligungsverbot** ein (§ 19 AGG). Im Vergleich zu den europarechtlichen Vorgaben ist das Benachteiligungsverbot breiter angelegt. Hierzu müssen in den wesentlichen Bereichen des alltäglichen Rechtslebens Regelungen geschaffen werden. Allerdings ist das zentrale Institut der Vertragsfreiheit innerhalb der Privatrechtsordnung zu beachten. Dies wird durch entsprechende Beschränkungen des Benachteiligungsverbots erreicht (§ 19 Abs. 1 AGG). Außerdem sind bestimmte Bereiche, wie das Familien- und Erbrecht sowie Schuldverhältnisse mit besonderem Bezug zur Privatsphäre ausgenommen. Die Zulässigkeit der unterschiedlichen Behandlung aus sachlichen Gründen, ein allgemeines Rechtsprinzip, findet sich in § 20 AGG.

27

Bei Verstößen gegen das Benachteiligungsverbot haben die Benachteiligten einen **Unterlassungsanspruch**, sowie Ansprüche auf **Entschädigung** und **Schadensersatz**.

Abschnitt 4 betrifft den **Rechtsschutz**. Dabei können sich die Betroffenen durch Antidiskriminierungsverbände unterstützen lassen. Die ursprünglich in § 11 Abs. 1 Satz 6 ArbGG geregelte Prozessvertretung der Antidiskriminierungsverbände für benachteiligte Arbeitnehmer entfällt durch die Änderung des AGG vom 19.10.2006. Gleiches gilt für die entsprechende Regelung im Sozialgerichtsgesetz (§ 73 Abs. 6 Satz 5 SGG).

28

Abschnitt 5 enthält **Sonderregelungen** für öffentlich-rechtliche Dienstverhältnisse. Die Einbeziehung insbesondere der Beamtinnen und Beamten ist erforderlich, weil die EU-Gleichbehandlungsrichtlinien auch diesen Personenkreis erfassen. Die

29

Einführung

»Berücksichtigung« der besonderen Rechtstellung kann zu Einschränkungen beispielsweise des Leistungsverweigerungsrechts (§ 14) führen, soweit im Einzelfall dienstliche Belange entgegenstehen. Die **Gemeinwohlbindung** des öffentlichen Dienstes macht eine solche Einschränkung nach Auffassung des Gesetzgebers nötig. Wegen der Einheitlichkeit des Auftretens der Beschäftigten im öffentlichen Dienst sind allerdings strenge Voraussetzungen an solche Einschränkungen zu stellen.

30 **Abschnitt 6** enthält Regelungen über die **Antidiskriminierungsstelle** des Bundes, die beim Bundesministerium für Familie, Senioren, Frauen und Jugend eingerichtet wird. Sie steht neben den Beauftragten des Deutschen Bundestages oder der Bundesregierung, zu deren Aufgabenbereich die Diskriminierung bestimmter Personengruppen gehören. Die **Unabhängigkeit** und **Weisungsfreiheit** der neu geschaffenen Antidiskriminierungsstelle verleiht ihrer Bedeutung Nachdruck und soll den betroffenen als wichtige Hilfestellung in Form einer zentralen Anlaufstelle dienen. Die Antidiskriminierungsstelle hat vor allem **Unterstützungsfunktion** für betroffene Personen in Gestalt eines niedrigschwelligen »Beratungsangebots«, um die rechtliche Situation zu klären und Möglichkeiten des weiteren Vorgehens zu erörtern. Verpflichtungsmöglichkeiten, das Ersuchen von Stellungnahmen und ein Auskunftsrecht gegenüber Bundesbehörden vervollständigen den Aufgabenkatalog. Darüber hinaus hat sie Maßnahmen zur **Prävention** von Diskriminierungen, die Durchführung **wissenschaftlicher Untersuchungen**, 4-jährige Berichtspflichten gegenüber dem Deutschen Bundestag und der Bundesregierung und die Abgabe von **Empfehlungen** zur Beseitigung und Verhinderung von Diskriminierungen sowie die **Öffentlichkeitsarbeit**. Kooperationen mit Nichtregierungsorganisationen (**NGO**) und regionalen Beratungsstellung ermöglichen eine ortsnahe Unterstützung. Die Zuordnung eines Beirats soll den Dialog mit gesellschaftlichen Gruppen und Organisationen insbesondere mit Tarifpartnern fördern. Der **Beirat** hat beratende Funktion. Es soll einen verstärken Einfluss in die Zivilgesellschaft nehmen.

31 **Abschnitt 7** enthält **Schlussbestimmungen** zur Unabdingbarkeit, zur Geltung der allgemeinen Bestimmungen sowie die **Übergangsregelungen**.

32 **Artikel 2** enthält die Regelungen für **Soldatinnen** und **Soldaten** (**SoldGG**). Der deutsche Gesetzgeber hat sich entschlossen, eine **eigenständige Regelung** für den Berufsbereich des **Militärwesens** zu treffen. Dabei muss er die Richtlinien über die Anwendung des Gleichbehandlungsgrundsatzes ohne Unterschied der Rasse oder ethnischen Herkunft sowie zur Festlegung eines allgemeinen Rahmens für die Verwirklichung des Gleichbehandlungsgrundsatzes in Beschäftigung und Beruf umsetzen. Die übrigen beiden Richtlinien mussten deswegen nicht umgesetzt werden, weil durch das Gesetz zur Durchsetzung der Gleichstellung von Soldatinnen und Soldaten der Bundeswehr (Soldatinnen- und Soldaten-Gleichstellungsdurchsetzungsgesetz – SGleiG) den Intentionen Rechnung getragen worden war. Wegen der Aufhebung des Beschäftigtenschutzgesetzes war es notwendig, die Benachteiligungen aufgrund des Geschlechts in Form von sexuellen Belästigungen im Dienstbetrieb in das SoldGG aufzunehmen. Allerdings hat der Gesetzgeber die Richtlinie hinsichtlich von Diskriminierungen wegen einer **Behinderung** und des **Alters nicht** für die Streitkräfte **umgesetzt**. Dies wurde mit dem Erforder-

nis der **Einsatzbereitschaft** und **Schlagkraft** der Streitkräfte begründet. Die Tätigkeit in der Soldatinnen und Soldaten, die letztlich die **äußere Sicherheit** und die **Existenz** des **staatlichen Gemeinwesens** gewährleisten sollen, ist nicht ohne weiteres mit sonstigen Tätigkeiten im öffentlichen Dienst vergleichbar. Der **militärische Grund** rechtfertigt es, im Bereich der Streitkräfte die Einstellung oder Weiterbeschäftigung von Personen, die hinsichtlich ihrer körperlichen oder geistigen Fähigkeiten oder aus Altersgründen nicht in der Lage sind, den jeweiligen militärischen Aufgaben zu entsprechen, auszunehmen. Gegenstand des **SoldGG** sind ausschließlich Rechtsverhältnisse der den Streitkräften der Bundeswehr angehörenden Soldatinnen und Soldaten, nicht der Verwaltungsangehörigen der Bundeswehr.

Artikel 3 enthält **Änderungen bestehender Gesetze.** Zu diesen gehören insbesondere das Arbeitsgerichtsgesetz (**ArbGG**). Dabei ist durch die erneute Änderung des AGG vom 19.10.2006 nunmehr die **Prozessbevollmächtigung** für die Diskriminierungsverbände **weggefallen.** Die Vorschriften des **BGB** (§ 611a BGB etc.) und des Beschäftigtenschutzgesetzes **entfallen.** Verschiedene **Änderungen** betreffen den Bereich des **SGB**. Das Bundesbeamtengesetz (**BBG**) ist in der Weise neu gefasst, dass den Merkmalen, die bei der Auslese von Bewerberinnen und Bewerbern nach einer Stellenausschreibung nicht berücksichtigt werden dürfen, die Merkmale ethnische Herkunft, Behinderung, Weltanschauung und sexuelle Identität hinzugefügt werden. Dabei wird durch die Änderung des § 8 Abs. 1 Satz 3 BBG verdeutlicht, dass gesetzliche Maßnahmen zur Förderung schwerbehinderter Menschen von der Ergänzung des Berücksichtigungsverbots des Satzes 2 und das Merkmal der Behinderung unberührt bleiben. 33

Artikel 4 regelt das Inkrafttreten des Umsetzungsgesetzes und das Außerkrafttreten des Beschäftigtenschutzgesetzes. 34

IV. Gesetzgebungskompetenz

Besondere **Bedeutung** hat die Gesetzgebungskompetenz des Bundes insoweit, als Beamtinnen und Beamte des Bundes und der Länder sowie der Körperschaften, Anstalten und Stiftungen des öffentlichen Rechts, die der Aufsicht des Bundes oder eines Landes unterstehen, miteinbezogen werden (§ 24 AGG). Die bundesgesetzliche Regelung ist erforderlich, da ansonsten die Gefahr bestünde, dass eine Gesetzesvielfalt auf Länderebene und die Untätigkeit von einzelnen Landesgesetzgebern zur Rechtszersplitterung bzw. Nichtumsetzung der EU-Gleichbehandlungsrichtlinien führen könnte. 35

Die Bestimmungen über den **Schutz** der im **öffentlichen Dienst Beschäftigten** vor Diskriminierung bilden eine wesentliche Grundlage für die Funktionsfähigkeit des öffentlichen Dienstes; diese ist auch zur Gewährleistung der notwendigen Mobilität zwischen Bund und Ländern und innerhalb der Länder von besonderer Bedeutung. Die **Länder** können weitergehende und **detaillierte Regelungen** treffen, die dazu dienen, berufliche Benachteiligungen der Beamtinnen und Beamten wegen der genannten Merkmale zu vermeiden. Die **Bundesregelung** ist deswegen **unerlässlich**, weil die umzusetzenden EU-Gleichbehandlungsrichtlinien nicht 36

Einführung

nach Beschäftigtengruppen differenzieren und Arbeitnehmer und Beamte gleich behandeln. Die **bundeseinheitliche Geltung** der europarechtlichen Vorgaben für den Landesgesetzgeber ist zur Schaffung eines allgemeinen Handlungsrahmens für die öffentliche Verwaltung unerlässlich. Dieser Handlungsrahmen muss im gesamten Bundesgebiet im Wesentlichen der gleiche sein. Für den Arbeitnehmerbereich findet das Gesetz unmittelbar Anwendung; für den Beamtenbereich gilt es entsprechend. Hierdurch ist gewährleistet, dass bei der Umsetzung der EU-Vorgaben ein **wirkungs-** und **zeitgleicher Diskriminierungsschutz** für den **gesamten öffentlichen Dienst** eintritt.

37   Im Hinblick auf das Kriterium der sexuellen Belästigung ist das **Beschäftigten-Schutzgesetz** vom 24.06.1994 (BGBl. I S. 1406) **aufgehoben**; allerdings beinhaltet die neue Regelung keine grundlegende Umgestaltung der bisherigen Regelung für Beamtinnen und Beamte, sondern erweitert den gesetzlichen Diskriminierungsschutz nur um die anderen in § 1 des Art. 1 aufgeführten Merkmale.

V. »Doppelwirkung« des AGG im öffentlichen Dienst

38   Nach hier vertretener Auffassung hat das AGG in doppelter Hinsicht Auswirkungen auf den Bereich des öffentlichen Dienstes. Die Auswirkungen betreffen einerseits den »**Außenbereich**«, d. h. die Sphäre, in der der Staat und seine Funktionsträger im Kontakt mit den »Kunden« die gesetzlichen Regelungen des AGG unmittelbar anwenden muss. Zum Anderen ist vor allem der »**Innenbereich**« direkt betroffen, weil sich das AGG an den Arbeitgeber, auch im öffentlichen Dienst, und den Dienstherrn (über die Verweisung des § 24 AGG) wendet und gerade für den öffentlichen Dienst eine **Neugestaltung** der **Arbeits-** und **Berufswelt** intendiert.

39   Ob der Gesetzgeber in der Tat an eine »Außenwirkung« gedacht hat, lässt sich nicht eindeutig aus der **amtlichen Begründung** ableiten. Immerhin spricht diese in dem Überblick über die Neuregelungen (Begründung II zu Art. 1 zu Abschn. 1 [Allgemeiner Teil], S. 23 ff.) davon, die Allgemeine Teil enthalte »Bestimmungen, die für alle betroffenen Rechtsgebiete gleichermaßen gelten: ...«. Dies bedeutet, dass die **Vorgaben** des Allgemeinen Teils des AGG in den **angesprochenen Rechtsgebieten** (u. a. Sozialrecht, Bildungsrecht etc.) **direkt Anwendung** finden. Diese Konsequenz ist im Hinblick auf Art. 20 Abs. 3 GG (Rechtsstaatsgebot) nicht neu. Diskriminierungsverbote des Grundgesetzes oder sonstiger spezialgesetzlicher Regelungen betreffen direkt den Staat und seine Funktionsträger und haben insoweit unmittelbare Wirkung für die Beschäftigten des öffentlichen Dienstes (auch und gerade im Kontakt mit den Bürgern). Allerdings hat das AGG neue Konturen für das Tätigwerden staatlicher Agenturen geschaffen. Dies bezieht sich v. a. auf die neu gefassten Kriterien, die dem Benachteiligungsverbot zugeordnet werden, sowie die detaillierte Regelung von Rechtfertigungsgründen.

40   In manchen Bereichen, insbesondere im Sozialrecht, wäre der Gesetzgeber aufgrund der europäischen **Richtlinien nicht gezwungen** gewesen, neue Vorschriften zu entwickeln. Insofern geht er durch die Schaffung allgemeiner Regeln über die Anforderungen der EU-Richtlinien teilweise hinaus. Der **Gesetzgeber** hat sich **offenkundig entschlossen**, durch Schaffung des AGG das **Konzept** eines »**Diversity-Management**« umzusetzen. Ziel soll ein **diskriminierungsfreies Umfeld** in den

wesentlichen Bereichen der Gesellschaft sein. Allerdings weist die Umsetzung im sozialenrechtlichen Bereich **erhebliche Lücken** auf. Dabei geht es vor allem um die **Rechtfertigungsgründe** für eine Benachteiligung. Diese sind durch das AGG für das Sozialrecht nicht ausdrücklich erwähnt. Hierzu ist eine **planwidrige Lücke** entstanden, die nach hier vertretener Auffassung (vgl. allerdings auch Husmann, M., Das Allgemeinen Gleichbehandlungsgesetz [AGG] und seine Auswirkungen auf das Sozialrecht [Teil II] Zesar 2/07 S. 58 ff.) durch **Analogie** zu den für das Arbeitsrecht bestimmten Regelungen zu schließen ist. Ein weiteres Manko in Bezug auf sozialrechtliche Materien weist das AGG bei der Anordnung von **Rechtsfolgen** auf. Da dort eine analoge Anwendung der arbeitsrechtlichen Regelungen nicht in Betracht kommt und die zivilrechtlichen Regelungen wegen ihrer Eigenständigkeit ohnehin ausscheiden, sind die planwidrigen Lücken durch **Anwendung allgemeiner Grundsätze** zu schließen. Dabei muss beachtet werden, ob deutsche Sozialrechtsnormen Diskriminierungen beinhalten. In diesen Fällen wird für den entstandenen Schaden ein gemeinschaftsrechtlicher Staatshaftungsanspruch einzutreten haben, der die Schuld des »Täters« angemessen berücksichtigt. Die Vorschrift dient insofern der **Rechtssicherheit**. Bei der Frist geht es um eine gesetzliche **Ausschlussfrist**.

Die **Regelungen** des **Allgemeinen Teils** beziehen sich auf **Bereiche** staatlichen Handelns und auf Rechtsgebiete, die überwiegend dem **öffentlichen Recht** zuzuordnen sind. So haben die **Ziele** des Gesetzes (§ 1 AGG) zumindest den Charakter von **Wertmaßstäben** und **Handlungsmaximen**, von denen sich die Akteure, insbesondere auch der von der Bindungswirkung unmittelbar erfasste staatliche Bereich, leiten lassen müssen. Die **Benachteiligungskriterien** konkretisieren insoweit für den Außenbereich des öffentlichen Dienstes die **allgemeinen Gleichbehandlungsregelungen**, die bislang entweder in Spezialgesetzen geregelt waren oder als Ausfluss der Interpretation von Art. 3 Abs. 1 GG angewandt worden sind. Andererseits handelt es sich bei der Neuregelung durch das AGG **nicht** um einen **allumfassend geltenden Diskriminierungsschutz**. Der sachliche **Anwendungsbereich** wird durch den in § 2 AGG angegebenen **Katalog konkretisiert** und **eingeschränkt**. Dabei ist der Bezug zum »**Arbeits- und Berufsleben**« sicherlich im Vordergrund der Regelungen zu sehen, eine ausschließliche Bezugnahme auf das Arbeits- und Zivilrecht scheidet jedoch schon wegen der **rechtssystematischen Stellung** des § 2 AGG im Allgemeinen Teil aus. Insofern geht der Anwendungsbereich über das Arbeits- und Zivilrecht hinaus. 41

VI. Verhältnis des Allgemeinen Teils zu spezialgesetzlichen Regelungen

Das AGG enthält eine Art »**Mindeststandard**«. Spezialgesetzliche Regelungen sind gegenüber den Vorschriften des AGG dann vorrangig i. S. einer **lex specialis**, wenn sie Einzelheiten konkretisieren. Soweit solche Konkretisierungen jedoch nicht vorliegen, gilt (gleichsam **subsidiär**) das AGG. Da der **Allgemeine Teil** des AGG (und **nur** dieser) für den **Außenbereich** des öffentlichen Dienstes Anwendung findet und damit die übrigen Bestimmungen (§ 6 ff. AGG) jedenfalls nicht direkt den Außenbereich des öffentlichen Dienstes betreffen, bleibt eine **Regelungslücke** insbesondere im Zusammenhang mit dem **Rechtsfolgebereich** und mit den Regelungen der **Rechtfertigungsgründe**. In einzelnen Fragen wird der Gesetzgeber de 42

Einführung

lege ferenda gezwungen sein, insbesondere auf der Rechtsfolgeseite die entstandenen Lücken zu ergänzen. Evtl. kommt auch eine **analoge Anwendung** der für das **Arbeitsrecht** bestimmten Regelungen in Betracht. Dies gilt namentlich für die **Rechtfertigungsgründe** für eine Benachteiligung nach den Vorschriften des AGG. Für die **Rechtsfolgenseite scheidet eine analoge Anwendung** der arbeitsrechtlichen Regelungen jedoch **aus**. Hier müssen die allgemeinen Grundsätze herangezogen werden insbesondere, soweit sie sich auf das gegenüber der deutschen Rechtsnorm **vorrangige Gemeinschaftsrecht** im Falle der Kollision beziehen.

VII. Handlungsempfehlungen für den »Außenbereich«

43 Wegen der besonders starken Bindung des öffentlichen Dienstes an die Regelungen des AGG sind die **Grundzüge** des neuen Gesetzes den **Führungskräften** und **sonstigen Mitarbeitern** mit Kundenkontakten oder im Außenbereich durch **intensive Schulungen** zu vermitteln. Dabei sollte der jeweilige »Dienstherr« oder Arbeitgeber des öffentlichen Dienstes **Handlungsempfehlungen** mit möglichst konkretem Bezug zur Aufgabe des jeweiligen Mitarbeiters herausgeben. Auch für die »Kunden« empfiehlt sich die Verwendung von **Informationsschriften**, **Merkblättern** und sonstigen **Publikationen**, in denen die **neu** geschaffene **Rechtslage** erläutert wird. Rat und Unterstützung durch die Dienststellen und die dortigen Mitarbeiter sind dem »Kunden« gegenüber als Angebot zu formulieren.

44 Neben den dringend gebotenen unmittelbaren Schulungen des Personals mit Kundenkontakt sollten Dienstherr und Träger öffentlicher Verwaltung dazu übergehen, **Konzepte** zum »**Diversity-Management**« zu entwickeln. Die in dem unternehmerischen Bereich üblichen »**Ethik-Papiere**«, »**Compliance-Regelungen**« und dem im Aktienrecht vorkommenden »**Corporate Governance-Kodex**« anzunähern. Die Einbindung von Themen wie »Korruptionsprävention«, »Gender Mainstreaming-Projekte« und ähnliche im Rahmen des Diversity-Konzeptes relevante Themen bietet sich an. Aus Gründen der **Akzeptanz** ist eine frühzeitige **Einbeziehung** der **Mitarbeitervertretung** anzuraten.

VIII. Auswirkungen im »Innenbereich«

45 Entsprechend der Intention des AGG, die eine Neugestaltung der Arbeits- und Berufswelt zum Ziel hatte, ist im Innenbereich der **gesamte öffentliche Dienst** (Arbeitgeber/Dienstherr und Beschäftigte [Arbeitnehmer/Beamte etc.]) betroffen. Hier gelten die **Vorschriften** des **besonderen Teils (§ 6 ff. AGG)** ganz **direkt**, und zwar sowohl im Hinblick auf die Rechtsfolgenanordnung wie auch auf den Bereich der Rechtfertigungsgründe.

Allgemeines Gleichbehandlungsgesetz (AGG)

vom 14. 8. 2006 (BGBl. I S. 1897), geändert durch Gesetz
vom 2. 12. 2006 (BGBl. I S. 2742)

Abschnitt 1
Allgemeiner Teil

§ 1 Ziel des Gesetzes

Ziel des Gesetzes ist, Benachteiligungen aus Gründen der Rasse oder wegen der ethnischen Herkunft, des Geschlechts, der Religion oder Weltanschauung, einer Behinderung, des Alters oder der sexuellen Identität zu verhindern oder zu beseitigen.

I. Allgemeines

Die Vorschrift enthält den **Katalog** der »verpönten« **Merkmale**. Zugleich gibt sie das **Ziel** des Gesetzes an, das darin besteht, Benachteiligungen aus Gründen dieser Merkmale zu verhindern oder zu beseitigen. Angesichts der gesellschaftlichen Realität kommt der Vorschrift der Charakter als reiner **Programmsatz** zu. Zugleich wird durch die Formulierung deutlich, dass der nationale Gesetzgeber die überfälligen **europäischen Richtlinien** mit dem AGG umsetzen wollte. Der Diskriminierungsschutz gilt allerdings nur wegen der genannten Merkmale. Ein Benachteiligungsschutz wegen Diskriminierung aus anderen Gründen ist durch das Gesetz nicht erfasst. Allerdings wird auf die Möglichkeit sonstiger Benachteiligungsverbote oder Gleichbehandlungsgebote in § 2 Abs. 3 AGG verwiesen, wobei solche Regelungen durch das AGG nicht berührt werden. Hierzu sind auch ausdrücklich öffentlich-rechtliche Vorschriften, etwa der Jugendschutz oder der Schwerbehindertenschutz, zu rechnen. 1

Die **Zielrichtung** des gesetzlichen Schutzes gilt nicht primär der jeweils angesprochenen Gruppe als solcher, sondern dem Diskriminierungsschutz, sofern benachteiligend an die genannten Merkmale angeknüpft wird. Eine Schutzrichtung, die in Richtung auf einen besonderen Gruppenschutz abzielte, wäre einmal zu umfassend, weil jeder Mensch von einem der genannten Merkmale betroffen ist, andererseits würde dies der spezifischen Benachteiligung von Menschen mit bestimmten Merkmalen nicht Rechnung tragen. 2

Bewusst gewählt ist die Formulierung der »**Benachteiligung**«; sie wird vom Gesetzgeber dem eingeführten Begriff der »Diskriminierung« vorgezogen. Dies soll verdeutlichen, dass nicht jede unterschiedliche, zu Nachteilen führende Behandlung zugleich diskriminierenden Charakter hat. Diskriminierung bedeutet stets die rechtswidrige Ungleichbehandlung. Die gesetzliche Regelung beinhaltet stattdessen einige Fallgestaltungen, bei denen eine unterschiedliche Behandlung auch im Sinne einer Benachteiligung zulässig ist. Der feinsinnige **terminologische** 3

Unterschied kann in der Sache **nicht überzeugen**. Auch der Begriff »Benachteiligung« hat eine negative Konnotation, so dass sich eine »gerechtfertige Benachteiligung« nicht nur sprachlich als ungeschickt erweist.

4   Der Katalog der erwähnten, »verpönten« Merkmale entspricht **Art. 13 EG-Vertrag**. Diese Vorschrift ist durch den Amsterdamer Vertrag mit Wirkung vom 01.05.1999 zu primärem europäischem Gemeinschaftsrecht geworden. Die aufgezählten Merkmale sind allerdings im AGG als Numerus clausus aufzufassen; Erweiterungen und Veränderungen in anderen Gesetzen bleiben hierbei unberührt.

II. Einzelne Merkmale

1. Rasse oder ethnische Herkunft

5   Beide Merkmale sind von der **Antirassismusrichtlinie** 2000/43/EG verwendet worden, und dienen insofern als Vorgabe. Sie entsprechen zugleich der Aufzählung in Art. 13 EG-Vertrag. Letztlich dienen sie dazu, einen lückenlosen Schutz vor **ethnisch motivierter Benachteiligung** zu gewährleisten. Auffällig ist allerdings, dass Art. 13 EGV die Begriffe Rasse und ethnische Herkunft ohne Verbindung durch ein »oder« nacheinander aufführt. Gleiches gilt für Art. 3 Abs. 3 GG, bei dem das Merkmal Rasse neben den spezielleren Begriffen Sprache, Heimat und Herkunft steht. Durch die Verbindung der beiden Begriffe in § 1 AGG mit dem Partikel »oder« wird eine besondere Nähe signalisiert. Dabei ist davon auszugehen, dass der Begriff »ethnische Herkunft« letztlich der entscheidendere ist, weil er eine stärkere Differenzierung und Ausrichtung am Schutzzweck der Vorschrift besitzt.

6   Der Begriff »**Rasse**« ist als solcher **nicht unumstritten**. Er wird vor allem deswegen verwandt, um deutlich zu machen, dass alle rassistischen und vom Rassismus gekennzeichneten Verhaltensweisen bekämpft werden sollen. Insofern ist seine Beibehaltung gerechtfertigt. Keinesfalls sollen dadurch Theorien gestärkt werden, mit denen die Existenz verschiedener menschlicher Rassen belegt werden soll. Zur Verdeutlichung dient auch die Wortwahl »aus Gründen der Rasse«.

7   Der Begriff »**ethnische Herkunft**« muss **weit verstanden** werden. Dabei werden Benachteiligungen aufgrund der Rasse, der Hautfarbe, der Abstammung, des nationalen Ursprungs oder des Volkstums (als ethnischer Begriff) erfasst. **Staatsangehörigkeit** ist ausdrücklich **kein Merkmal** des Diskriminierungsschutzes. So sind die Differenzierungen im BBG (z.B. § 7 Abs. 1 Nr. 1), nach denen die **Beamteneigenschaft** deutsche Staatsangehörigkeit oder Staatsangehörigkeit eines Mitgliedstaats der EU voraussetzt, bereits wegen des damit verbundenen engeren Beziehungsgrades zur Tätigkeit eines Beamten rechtlich zulässig; sie sind darüber hinaus auch sachlich gerechtfertigt. Die Ausnahmeregelungen, nach denen auch Staatsangehörige anderer Staaten unter bestimmten Voraussetzungen Beamte werden können, verwirklichen den rechtlich zulässigen Rahmen.

8   Die Bedeutung des Begriffes »ethnische Herkunft« wird an **Einzelfällen** weiter herausgearbeitet werden müssen. Neben den naheliegenden Beispielen, bei denen eine Diskriminierung wegen ethnischer Herkunft auf der Hand liegt (z. B. Sinti und Roma) gibt es Grenzbereiche, bei denen auch Differenzierungen innerhalb

§ 1 AGG

der Bundesrepublik als **Stigmatisierungen** verstanden werden können. Schon die rein sprachliche Zuordnung zu einem bestimmten deutschen »Stamm« (Sachsen, Bayern, Schwaben, Badener) ist unter dem Aspekt der unzulässigen Diskriminierung kritisch zu hinterfragen. Die Zuordnung »Ossi«/»Wessi« dürfte wohl kaum als ethnische Herkunft verstanden werden, weil diese Differenzierung aus der politischen Entwicklung herrührt. Sie wird also vom AGG nicht erfasst; gleichwohl bleibt die Aufforderung an Geist und Sinn des AGG praktizierende Menschen, eine solche sachlich nicht begründbare Differenzierung nicht mehr in der täglichen Praxis anzuwenden. Die bislang überwiegend noch geltende Differenzierung in den Tarifverträgen (auch des öffentlichen Dienstes) dürfte allerdings eine sachliche Begründung haben, ohne dass die Merkmale des § 1 AGG berührt wären. Ob allerdings die »**Länderquoten**« im Bundesdienst sachlich gerechtfertigt sind, erscheint fraglich.

Ob das Einstellungskriterium der **Deutschsprachigkeit** stets ein Indiz für eine unzulässige Diskriminierung ist, ist zu bezweifeln. Nicht nur in der allgemein-politischen Diskussion, sondern vielmehr in der täglichen beruflichen Praxis namentlich des öffentlichen Dienstes ist die Fähigkeit, sich in der deutschen Sprache adäquat ausdrücken zu können, ein Essentiale der Qualitätsanforderung an die Serviceleistung. Sinn und Zweck der Aufnahme des Merkmals »ethnische Herkunft« war es sicherlich nicht, den besonderen Charakter des jeweiligen Mitgliedstaates, in dem das Kriterium gesetzlich geregelt wird, gänzlich zu vernachlässigen. Im Gegenteil, auch die nationale Identität, die sich vor allem auch in einer gemeinsamen Sprache verwirklicht, gehört zu den von den europäischen Richtlinien nicht in Frage gestellten Axiomen. 9

Die häufigen Warnungen vor der Verwendung des Ausdrucks »**Muttersprachler**« in Stellenanzeigen sind sicherlich beachtlich; in Ausnahmefällen kann darin jedoch ein zulässiges Kriterium gesehen werden. 10

2. Geschlecht

Das Merkmal **Geschlecht** ist, nicht zuletzt aufgrund der durch europäische Initiativen zahlreich veranlassten Gesetzesänderungen, seit Jahren in Deutschland als »verpöntes Merkmal« eingeführt. Die Praxis (auch im öffentlichen Dienst und in der öffentlichen Verwaltung) hat sich im Wesentlichen darauf eingestellt. Signifikant ist die Einführung von **Gleichstellungsbeauftragten** in Unternehmen und Verwaltung (hier durch das Bundesgleichstellungsgesetz – BGleiG), aber auch der »Kundenbereich« ist personell und institutionell durchdrungen. Exemplarisch mag auf die »Beauftragte für Chancengleichheit am Arbeitsmarkt (BCA)« verwiesen werden, die in der Bundesagentur für Arbeit dafür sorgen soll, dass dem Gedanken des »**gender main streaming**« genügend Rechnung getragen wird. 11

Das Phänomen der **Transsexualität** wird eher unter dem Begriff der sexuellen Identität eine Rolle spielen als unter dem Aspekt des Geschlechts. Gleiches gilt wohl für die Problematik der Geschlechtsumwandlung. 12

Durch die Einführung und besondere Regelung des Diskriminierungsmerkmals »Geschlecht« wird die bisherige **Gesetzeslage** (vgl. §§ 611a, 611b und 612 Abs. 3 BGB) sowie die umfängliche **Rechtsprechung** des BAG (zumeist auf Veranlassung 13

15

§ 1 AGG

des EuGH geändert), nicht obsolet werden. Insofern gelten die Grundsätze bei der konkreten Ausgestaltung und Anwendung des Art. 3 Abs. 2 GG (Gleichberechtigungsgrundsatz) weiter fort.

14 Diese Fortsetzung der bisherigen **Rechtstradition** bezieht sich sowohl auf die **unmittelbare Benachteiligung** (beispielsweise durch geschlechtsbezogene Stellenausschreibungen ohne entsprechenden sachlichen Grund), vor allem auch auf die Fälle der **mittelbaren Benachteiligung**, in denen ein bestimmtes Geschlecht nicht direkt angesprochen, aber von der Regelung oder Maßnahme überwiegend betroffen ist.

15 Eine **unmittelbare Benachteiligung** wäre beispielsweise die Ausschreibung von Stellen nur für ein Geschlecht, aber auch die nichtgeschlechtsneutrale Formulierung in Arbeitsverträgen für Führungskräfte. Zu den weiteren unmittelbaren Benachteiligungen gehören das niedrige Arbeitsentgelt für Frauen bei vergleichbarer Tätigkeit, die sexuelle Belästigung von Frauen und vor allem auch die Frage nach der Schwangerschaft bei der Einstellung. Hier hat sich die Rechtsprechung namentlich des EuGH so verfestigt, dass keine neue Entwicklung durch das AGG zu erwarten ist.

16 Fälle der **mittelbaren Benachteiligung** hängen vor allem mit unterschiedlichen Regelungen für Teilzeit- gegenüber Vollzeitbeschäftigten zusammen. Noch immer sind von der Teilzeitbeschäftigung überwiegend Frauen betroffen, so dass sich häufig eine unterschiedliche Behandlung (etwa im Zusammenhang mit Urlaubs- und Weihnachtsgeld, aber auch bei einem Prämiensystem oder bei der Berechnung der Betriebsrente) als mittelbare Benachteiligung darstellen können.

3. Religion oder Weltanschauung

17 Angesichts der gleichen Formulierung der Diskriminierungsmerkmale bereits in Art. 4 GG kann trotz nunmehriger europäischer Regelung auf die umfassende Rechtsprechung des Bundesverfassungsgerichts (**BVerfG**) Bezug genommen werden. Dabei ist der Begriff »**Religion**« durch einen **transzendentalen Bezug** gekennzeichnet. In der praktischen Anwendung werden unter das Merkmal insbesondere die großen Religionen und Konfessionen (beispielsweise katholischer oder protestantischer Glaube) zu rechnen sein. Dabei wird ein gewisser **objektiver Maßstab** zu fordern sein. Nicht die bloße Behauptung, es handele sich um eine Religion, führt schon zum Diskriminierungsschutz; das Vorliegen einer Religion i. S. des AGG wird vielmehr nur für anerkannte Religionen gewährleistet werden.

18 Ähnliches gilt für den Begriff »**Weltanschauung**«. Dieser hat im Gegensatz zum Begriff Religion keinen transzendentalen Bezug, sondern betrifft »**innerweltliche« Anschauungen**. Durch die Verbindung der beiden Merkmale mit »oder« wird eine gewisse Nähe signalisiert, so dass nur solche Einstellungen als Weltanschauung anzuerkennen sind, die – auch von der Seriosität her – einer mit der Religion vergleichbaren **objektiven Rang** besitzen. Hierzu könnten beispielsweise **anti-** oder **areligiöse Überzeugungen** wie der Atheismus gehören. Problematisch dürfte nach wie vor die Anordnung der »Scientology-Bewegung« gehören. Auch hier ist eine weltweit einheitliche Betrachtungsweise nicht abzusehen. Überwiegend wird die

§ 1 AGG

Scientology nicht als Religion oder Weltanschauung gewertet, weil de facto die wirtschaftlichen Aspekte nur unzureichend kaschiert sind. Grenzfälle sind darüber hinaus die »Sekten« insgesamt. In Anlehnung an die frühere Rechtsprechung und Praxis zur sog. Bhagwan-Bewegung erscheint hier eine einschränkende Auslegung geboten.

Ebenso schwierig dürfte die Abgrenzung zu politischen Anschauungen ausfallen. So ist beispielsweise kaum zu erklären, warum der »Marxismus« auch in seiner Antinomie zu religiösen Anschauungen nicht als Weltanschauung gilt. In der Praxis des öffentlichen Dienstes wird dies immer wieder im Zusammenhang mit »Radikalen im öffentlichen Dienst« diskutiert. Dabei ist zu prüfen, inwieweit das Erfordernis der »Verfassungstreue« (Bekenntnis zur freiheitlich demokratischen Grundordnung) eine Einschränkung der religiösen oder weltanschaulichen Grundfreiheit darstellt und damit dem Diskriminierungsverbot unterworfen ist. Hier empfiehlt es sich für die Praxis, zunächst an der ohnehin zurückhaltenden Rechtsprechung des Bundesverfassungsgerichts (BVerfG) und des Bundesverwaltungsgerichts (BVerwG) festzuhalten und eine konkrete Überprüfung der Verfassungstreue des jeweiligen Bewerbers oder Beschäftigten im öffentlichen Dienst vorzunehmen. Dabei ist neuerdings festzustellen, dass die Verfassungstreue im Arbeitnehmerbereich differenziert gesehen wird; einzelne Teile des TVöD enthalten den Grundsatz der Verfassungstreue nicht mehr. 19

Auch an der bisherigen Praxis bei religiösen Symbolen (Kopftuch, Kreuz) dürfte aufgrund der gesicherten Rechtsprechung des Bundesverfassungsgerichts (BVerfG) und der neuerdings geschaffenen Gesetzeslage etwa im Bereich des Schulwesens nichts zu ändern sein. 20

Allerdings ist auf eine stärkere Beachtung des Gleichbehandlungsgebots zu drängen. Arbeitsrechtliche und dienstrechtliche Arbeitsregelungen für bestimmte Religionen (Gestattung der Teilnahme an religiösen Veranstaltungen) sollten unter Beachtung des Verhältnismäßigkeitsgrundsatzes auch auf andere Religionen entsprechend übertragen werden (Ramadan, Fastenzeit, Buß- und Bettag). An der Zuordnung der Zeugen Jehovas als Religionsgemeinschaft durch das Bundesverfassungsgericht (BVerfG) wird sich daher nichts ändern. Die Grenze zu politischen Fragen wird dann erreicht, wenn nicht der religiöse oder weltanschauliche Aspekt im Vordergrund steht (beispielsweise Judentum), sondern ein staatspolitischer (Israel). 21

In der Praxis wird das Problem der Grenzrichtung nicht nur im allgemeinen Arbeitsrecht, wo aus Gründen der Produktivität der Industrieproduktion einschneidende religiöse oder weltanschauliche Verhaltensweisen nicht hingenommen werden können, sondern auch im gesamten öffentlichen Dienst Bedeutung erhalten. Dies betrifft beispielsweise der Einräumung von Gebetspausen oder rituelle und religiöse Waschungen sowie die Anordnung von Feiertagsarbeit gegenüber bestimmten religiösen Gruppierungen. Ähnliches könnte im Bereich von Speiseplänen mit einseitiger Ausrichtung oder entsprechenden Kleiderordnungen gegeben sein. Die Einzelfragen sind hier unter Berücksichtigung des Verhältnismäßigkeitsgrundsatzes zu regeln. Keine religiöse oder weltanschauliche Gruppierung kann verlangen, dass in Unternehmen und Verwaltungen die Grundsätze der Wirtschaftlichkeit und Effizienz außer Betracht bleiben, um evtl. geringe Min- 22

§ 1 AGG

derheiten zu schützen. Es steht zu erwarten, dass es zu diesem Themenbereich in Zukunft erhebliche **Einzelfallentscheidungen** geben wird.

4. Behinderung

23 Der Begriff »Behinderung« entspricht den **gesetzlichen Definitionen** in § 2 Abs. 1 S. 1 SGB IX (Rehabilitation und Teilhabe behinderter Menschen) und in § 3 des BGG (Gesetz zur Gleichstellung behinderter Menschen). Danach sind Menschen **behindert**, wenn »ihre körperliche Funktion, geistige Fähigkeit oder seelische Gesundheit mit hoher Wahrscheinlichkeit länger als 6 Monate von dem für das Lebensalter typischen Zustand abweichen und daher ihre Teilhabe am Leben in der Gesellschaft beeinträchtigt ist«.

24 Dieser Begriff der Behinderung ist erheblich weiter gefasst als eine **Schwerbehinderung** i. S. des SGB IX. Schon durch die Struktur des SGB IX vom 19. Juni 2001 (BGBl. I, 1046) wird deutlich, dass eine Unterscheidung gegeben ist zwischen Behinderten und von Behinderung bedrohten Menschen und Schwerbehinderten (i. S. der §§ 68 ff.). Nach § 2 Abs. 2 SGB IX sind Schwerbehinderte solche, bei denen ein **Grad** der **Behinderung** von wenigstens 50 vorliegt. Das AGG knüpft indessen an den Begriff der Behinderung, nicht der Schwerbehinderung, an. Die Behinderung kann sich auf körperliche, geistige oder seelische Aspekte beziehen, benötigt allerdings eine gewisse »Dauerhaftigkeit« von mehr als 6 Monaten. Auf die Einzelheiten einer möglichen Behinderung wird an dieser Stelle nicht weiter eingegangen, weil einerseits eine genaue Konturierung der Sachverhaltsgestaltungen noch nicht gegeben ist und zum andern außer-juristische Entscheidungsträger (Versorgungsämter, ärztliche Gutachter etc.) maßgeblichen Einfluss auf die Feststellung einer Behinderung haben.

25 Der Begriff der Behinderung ist weiter als der Begriff »Schwerbehinderung« i. S. von § 2 Abs. 2 SGB IX. Bei der Schwerbehinderung muss ein **Grad** der Behinderung von 50 vorliegen. Der Schwerbehinderte muss zudem seinen gewöhnlichen Aufenthalt oder die Beschäftigung auf einem Arbeitsplatz i. S. des § 73 SGB IX rechtmäßig im Geltungsbereich dieses Gesetzbuches haben. Gleichgestellte sind danach behinderte Menschen mit einem Grad der Behinderung von weniger als 50, aber wenigstens 30, bei denen die übrigen Voraussetzungen vorliegen. Zugleich müssen sie wegen ihrer Behinderung ohne die Gleichstellung einen geeigneten Arbeitsplatz nicht erlangen oder nicht behalten können.

26 Das **AGG** erfasst somit einen **wesentlich größeren Personenkreis** als die bisherigen Schwerbehinderten. Zugleich ist die **Anknüpfung** an den Begriff der Behinderung im **europäischen Recht** zu finden, so dass die nationale Definition der Behinderung sicherlich ein Indiz, nicht aber zugleich eine endgültige Entscheidung über die Konturierung des Behindertenbegriffs darstellt.

27 In diesem Zusammenhang stellte sich vor allem auch die Frage, inwieweit das Vorliegen einer **Krankheit** (möglicherweise lang andauernd) als Behinderung angesehen werden könne, so dass eine Ungleichbehandlung deswegen als unzulässige Benachteiligung zu bewerten wäre. Der EuGH ist in einer Entscheidung vom 01.07.2006 (Rs. C-13/05) zu dem Ergebnis gelangt, dass auch eine lang andauern-

de Krankheit jedenfalls **regelmäßig keine Behinderung** darstelle und deswegen eine diesbezügliche Benachteiligung nicht als Diskriminierung anzusehen sei. Allerdings ist damit nicht ausgeschlossen, dass sich einzelne Krankheiten insbesondere wegen ihrer Prägnanz und evtl. Dauer als Behinderung erweisen könnten, so dass eine diesbezügliche Benachteiligung auch zur unzulässigen Diskriminierung geraten kann. Die **Grenzen** sind dabei noch **fließend**; es wird abzuwarten sein, inwieweit sich nationale und europäische Rechtsprechung unterscheiden oder annähern.

Im Hinblick auf die Begrifflichkeit »Behinderung« gelten jedenfalls **gemeinschaftsrechtliche** und damit **einheitliche Maßstäbe**. Bis zur Feststellung einer anderen Entwicklung kann deswegen davon ausgegangen werden, dass die **Rechtsprechung** des **BAG** zur **Kündigung** im **Krankheitsfall** (bei lang andauernden Krankheiten sowie bei häufigen Kurzerkrankungen) weiter gültig bleibt. **Voraussetzungen** einer solchen krankheitsbedingten Kündigung und deswegen auch weiterhin **erhöhte Fehlzeiten** (mehr als 42 Kalendertage pro Jahr) in einem Beobachtungszeitraum von ca. 3 Jahren; eine sog. **negative ärztliche Prognose**, die das weitere Auftreten von Fehlzeiten als wahrscheinlich ansieht; **betriebliche Störungen** (z. B. Unruhe in der Belegschaft oder erhöhte Lohnfortzahlungskosten) sowie eine abschließende **Interessensabwägung**, bei der das Interesse des Arbeitgebers an der Beendigung des Arbeitsverhältnisses als höher einzustufen ist als das Interesse des Arbeitnehmers an dessen Fortsetzung. Zur Krankheit gehören in aller Regel auch **Suchtkrankheiten** wie Drogen- oder Alkoholabhängigkeit. Entsprechende Einstellungsuntersuchungen, wie z. B. ein Drogenscreening wird deshalb nicht als unzulässige Benachteiligung anzusehen sein. 28

Die Beeinträchtigungen i. S. einer Behinderung können körperlicher, geistiger und seelischer Natur sein. Soweit es sich allerdings um Krankheiten handelt, insbesondere auch die in den letzten Jahren enorm zunehmenden psychischen Erkrankungen, stellen sie als solche keine Behinderung dar. Die **Frage** nach **Erkrankungen** beim Einstellungsgespräch sind allerdings **nur insoweit zulässig**, als die Erkrankungen »arbeitsplatzrelevant« sind. Eine generelle Frage nach Erkrankungen ist in jedem Fall unzulässig. 29

Problematisch ist auch, ob die **Frage** nach der **Schwerbehinderung**, die das BAG in ständiger Rechtsprechung für zulässig angesehen hat, in Zukunft noch mit den Diskriminierungsverboten des AGG zu vereinbaren ist. Das BAG hatte die Zulässigkeit der Frage u. a. damit **begründet**, dass der **Arbeitgeber** die **Information** über eine bestehende Schwerbehinderung für die konkrete Ausgestaltung der Arbeitsplatzes oder zur Erfüllung der »**Quote**« von Schwerbehinderten-Arbeitsplätzen benötige. Diese Rechtsprechung wird im Hinblick auf die Einführung des Diskriminierungsmerkmals »Behinderung« künftig keinen Bestand mehr haben. Im Übrigen ist es für den Arbeitgeber kaum beschwerlicher, so lange abzuwarten, bis der Schwerbehinderte seine Eigenschaft offenbart, um ggf. die rechtlichen Vorteile (Urlaubsanspruch, behindertengerechter Arbeitsplatz etc.) geltend zu machen. 30

Ein **Verstoß** gegen das Diskriminierungsverbot wegen einer Behinderung liegt allerdings dann **nicht** vor, wenn aus Gründen der **Eignung** des Bewerbers oder Arbeitnehmers für die in Aussicht genommene Tätigkeit bestimmte körperliche, geistige oder seelische Fähigkeiten vorausgesetzt werden. Insofern ist gegen ent- 31

§ 1 AGG

sprechende Einstellungsuntersuchungen weiterhin nichts einzuwenden, wenn die Auswahl unter dem rationalen Gesichtspunkt der Eignung erfolgt und nicht eine verkappte Diskriminierung wegen einer Behinderung, die arbeitsplatzirrelevant ist. Keine Diskriminierung ist gegeben, wenn ein Arbeitgeber/Dienstherr bei der Einstellung oder anderen Maßnahmen Nichtraucher gegenüber Rauchern bevorzugt oder keine Raucher einstellt. Insofern liegt eine gewisse Nähe zu der Einschätzung von anderen »Süchten« vor.

32 Abschließend ist festzuhalten, dass selbst bei Einstufung einer Eigenschaft als Behinderung damit allenfalls ein **Indiz** für die **Unzulässigkeit** der Maßnahme gegeben ist. Dies kann jedoch durch die Rechtfertigungsgründe, auf die im Einzelnen an anderer Stelle eingegangen werden wird, ausgeglichen werden.

5. Alter

33 Das Benachteiligungsmerkmal »Alter« gehört sicherlich zu den **brisantesten Neuregelungen** im deutschen Recht. Während **zuvor** – abgesehen vom Jugendschutz und Jugendarbeitsschutz und im Zusammenhang mit jugendlichen Auszubildenden und insgesamt Minderjährigen – Benachteiligungsverbote wegen des Alters regelmäßig mit **älteren Menschen** verbunden wurden, ist der Begriff Alter im AGG neutral verwandt und betrifft **jedes Lebensalter**. Dies bedeutet, dass grundsätzlich auch unzulässige Benachteiligungen jüngerer Menschen gegenüber älteren unter den Schutzaspekt des AGG fallen können. In der Praxis wird sich allerdings wohl kaum etwas dran ändern, dass – wie bislang im Arbeitsrecht üblich – die Schutzwirkung unter dem Gesichtspunkt »Alter« hauptsächlich ältere Menschen (auch als Arbeitnehmer) betreffen wird.

34 Die **Anknüpfung** an das **reine Lebensalter** als bestimmte Zahl von Jahren, ohne inneren Zusammenhang mit der unterschiedlich zu regelnden Faktizität wird in Zukunft grundsätzlich **nicht** mehr **erlaubt** sein. Die Differenzierung nach dem Alter ist nur dann zulässig, wenn sich aus einem bestimmten Alter ein Rückschluss auf das zu berücksichtigende Interesse und den daraus resultierenden Schutz der einen gegenüber der anderen Gruppe ergibt. Es **empfiehlt** sich deswegen in der **Rechtspraxis**, eine Benachteiligung im Hinblick auf Altersstufen mit einer konkreten **nachvollziehbaren Begründung** zu versehen. Zulässig dürfte deswegen sein, bei bestimmten Stellen »langjährige Berufserfahrung« zu verlangen. Problematisch allerdings sind die Festlegungen für Mindestalter bei Einstellungen oder auch Höchstalter für Einstellungen oder Beschäftigungen. Gleiches gilt für die Gewährung von Leistungen ab einem bestimmten Alter oder für höhere Abfindungen etc. oder Ausgleichszahlungen bei älteren Arbeitnehmern. Die **Vermeidung** einer unzulässigen Benachteiligung ist jedoch relativ einfach dann möglich, wenn es eine sachliche Begründung für das Nennen eines bestimmten Alters gibt. Dies kann beispielsweise mit rechtlichen **Fähigkeiten** (Geschäftsfähigkeit, Wählbarkeiten) oder Eintritt des Rentenalters gekoppelt sein.

35 Innerbetrieblich und innerbehördlich können gelegentlich die Jahre der **Betriebsangehörigkeit** zum Differenzierungsgesichtspunkt werden, ohne das dies unzulässig ist. **Vorsicht** ist geboten bei »**reinen**« Altersangaben oder bei **plakativen Bezugnahmen** auf Altersgesichtspunkte. So sollten Einstellungen für ein »junges

Team« der Vergangenheit angehören. Auch der Ausdruck »jugendliche Initiativkraft« ist problematisch. Gelegentlich wird in der Praxis die Auffassung vertreten, die Angabe des Geburtsdatums dürfe arbeitgeberseitig nicht mehr bei Einstellungen verlangt werden. Dies ist wohl überspannt. Das **Geburtsdatum** ist ein wichtiges Datum zur Kennzeichnung der entsprechenden Person. Es gehört zu den in vielen rechtlichen Zusammenhängen pflichtmäßig vom Betroffenen abverlangten Daten. Bei Unzulässigkeit bei Abfrage des Geburtsdatums würden konsequenterweise auch weitere berufsprägende Daten wie Tätigkeitszeiten, Zeiten der Nichtbeschäftigung etc. als Verstöße gegen das Benachteiligungsmerkmal Alter angesehen. Dies wäre absurd. Zur Vermeidung arbeitgeberseitiger Risiken wird empfohlen, **neutrale Formulierungen** zur Umschreibung der Person des Betroffenen zu verwenden. Keine Bedenken bestehen gegen das Anfordern eines Lebenslaufs, besser vielleicht des »**beruflichen Werdegangs**«.

Allerdings ist zu erwarten, dass die in zahlreichen Fällen in der augenblicklichen Rechtslandschaft vorfindlichen **Altersgrenzen** einer **kritischen Prüfung** unterzogen werden müssen. Einige müssen deshalb wahrscheinlich entfallen (vgl. z. B. die Vollendung des 27. Lebensjahres als Voraussetzung für die Ernennung als Beamter auf Lebenszeit) oder sie müssen sachlich »unterfüttert« werden. In diesem Zusammenhang bahnbrechend ist die Entscheidung des EuGH im sog. Fall Mangold (EuGH 22.11.2005 – C 144/04 – [Mangold] AP-Richtlinie 2000/78 EG Nr. 1). Dort wurde das Anknüpfen des § 14 Abs. 3 TzBfG an ein bestimmtes Lebensalter (58 bzw. 52 Jahre) als Altersdiskriminierung verstanden; die entsprechende Vorschrift wurde als europarechtswidrig bezeichnet. Das BAG ist dieser Auffassung gefolgt (BAG 24.06.2006 [7 AZR 500/04] AR-Blattei ES 380 Nr. 146 mit Anm. Bauschke). 36

Das **Kündigungsrecht** ist mittlerweile gänzlich aus dem Anwendungsbereich des **AGG entfernt** worden. Deswegen gelten einstweilen die gesetzlichen Regelungen des Kündigungsschutzgesetzes (**KSchG**). Dort wird das Kriterium Alter unter dem Aspekt der »**sozialen Auswahl**« bei betriebsbedingten Kündigungen besonders berücksichtigt. Dies soll dazu führen, lebensältere Arbeitnehmer im Verbund mit den Kriterien Betriebszugehörigkeit, Unterhaltsansprüche und Schwerbehinderung gegenüber jüngeren Arbeitnehmern grundsätzlich zu schützen und eine Durchbrechung dieser Regel von Ausnahmesituationen abhängig zu machen. Es ist durchaus möglich, dass das AGG trotz der Herausnahme der Kündigung aus dem Anwendungsbereich des AGG unter dem Gesichtspunkt der prinzipiellen Geltung der Vorschriften des Allgemeinen Teils des AGG auch auf das Kündigungsschutzrecht **Ausstrahlungswirkung** haben könnte. 37

Auch hier ist in der **Praxis** auf die **Sinnhaftigkeit** des Verbots der Altersdiskriminierung zu **achten** und bei Maßnahmen entsprechende Vorkehrungen zu treffen. Es empfiehlt sich, die **Anknüpfung** an die **reine Altersangabe** als Zahl zu **vermeiden**. Gleichzeitig ist hinsichtlich des Benachteiligungsmerkmals Alter auf die Rechtfertigungsgründe des § 10 AGG zu verweisen. Diese dürften auch im Bereich der lediglich vom Allgemeinen Teil (§ 1 – 5 AGG) betroffenen Rechtsbereiche zumindest **analog** heranzuziehen sein. Es ist zu hoffen, dass sich in der Praxis eine unter teleologischen Gesichtspunkten sinnvolle Interpretation des Verbots der Altersdiskriminierung herausstellen wird. Deswegen soll an dieser Stelle auf die 38

§ 1 AGG

Konstruktion weiterer Beispielsfälle verzichtet werden (für ein besonders praxisfernes Beispiel vgl. Bauer/Göpfert/Krieger § 1 Rn. 47 [Chinesisches Tierkreiszeichen]).

6. Sexuelle Identität

39 Der Begriff »sexuelle Identität« ist ein **neues Benachteiligungsmerkmal**. Es weicht von der Terminologie her leicht von der ursprünglich in der Richtlinie 2000/78/EG verwendeten Begrifflichkeit (»sexuelle Ausrichtung«) ab, meint allerdings wie dort die verschiedenen **Formen** (nicht jedoch Praktiken) von **Sexualität**. Insgesamt zielte die Einführung der Begrifflichkeit auf den Diskriminierungsschutz für Homosexuelle sowie Bisexuelle und zwischengeschlechtliche Menschen ab. Der Diskriminierung der Homosexualität sollte grundsätzlich begegnet werden. Dabei muss sich insbesondere im Bereich von bestimmten **Kirchen-** und **Religionsgemeinschaften**, die gegenüber der Homosexualität ein teilweise dogmatisch begründetes Ressentiment haben und in der Einstellungspraxis berücksichtigen, die Durchschlagkraft des AGG in der Praxis erweisen. Insbesondere wird sich zeigen, inwieweit der **Tendenzschutz** solcher Einrichtungen und die damit verbundene Autonomie zur Abweichung von den im AGG ausgegebenen »Mindeststandards« führen darf. Im Bereich des Beschäftigtenschutzes wird auch die Interpretation von § 9 Abs. 2 AGG, wonach von Beschäftigten religiöser oder weltanschaulicher Einrichtungen ein »loyales und aufrichtiges Verhalten i. S. ihres jeweiligen Selbstverständnisses« verlangt werden kann, Bedeutung gewinnen. **Problematisch** werden auch in Zukunft Fälle der **Transsexualität** oder der **Geschlechtsumwandlung** sein. Hier setzt die im AGG vorgesehene Schutzwirkung allerdings auch eine entsprechende Information des Arbeitgebers oder des Dienstherrn voraus.

40 Soweit bisher an das Kriterium »**Ehe**« angeknüpft wird, kann darin eine Benachteiligung der homosexuellen Menschen gesehen werden, für die nach der herkömmlichen Definition eine heterosexuelle Ehe nicht in Betracht kommt. Allerdings ist eine gewisse Privilegierung dieser Form von Ehe durch **Art. 6 GG legitimiert**. Inwieweit Art. 6 GG dadurch gegen Diskriminierungsverbote verstößt, erscheint fraglich. Gerechtfertigt wird die Privilegierung zumindest teilweise mit dem Hinweis auf die Verbindung zu dem Begriff »Familie«, der klassischerweise mit einer heterosexuellen Ehe verbunden wird. Diese Begrifflichkeit hat sich allerdings durch die **manigfaltigen Erscheinungsformen** von Partnerschaften und Lebensformen weitgehend überholt. Die (auch rechtliche) Anerkennung der Lebenspartnerschaft von Homosexuellen schreitet voran. Selbst in solchen Zusammenschlüssen können »Familien« im weiteren Sinne entstehen. Die bisherige Rechtsprechung des Bundesverfassungsgerichts (BVerfG) und des Bundesarbeitsgerichts (BAG) halten bislang eine **Privilegierung** der klassischen **Ehe** für **zulässig**. Die weitere Entwicklung wird auch im Hinblick auf europäische Vorgaben und die Rechtsprechung des EuGH zu beobachten sein.

7. Weiteres

Die **Aufzählung** der Benachteiligungsmerkmale in § 1 AGG ist **abschließend**. 41
Andere Benachteiligungen unterliegen **nicht** dem **Schutzbereich** des AGG. Dies lässt aber allgemeine Regelungen und Prinzipien, wie z. B. den allgemeinen arbeitsrechtlichen Gleichbehandlungsgrundsatz und die Möglichkeit von Spezialregelungen in anderen Gesetzen (z. B. Bundes-Gleichstellungsgesetz [BGleiG]) unberührt. Schließlich kommen auch weiterhin Verstöße unter anderen Gesichtspunkten (z. B. wegen Sittenwidrigkeit [§ 138 BGB]) in Betracht.

Nach § 3 Abs. 1 S. 2 AGG wird als Benachteiligung wegen eines in § 1 AGG geregelten Benachteiligungsmerkmal auch eine solche Benachteiligung angesehen, die in **untrennbarem Zusammenhang** mit einem der Merkmale steht. So gehört beispielsweise die Benachteiligung einer Frau wegen Schwangerschaft oder Mutterschaft unmittelbar zum Merkmal »Geschlecht«. Dies liegt auch ganz auf der Linie der Rechtsprechung von EuGH und BAG. Bei der Frage des »untrennbaren Zusammenhangs« werden sich Probleme in der Praxis ergeben. Einige Einzelfälle sollen aber gleichwohl behandelt und das Ergebnis prognostiziert werden. So besteht bei der **Hautfarbe** ein untrennbarer Zusammenhang mit Rasse bzw. ethnischer Herkunft. Für das Merkmal Geschlecht gilt ein untrennbarer Zusammenhang mit Mutterschaft und Schwangerschaft. Bei dem Differenzierungsmerkmal »**Sprache**« muss nach hier vertretener Auffassung differenziert werden. Hier besteht im Prinzip kein untrennbarer Zusammenhang mit der ethnischen Herkunft, soweit es um die Kenntnisse und Beherrschungen einer Sprache geht. Auch bei dem Kriterium »Muttersprache« ist die Frage, ob eine unzulässige Diskriminierung vorliegt, anhand der Umstände des Einzelfalls zu überprüfen. Auch bei Begriffen, die an beiderlei Geschlecht oder an verschiedene sexuelle Identitäten anknüpfen wie Elternzeit, **Ehe**, ledig, unverheiratet sein und Lebenspartner ist – mit den soeben angegebenen Einschränkungen – kein untrennbarer Zusammenhang mit dem Merkmal Geschlecht oder sexuelle Identität gegeben. 42

§ 2 Anwendungsbereich

(1) **Benachteiligungen aus einem in § 1 genannten Grund sind nach Maßgabe dieses Gesetzes unzulässig in Bezug auf:**
1. die Bedingungen, einschließlich Auswahlkriterien und Einstellungsbedingungen, für den Zugang zu unselbstständiger und selbstständiger Erwerbstätigkeit, unabhängig von Tätigkeitsfeld und beruflicher Position, sowie für den beruflichen Aufstieg,
2. die Beschäftigungs- und Arbeitsbedingungen einschließlich Arbeitsentgelt und Entlassungsbedingungen, insbesondere in individual- und kollektivrechtlichen Vereinbarungen und Maßnahmen bei der Durchführung und Beendigung eines Beschäftigungsverhältnisses sowie beim beruflichen Aufstieg,
3. den Zugang zu allen Formen und allen Ebenen der Berufsberatung, der Berufsbildung einschließlich der Berufsausbildung, der beruflichen Weiterbildung und der Umschulung sowie der praktischen Berufserfahrung,

4. die Mitgliedschaft und Mitwirkung in einer Beschäftigten- oder Arbeitgebervereinigung oder einer Vereinigung, deren Mitglieder einer bestimmten Berufsgruppe angehören, einschließlich der Inanspruchnahme der Leistungen solcher Vereinigungen,

5. den Sozialschutz, einschließlich der sozialen Sicherheit und der Gesundheitsdienste,

6. die sozialen Vergünstigungen,

7. die Bildung,

8. den Zugang zu und die Versorgung mit Gütern und Dienstleistungen, die der Öffentlichkeit zur Verfügung stehen, einschließlich von Wohnraum.

(2) Für Leistungen nach dem Sozialgesetzbuch gelten § 33c des Ersten Buches Sozialgesetzbuch und § 19a des Vierten Buches Sozialgesetzbuch. Für die betriebliche Altersvorsorge gilt das Betriebsrentengesetz.

(3) Die Geltung sonstiger Benachteiligungsverbote oder Gebote der Gleichbehandlung wird durch dieses Gesetz nicht berührt. Dies gilt auch für öffentlich-rechtliche Vorschriften, die dem Schutz bestimmter Personengruppen dienen.

(4) Für Kündigungen gelten ausschließlich die Bestimmungen zum allgemeinen und besonderen Kündigungsschutz.

I. Allgemeines

1. Rechtssystematik

1 § 2 AGG betrifft den **sachlichen Anwendungsbereich** des AGG. Die Vorschrift gehört zum **Allgemeinen Teil** des AGG und reicht deswegen (nach hier vertretener Auffassung) über den in § 6 ff. AGG angegebenen persönlichen Anwendungsbereich hinaus. § 2 AGG korrespondiert allerdings mit dem zeitlichen Anwendungsbereich nach § 33 AGG.

2 § 2 AGG gehört zum **Allgemeinen Teil** des AGG. In der deutschen Rechtstradition kann dies mehrfaches bedeuten. Einerseits können darin allgemeine Regeln enthalten sein, die »gleichsam vor die Klammer gezogen« wurden und damit, wenn nicht in den »**Besonderen Teilen**« Sonderregelungen getroffen werden, auch für diese Anwendung finden. Charakteristisch für diese Gesetzestechnik ist das BGB. Andererseits ist es durchaus üblich, namentlich in neueren Gesetzen, im »Allgemeinen Teil« **allgemeine Regelungen** aufzustellen, die selbständig gelten und einen **eigenen Anwendungsbereich** haben, der über die in den besonderen Regelungsteilen angesprochenen Themen hinaus geht. Anwendungsbeispiel hierfür ist das SGB I.

3 Die Frage des **rechtssystematischen Zusammenhangs** hat der Gesetzgeber **nicht ausdrücklich** angesprochen. Insofern bietet sein Schweigen Anlass für unterschiedliche Auffassungen. Ob dies einem Redaktionsversehen zuzuschreiben oder Ausdruck der »sklavischen Umsetzung der Richtlinienbestimmungen« (so Bauer/

Göpfert/Krieger, AGG § 2 Rn. 3) ist, lässt sich auch aus der amtlichen Begründung nicht hinreichend ablesen. Zur Beantwortung der Frage des rechtssystematischen Zusammenhangs ist damit auf den Inhalt der Regelungen des Allgemeinen Teils und hier des § 2 im Einzelnen einzugehen und zu überprüfen, inwieweit sie über die in den »Besonderen Teilen« ab §§ 6 ff. AGG behandelten Themen und Regelungen hinausgehen. Aus der Auflistung der sachlichen Anwendungsbereiche und der dort genannten Themen ist zu folgern, dass namentlich die Zielsetzungen und die übrigen allgemeinen Bestimmungen des AGG nicht nur die in den §§ 6 ff. AGG angesprochenen Gruppen (z. B. Beschäftigte und Arbeitgeber) betreffen, sondern in einer Art »Mindeststandard« für die erwähnten Anwendungsbereiche grundsätzliche Bedeutung haben.

Insofern ist der **Anwendungsbereich** des AGG **weiter**, als dies in den Richtlinien gefordert ist. Für Einzelheiten des Verhältnisses der Richtlinien zum AGG vgl. Bauer/Göpfert/Krieger, AGG § 2 Rn. 5 ff.; Husmann, M., Das allgemeine Gleichbehandlungsgesetz und seine Auswirkungen im Sozialrecht, Zesar 2007 S. 17 ff. et passim). 4

2. Systematik der Regelungsinhalte

Die **Regelungsinhalte** des § 2 sind in sich **nicht konsistent**. Sie betreffen in § 2 Abs. 1 Nr. 1 – 4 im Wesentlichen arbeitsrechtliche Bereiche. § 2 Abs. 1 Nr. 5 und Nr. 6 erwecken den Eindruck einer Zuwendung an öffentlich-rechtliche Regelungsbereiche; die Bezugnahme auf »**Gesundheitsdienste**« ist rechtssystematisch allerdings alles andere als trennscharf. Auch der Begriff »**soziale Vergünstigungen**« verweist prima vista auf öffentlich-rechtliche, namentlich sozialrechtliche Zusammenhänge hin, schließt allerdings auch privatrechtliche Vergünstigungen, wie die durch den Arbeitgeber in sozialen Angelegenheiten (jedenfalls begrifflich) nicht aus. Ähnliches gilt für den Begriff »**Bildung**«, der angesichts der überwiegenden Organisation des Bildungswesens durch öffentlich-rechtliche Einrichtungen zunächst öffentlich-rechtlichen Charakter besitzt, zugleich allerdings auch private Einrichtungen im Bildungswesen (Privatschulen, private Hochschulen, private Bildungsträger) mit einschließt. Eine Verquickung von öffentlich-rechtlichen Einrichtungen und zivilrechtlichen bietet schließlich § 2 Abs. 1 Nr. 8 AGG, wo die **Versorgung** mit **Gütern** und **Dienstleistungen**, die der Öffentlichkeit zur Verfügung stehen, geregelt ist, was sowohl von öffentlich-rechtlichen Einrichtungen wie von privaten Trägern bewerkstelligt werden kann. Gleiches gilt für Bereiche, die den »**Wohnraum**« betreffen. 5

Problematisch sind schließlich die Absätze 2 – 4. Diese haben keine Vorbilder in den Richtlinien. Sie sollen der »**Verzahnung**« mit anderen nationalen Rechtsregelungen dienen. Auf die Einzelheiten insbesondere bei der Begrifflichkeit »**Leistungen**« (§ 2 Abs. 2 S. 1 AGG) und anderer problematischer Gesichtspunkte wird sogleich eingegangen werden. 6

Die Aufzählung der Themenbereiche des § 2 Abs. 1 AGG (sog. **Positivliste**) ist nicht abschließend. **Erweiterungen** finden sich in § 3 im Hinblick auf die Einbeziehung von unmittelbaren und mittelbaren Benachteiligungen, Belästigungen und sexuellen Belästigungen, der unterschiedlichen Behandlung wegen mehrerer Gründe und die Regelung der sog. positiven Maßnahmen (§ 5 AGG). 7

II. Einzelne Regelungsbereiche

1. Zugangsbedingungen (§ 2 Abs. 1 Nr. 1 AGG)

8 § 2 Abs. 1 Nr. 1 betrifft den **Zugang** zu **unselbständiger** und **selbständiger Erwerbstätigkeit**, unabhängig von Tätigkeitsfeld und beruflicher Position, sowie den **beruflichen Aufstieg**. Die Einbeziehung der selbständigen Erwerbstätigkeit macht damit wiederum deutlich, dass der Allgemeine Teil des AGG über die in § 6 ff. AGG konturierten Adressaten hinaus Geltung besitzt. Zu diesen **Tätigkeiten** zählen neben den klassischen Arbeitnehmertätigkeiten auch die Arbeitnehmerüberlassung sowie sämtliche Formen der unselbständigen Erwerbstätigkeit (Teilzeit, Zweit- und Nebentätigkeiten). Mit der Einbeziehung der selbständigen Erwerbstätigkeit wird beispielsweise der Rahmen gewerblicher Vorschriften und das entsprechende Genehmigungsverfahren durch behördliche Einrichtungen angesprochen. Die Ziele des § 1 AGG sind somit auch in diesem Zusammenhang zu beachten. Ob im Rahmen der selbständigen Tätigkeit zunächst »freie Mitarbeiter« exklusiv gemeint waren, muss angesichts des i. d. S. unklaren Gesetzestextes dahinstehen. Die Berufsausbildung wird nicht in § 2 Abs. 1 Nr. 1 erfasst (vielmehr in § 2 Abs. 1 Nr. 3 AGG). Schulische und hochschulische Einrichtungen erfahren eine Regelung durch § 2 Abs. 1 Nr. 7 AGG.

9 Die Einbeziehung der selbständigen Erwerbstätigkeit eröffnet der Vorschrift ein **weites Anwendungsfeld** und umfasst dem Grunde nach sämtliche Formen der selbständigen Erwerbstätigkeit. Zugleich bieten sich **Abgrenzungsprobleme** zwischen selbständiger und unselbständiger Tätigkeit im Bereich von Organmitgliedern und gesellschaftsrechtlichen Rechtsverhältnissen. Von der Intention des AGG wird die Differenzierung deswegen keine Rolle spielen, weil die Regelungen in Gestalt eines Minimumstandards sämtliche Tätigkeitsbereiche erfassen. Insofern erweisen sich die schwierigen Abgrenzungsfragen, etwa im Bereich des Wechsels von einer abhängigen zu einer selbständigen Erwerbstätigkeit (Prokurist zum Geschäftsführer) als vom Ergebnis her nicht besonders zielführend, weil in jedem Fall die Grundsätze des AGG Anwendung finden müssen.

10 In der Praxis betrifft § 2 Abs. 1 Nr. 1 AGG schwerpunktmäßig das **Einstellungsverfahren**. Hier haben sich namentlich im Bereich des öffentlichen Dienstes Praktiken herausgestellt, die in Anlehnung an öffentlich-rechtliche Vorschriften (Art. 33 Abs. 2 GG) und deren Umsetzung in beamtenrechtlichen Regelungen allenfalls im Hinblick auf Differenzierungen bezüglich der im Einzelnen aufgeführten Kriterien überprüft werden müssen. Nach der systematischen Zuordnung wird es bei der Anwendung derartiger Vorschriften dann bleiben, wenn diese nicht in Widerspruch zu den Regelungen des AGG geraten oder Kriterien betreffen, die vom Anwendungsbereich des AGG nicht erfasst sind.

11 Die konkrete Anwendung der Diskriminierungsverbote des § 2 Abs. 1 Nr. 1 AGG in der Praxis wird erst über **längere Sicht** zu **neuen** klareren **Vorgaben** führen. Möglicherweise wird hierzu der **Rechtsprechung** maßgeblicher Einfluss zukommen. Derzeit ist zu einzelnen Aspekten das Folgende zu sagen. Die **Arbeitgeberseite** sollte sich mit konkretisierten problematischen Anforderungen an die **Bewerbungsunterlagen zurückhalten**. Deswegen wird auch **empfohlen**, die Vorlage eines **Lichtbilds nicht** zu **verlangen**. Ein **allgemeiner Hinweis** im Ausschrei-

§ 2 AGG

bungsverfahren, diskriminierungsrechtlich relevante Angaben müssten nicht gemacht werden, lässt zunächst auch auf das gesetzeskonforme Verhalten des Arbeitgebers schließen, ist allerdings nicht geeignet, konkrete Diskriminierungen zu entkräften.

Insgesamt ist dem Arbeitgeber, der Dienststelle zu raten, die **Dokumentation** von **Bewerbungen** aber auch von beruflichen **Aufstiegen gründlicher** als bisher zu betreiben und auf diskriminierungsfreies Verhalten Wert zu legen. Dies gilt insbesondere auch bei Fragen nach konkreten Aspekten während der Einstellung. Hier bietet sich eine genaue Stellenbeschreibung etwa i. S. d. »**Tätigkeits- und Kompetenzprofile**«, wie sie mittlerweile auch im öffentlichen Dienst verwandt werden, an, so dass der **Fokus** der Aufmerksamkeit nicht auf die Person des Bewerbers, sondern auf die **avisierte Tätigkeit** gerichtet wird.   12

Ob die vielfach geäußerte Anregung, bei der Durchführung von Stellenbesetzungsverfahren unternehmens-, **dienststellen-** oder **behördenfremde Personen** mit **einzubeziehen**, letztlich zielführend ist und ein Diskriminierungsverfahren positiv beeinflusst, mag **dahinstehen**. Das **Outsourcing** bei Personalentscheidungen ist mittlerweile zu einem, allerdings bereits wieder kritisch hinterfragten Usus geworden. In jedem Falle müssen die von einem Außenstehenden an die Bewerber gerichteten Fragen oder das Verfahren etwa beim beruflichen Aufstieg den **Anforderungen** des AGG entsprechen. Ob die von Außenstehenden angebotenen **Standards** indessen dem durch das neue Gesetz geforderten Qualitätsmaßstab immer entsprechen, darf angesichts der einsehbaren Praxis mehr als bezweifelt werden. **Sachlich-fachliche Kompetenz** bei dem das Bewerbungsverfahren oder den beruflichen Aufstieg Betreibenden ist jedenfalls unerlässlich; hierdurch wird auch am ehesten einer unzulässigen Benachteiligung begegnet werden, weil die die Personalentscheidung rechtfertigenden sachlichen Gründe durch entsprechende fachliche professionelle Kompetenz besser bewiesen werden als durch die Verlagerung nach außen.   13

Bei **Absagen** ist darauf zu achten, dass dabei – auch **nicht** im persönlichen oder telefonischen Gespräch, einen **Benachteiligungsverdacht** auslösenden **Bemerkungen** beinhalten.   14

2. Ausübungsbedingungen (§ 2 Abs. 1 Nr. 2 AGG)

Die Regelung betrifft im Wesentlichen die konkrete **Durchführung** der Rechtsverhältnisse. Dabei lässt sie den Begriff der **Bedingungen**, der auch in § 2 Abs. 2 Nr. 1 AGG verwandt wird, am ehesten durch die in § 2 Abs. 1 Nr. 2 AGG gegebene Erläuterung klarer werden. Dort sind insbesondere individual- und kollektivrechtliche Vereinbarungen und Maßnahmen bei der Durchführung und Beendigung eines Beschäftigungsverhältnisses sowie beim beruflichen Aufstieg angesprochen. Durch die Einfügung des Wortes »insbesondere« wird deutlich, dass es auch andere Bedingungen geben mag. Insbesondere im Zusammenhang mit dem **Ausstrahlungswirkung** des AGG (Allgemeiner Teil) sind dabei Regelungen öffentlich-rechtlicher Natur denkbar, die in die Ausführungsbedingungen eingreifen. Andererseits gilt dies auch für den öffentlichen Dienst und die dort vorfindlichen öffentlich-rechtlichen Dienstverhältnisse, die nur schwer unter die Begriffe individual- und kollektivrechtlich zu subsumieren sind.   15

16 Problematisch ist die Bezugnahme auf die »**Beendigung**« des Beschäftigungsverhältnisses. Hier besteht ein gewisser Widerspruch zu der Herausnahme kündigungsschutzrechtlicher Bestimmungen durch § 2 Abs. 4 AGG. Hinsichtlich der Bedingungen der Kündigungen ist also das Kündigungsschutzgesetz (**KSchG**) als **lex specialis** anzusehen; die Bestimmung des AGG in § 2 Abs. 1 Nr. 2 betrifft somit die anderen Beendigungsformen außerhalb der Kündigung. Hinsichtlich der Befristung von Arbeitsverhältnissen ist das Teilzeit- und Befristungsgesetz (TzBfG) ebenfalls als lex specialis anzusehen. Im Zusammenspiel mit § 6 AGG betrifft die Regelung des § 2 Abs. 1 Nr. 2 AGG hinsichtlich der Ausübungsbedingungen primär den **Arbeitgeber**. Allerdings hat die Regelung **Ausstrahlungswirkung**, etwa dann, wenn die Bundesagentur für Arbeit (vgl. BAG 05.02.2004, 8 AZR 112/03 = BAGE 109, 265 – 278) Stellenangebote des Arbeitgebers veröffentlicht und entsprechend deren Besetzung betreibt. Hier handelt die BA zwar arbeitsrechtlich als Erfüllungsgehilfe des Arbeitgebers; dessen Verantwortlichkeit bleibt bestehen. Sie kann sich allerdings im Innenverhältnis zum Arbeitgeber eines Verstoßes gegen Regelungen des AGG bezichtigt sehen und muss hierfür nach den Gesichtspunkten öffentlich-rechtlicher Haftung einstehen.

3. Berufsberatung, berufliche Bildung

17 Nach § 2 Abs. 1 Nr. 3 AGG haben die in § 1 genannten Benachteiligungskriterien besondere Bedeutung für den »Zugang zu allen Formen und allen Ebenen der Berufsberatung, der Berufsbildung einschl. der Berufsausbildung, der beruflichen Weiterbildung und der Umschulung sowie der praktischen Berufserfahrung«. Dabei betrifft die **Berufsberatung** originär die Aufgaben der Arbeitsverwaltung (schließt allerdings auch berufliche Beratung durch andere Träger, wie z. B. zunehmend den schulischen Bereich) mit ein. Sie beinhaltet ein uneingeschränktes Diskriminierungsverbot. Wegen des umfassenden Charakters der Vorschrift betrifft sie **sämtliche Arten** und **Formen** der **beruflichen Bildung**, ohne Rücksicht auf die jeweilige Rechtsgrundlage und den **Träger** der **Bildungsmaßnahmen**.

18 Allerdings betrifft das Diskriminierungsverbot nach dem **Wortlaut** des § 2 Abs. 1 Nr. 3 AGG nur den **Zugang** zur beruflichen Bildung etc. Diese Einschränkung ist jedoch zu interpretieren. So muss die Berufsberatung in allen Phasen des Ablaufs die Benachteiligungsverbote beachten. Das Gleiche gilt auch für Maßnahmen der beruflichen Bildung etc. Nicht nur dürfen Bewerber für solche Maßnahmen nicht diskriminiert werden, **auch** bei der **Durchführung** einer solchen Maßnahme und bei der Frage, inwieweit sie zu einem jeweiligen Erfolg führt, herrscht ein absolutes Diskriminierungsverbot. Der Begriff »Zugang« ist also in diesem Zusammenhang zu eng gewählt und bedarf einer extensiveren **Auslegung**.

4. Mitgliedschaft und Mitwirkung in berufsbezogenen Vereinigungen (§ 2 Abs. 1 Nr. 4 AGG)

19 Adressaten der Vorschrift sind insbesondere **Gewerkschaften** und **Arbeitgeberverbände**. Allerdings sind auch sonstige Organisation mit Bezug zu Beschäftigung und Beruf gemeint. Die Vorschrift soll die Möglichkeit der **ungehinderte Mitwirkung** in entsprechenden Berufsverbänden und ähnlichen Vereinigungen **ermögli**-

chen. Aus diesem Grunde sind Innungen, kassenärztliche Vereinigungen, Anwaltsvereine sowie Berufsgruppen aller Art (z. B. Psychologenverband) mit einbezogen. Auch hier wird deutlich, dass der **Anwendungsbereich** des AGG in sachlicher Hinsicht weit über das Arbeitsrecht hinausgeht. Bei der **Kriterienaufstellung** bzgl. **Zulassung** und insbesondere **Ausschluss** von Berufsverbänden etc. sollten die existierenden Regelungen und insbesondere die vorfindliche **Praxis kritisch überprüft** werden. Alterbegrenzungen beispielsweise sind ebenso zu hinterfragen, wie Einengungen im Hinblick auf berufliche Qualifikationen, hinter denen sich möglicherweise Diskriminierungen verbergen können (etwa ethnische Herkunft oder Geschlecht). Im Hinblick auf die Verwirklichung der Koalitionsfreiheit aus Art. 9 Abs. 3 GG wird auch die Absperrung gegenüber Ausländern oder – umgekehrt – bspw. die Organisation und Gründung von Gewerkschaften nur für Ausländer, was bislang überwiegend als verfassungskonform angesehen wurde, zu problematisieren sein. Nationale Bezeichnungen (z. B. Deutscher Anwaltsverein, Deutscher Beamtenbund, Deutscher Gewerkschaftsbund) könnten sich als diskriminierend erweisen.

5. Sozialschutz (§ 2 Abs. 1 Nr. 5 AGG)

Besondere Bedeutung erlangt die Regelung, die den **Sozialschutz** einschließlich **soziale Sicherheit** und **Gesundheitsdienste** betrifft. Verstärkt wird die Problematik durch einen Blick auf § 2 Abs. 1 Nr. 6 AGG, wo die »**sozialen Vergünstigen**« aufgeführt sind. Dabei gestaltet sich die Abgrenzung dieser Vorschrift im Hinblick auf das Verhältnis zu § 2 Abs. 2 AGG, wonach »für Leistungen nach dem Sozialgesetzbuch die §§ 33c SGB I und § 19a SGB IV gelten« als äußerst schwierig. Die Folgerung, »soziale Sicherungssysteme staatlicher Träger seien durch die Nr. 5 nur dann betroffen, soweit sie außerhalb des SGB stehen« (so Bauer/Göpfert/Krieger, AGG § 2 Rn. 37) ist wohl nicht zutreffend. Die entsprechenden **Bedenken** ergeben sich aus **zweierlei Gründen**: Zum einen ist die Erwähnung des gesamten Bereichs des **Sozialschutzes** einschließlich der »**sozialen Sicherheit**« sehr **umfassend formuliert**; durch die Formulierung »**soziale Vergünstigungen (Nr. 6)**« wird der Eindruck einer umfassenden **Bezugnahme** auf das gesamte **Sozialrecht** noch verdichtet. Zum Anderen beschränkt sich der Herausnahmetatbestand des § 2 Abs. 2 AGG auf »**Leistungen**« nach dem Sozialgesetzbuch. Zutreffend ist deshalb, dass es bei »**Nicht-Leistungen**« uneingeschränkt bei dem durch § 2 Abs. 1 AGG **festgelegten Anwendungsbereich** bleibt (vgl. i. d. S. wohl auch Husmann, M., Das Allgemeine Gleichbehandlungsgesetz und seine Auswirkungen auf das Sozialrecht, C 2007, S. 17 ff.). Insofern ist problematisch, ob die in der **amtlichen Begründung** zu § 2 Abs. 2 AGG erfolgten Hinweise durchgreifen, das, »soweit es sich um Leistungen nach dem Sozialbuch handelt, ausschließlich die Regelungen in § 33c SGB I und § 19a SGB IV« exklusiv Anwendung finden und somit das AGG nicht zum Zuge komme.

In jedem Fall betrifft die »**Ausschließlichkeitsanordnung**« nur **Leistungsfälle**, die den in § 2 Abs. 2 AGG aufgeführten Anwendungsbereichen zuzuordnen sind. **Keine Anwendung** findet die Herausnahmevorschrift **für andere Fälle** als Leistungsfälle und sonstige Regelungen im AGG.

§ 2 AGG

22 Zusätzlich ist der Begriff **Leistung sprachlich verfehlt**. Es wird nämlich **nicht klar**, **welche Leistungen** durch die Herausnahmevorschrift gemeint sind. Eine **Interpretation** des Begriffs im **umfassenden Sinne** kommt deswegen **nicht in Betracht**, weil ansonsten das AGG kaum Anwendung im Sozialrecht fände und § 2 Abs 1 Nr. 5 AGG praktisch »leerliefe«. Eine Beschränkung auf Einrichtungen und staatliche Träger außerhalb des Sozialgesetzbuches wie Frauenhäuser, Obdachlosenheime, sämtliche private Versicherungsarten etc. ist außerordentlich fragwürdig. Zudem verbietet sich schon vom **öffentlich-rechtlichen** Charakter des Sozialrechts her der Eindruck, als ob der **Mindeststandard** des AGG für das Sozialrecht teilweise aufgehoben worden sei. Dies widerspräche dem **Sozialstaatsgebot** des Art. 28 GG und der direkten Grundrechts- und Richtlinienbindung der staatlichen Institutionen und deren Beschäftigten.

23 Aus diesem Grund wird den **Funktionsträgern** und **Beschäftigten** der **sozialen Institutionen** (z. B. sämtlichen Sozialversicherungsträgern) **dringend angeraten**, beim **Umgang** mit **Kunden** der sozialen Systeme in **vollem Umfang** die **Maßstäbe** des **AGG** zur Anwendung gelangen zu lassen, soweit nicht sozialrechtliche Regelungen ohnehin darüber hinausgehen.

24 Aber auch **privatrechtliche Organisationen**, insbesondere im Bereich des Gesundheitswesens, unterliegen den Regelungen des AGG. Dies kann beispielsweise die Behandlung von Patienten durch Ärzte betreffen. So sind die exklusive Behandlung eines Geschlechts durch bestimmte Ärzte (nicht jedoch Gynäkologen) ebenso problematisch wie die Ausrichtung einer Arztpraxis auf ein bestimmtes ethnisches Klientel.

25 Betroffen sind allerdings vor allem auch die **Einrichtungen** des **öffentlichen Gesundheitswesens**. Zu diesen zählen namentlich die staatlichen und quasi staatlichen Krankenhäuser sowie Gesundheitsämter und ähnliche Einrichtungen. Hier ist Augenmerk auf die bisherige Praxis zu richten und zu überprüfen, ob Aufnahmeverfahren und Behandlung, namentlich auch im Hinblick auf Benachteiligungen im Bereich der ethnischen Herkunft durchweg vermieden werden.

6. Soziale Vergünstigungen (§ 2 Abs. 1 Nr. 6 AGG)

26 Bei sozialen Vergünstigungen geht es im Wesentlichen um **staatliche Leistungen**. Dabei sind wegen des Außnahmetatbestands in § 2 Abs. 1 Nr. 5 AGG bestimmte Sozialleistungen allerdings den Spezialregelungen des SGB unterworfen. Anwendungsbereiche der Vorschrift betreffen beispielsweise die Zahlung von Elterngeld, familienbezogene Leistungen und soziale Einrichtungen des Arbeitgebers. Möglicherweise überschneidet sich der Anwendungsbereich dieser Vorschrift bei Leistungen des Arbeitgebers mit dem des § 2 Abs. 1 Nr. 2 AGG.

7. Bildung (§ 2 Abs. 1 Nr. 7 AGG)

27 Der Begriff Bildung macht schon vom **Wortlaut** her deutlich, dass er im **umfänglichen** und **umfassenden Sinn** verstanden werden soll. Bildung erfasst geradezu jede Form der Vermittlung von Kenntnissen und Fähigkeiten, geht aber darüber hinaus und betrifft den Menschen in seiner intellektuellen, seelischen und körper-

lichen Gesamtheit. Von der Vorschrift erfasst werden sämtliche **staatliche** und **private Bildungsträger** (Schulen, Hochschulen einschließlich der Volkshochschulen). Betriebliche Bildungsmaßnahmen unterliegen wohl der Vorschrift des § 2 Abs. 1 Nr. 2 AGG und stehen damit ebenfalls unter Diskriminierungsschutz.

Problematisch können bestehende **Selektionsmechanismen** (beispielsweise Wartesemester in Bezug auf das Kriterium Alter sowie Nichtdifferenzierungen im Bereich der Behinderung etc.) sein. Umgekehrt können bestimmte Bildungsangebote, die sich gezielt an bestimmte ethnische Gruppierungen oder bestimmte Altersgruppen (»Akademie für Ältere«) richten, unter dem Gesichtspunkt der unzulässigen Benachteiligung problematisiert werden. Eine **Durchforstung** der einschlägigen **rechtlichen Regelungen** (von gesetzlichen Regelungen bis hin zu Verwaltungsvorschriften o. ä.) ist dringend angeraten. 28

8. Güter und Dienstleistungen für die Öffentlichkeit (§ 2 Abs. 1 Nr. 8 AGG)

Die Vorschrift soll den **europarechtlichen Impetus** in Richtung auf einen **freien Waren- und Dienstleistungsverkehr** (Art. 23 ff., 49 ff. EGV) vorantreiben und ihn, frei von Diskriminierung, sichern. Dabei sind im Wesentlichen **Themenbereiche** betroffen, die dem **öffentlichen Recht** zuzuordnen sind. Die **Einrichtungen** der **öffentlichen Hand** etwa im kommunalen, lokalen und regionalen Bereich sind von den Diskriminierungsverboten direkt betroffen. Zu diesen Einrichtungen gehören z. B. die verschiedenen Anstalten (Schwimmbäder, Turn- und Sportbetriebe). Die Vorschrift bezieht sich allerdings auch auf Einrichtungen, sofern sie der **Öffentlichkeit** zur **Verfügung** stehen. Dies ist bereits dann der Fall, wenn ein Angebot zum Abschluss von Verträgen der Öffentlichkeit zugängig gemacht wird. Hierzu genügen **Annoncen** in der Zeitung ebenso wie die **Bekanntmachung** der Einrichtung (Internet-Auftritte u. ä.). Nach der amtlichen Begründung wird es zumeist »um privatrechtlich zu beurteilende Schuldverhältnisse« gehen, weil der Zugang zu entsprechenden Dienstleistungen in marktwirtschaftlich organisierten Gesellschaften überwiegend auf der Grundlage von privatrechtlichen Verträgen erfolgt. Insofern sind von der Regelung auch private Anbieter wie Sportvereine, Transportgesellschaften, Nachhilfebetreuung, Zustelldienste, bis hin zum Pizzaservice, betroffen. Entscheidend für die öffentliche Anbietung ist, dass eine Privatsphäre der Betroffenen überschritten ist und der »öffentliche Raum« betreten wurde. 29

9. Leistungen nach dem SGB

Auf die Problematik der Erstreckung des AGG auf das **Sozialrecht** und insbesondere auf das SGB ist an anderer Stelle (**Einführung 37**) schon ausführlich eingegangen worden. § 2 Abs. 2 AGG enthält eine Regelung, die offenkundig das Verhältnis von AGG und Sozialgesetzbuch betrifft. Nach dem Wortlaut der Vorschrift handelt es sich um einen **Ausnahmetatbestand**. Der Gesetzgeber ordnet die Geltung von § 33c des SGB I und § 19a SGB IV für »Leistungen nach dem Sozialgesetzbuch« an. § 33c SGB I regelt unter der Überschrift »**Benachteiligungsverbot**«, dass niemand bei der Inanspruchnahme sozialer Rechte aus Gründen der Rasse, wegen der ethnischen Herkunft oder einer Behinderung benachteiligt werden darf. Hierdurch wird eine **Ergänzung** der **Diskriminierungsverbote** im **Sozialrecht** 30 deutlich gemacht. Zugleich wird in § 33c S. 2 die Geltendmachung eines entsprechen Anspruchs an die Voraussetzungen und den Inhalt in den Vorschriften der Besonderen Teile des SGB geknüpft.

31 Inwieweit dadurch eine **Veränderung** der bisherigen **Rechtslage** außerhalb der Benennung bislang nicht enthaltener Merkmale ins Werk gesetzt ist, mag dahinstehen. Keinesfalls rechtfertigt dies die Auffassung, im gesamten Sozialgesetzbuch gälten die Vorschriften des AGG nicht. Nach der **Herausnahmeklausel** des § 2 Abs. 2 AGG bezieht sich dies nur auf »**Leistungen** nach dem SGB«. Die **Begriffserläuterung** liefert der Gesetzgeber nicht. Außerdem wird die Geltung von § 19a SGB IV angeordnet. Danach darf niemand bei der Inanspruchnahme von Leistungen, die den Zugang zu allen Formen und allen Ebenen der Berufsberatung, der Berufsbildung, der beruflichen Weiterbildung, der Umschulung einschl. der praktischen Berufserfahrung betreffen aus Gründen der Rasse oder wegen der ethnischen Herkunft, des Geschlechts, der Religion oder Weltanschauung, einer Behinderung des Alters oder der sexuellen Identität benachteiligt werden. Auch hier können **Ansprüche** nur geltend gemacht werden, wenn deren **Voraussetzungen** in den **Besonderen Teilen** des SGB geregelt sind. Hierbei wird schon wörtlich Bezug zu den Leistungen nach dem SGB genommen. Dies erfordert eine Stellungnahme zur Begrifflichkeit. Leistungen sind dabei Leistungen in einem umfänglichen Sinne, wobei die durch § 19a SGB IV eingefügten betroffenen Regelungsbereiche Berufsberatung, Berufsbildung, beruflicher Weiterbildung und Umschulung und praktische Berufserfahrung betreffen. Damit ist in diesem Anwendungsbereich eine umfassende Anwendung der besonderen Regelungen der Besonderen Teile des SGB angesprochen.

32 Ergänzt wird dies durch die **Änderungsvorschrift** unter Art. 3 des Umsetzungsgesetzes z. B. durch Änderung des SGB III, aber auch des SGB IX etc.

33 Der sog. **Herausnahmetatbestand** des § 2 Abs. 2 AGG wird vom Wortlaut her keinesfalls einer evtl. Intention gerecht, damit das AGG und seine Geltung für den gesamten Bereich des Sozialrechts auszuschließen. Vielmehr ist richtig, die Sonderregelung des § 2 Abs. 2 AGG dazu zu benutzen, sie **ergänzend** zu den übrigen, bereits geregelten Tatbeständen des SGB heranzuziehen. Zudem gelten diese Grundsätze nur im »**Leistungsbereich**«. Was unter Leistungen im Einzelfall zu verstehen ist, erklärt der Gesetzgeber selbst nicht.

34 Durch die ausdrückliche **Änderung einzelner Vorschriften** der besonderen Teile des SGB (z. B. § 36 Abs. 2 SGB III) macht der Gesetzgeber deutlich, dass sich die Neuordnung der Diskriminierungslandschaft durch das AGG auf sämtliche Teile des SGB erstreckt. In gleiche Richtung ist die Änderung des SGB IX (Rehabilitation und Teilhabe behinderter Menschen) zu verstehen, in dem einzelne redaktionelle Neuerungen vorgenommen werden.

35 Dies verstärkt die Richtigkeit der Auffassung, dass das **AGG keinesfalls** gänzlich den **Regelungsbereich** des **SGB unberührt** lässt. Über Art. 20 Abs. 3 GG und die unmittelbare Wirkung der EU-Richtlinien in der öffentlichen Verwaltung gelten die Vorschriften der Richtlinien und des **AGG** sogar **unmittelbar** und direkt. Soweit die Regelung des AGG durch sozialrechtliche Regelungen in den Besonderen Teilen des SGB ausführlicher und für die Benachteiligten günstiger regelt, besitzt

§ 2 AGG

das AGG in concreto keine Anwendungskraft. Sobald allerdings der Maßstab der Regelungen in den besonderen Teilen des SGB mit dem AGG in Konflikt gerät, greift das AGG als Mindeststandard durch. Insoweit ist auf die Ausführungen von Husmann zum analogen Anwendungsbereich der Regelungen des Arbeitsrechts (AGG § 6 ff.) und der allgemeinen sozialrechtlichen (namentlich europarechtlichen) Grundsätze zu verweisen (Zesar 2007, 17 ff.). Wie bereits gesagt, hat das AGG **direkte Auswirkungen** auf den Bereich des öffentlichen Dienstes, auch, was den **Kundenkontakt** angeht. Die also in den Vorschriften im Einzelnen gemachten Anhalte und Hinweise gelten in vollem Umfang auch für den sozialrechtlichen Bereich.

Insgesamt lässt sich also für das **Verhältnis** von Vorschriften des **SGB** und dem **AGG** Folgendes festhalten: Das AGG gilt als **Minimumstandard** auch für den sozialrechtlichen Bereich. Es gilt namentlich für die in § 2 Abs. 1 genannten einschlägigen Regelungsbereiche (z. B. Berufsberatung). Für den Leistungsbereich des SGB ist auf die Vorschriften §§ 33c SGB I und 19a SGB IV verwiesen. Diese ergänzen die bereits vorhandenen Vorschriften des SGB, die insofern leges speciales gegenüber dem AGG sind. Soweit Sonderregelungen durch einzelne Vorschriften des SGB nicht gegeben sind oder diese etwa den Vorschriften des AGG widersprechen, hat das AGG **ergänzende** bzw. i. S. e. Minimumstandards **korrigierende Funktion**. Die **Rechtsfolgen** ergeben sich durch Analogie zu den Vorschriften der §§ 6 ff. AGG und den allgemeinen sozialrechtlichen Ansprüchen auch im Hinblick auf einen Verstoß des Gesetzgebers. 36

Für den Bereich der **betrieblichen Altersvorsorge** ist eine **Sonderregelung** durch das Betriebsrentengesetz getroffen. Dies wird durch die Herausnahmevorschrift des § 2 Abs. 2 AGG voll erfasst. Das AGG gilt also insoweit nur als **Mindeststandard**, soweit etwa die Vorschriften des Betriebsrentengesetzes den Grundsätzen des AGG zuwiderlaufen. Dies ist soweit ersichtlich nicht der Fall. 37

§ 2 Abs. 3 AGG macht deutlich, dass die Geltung bestehender **Benachteiligungsverbote** oder Gebote der Gleichbehandlung aufgrund sonstiger gesetzlicher Regelung weiter **bestehen** bleiben, soweit sie nicht durch die Aufhebung besonderer Gesetze außer Kraft treten. Dabei sind auch **öffentlich-rechtliche Schutzvorschriften** angesprochen, die für bestimmte Personengruppen dienen. Hiervon betroffen sind einerseits sämtliche Regelungen des Jugendarbeitsschutzes (JArbSchG) und des Jugendschutzes insgesamt. Darüber hinaus gelten die Bestimmungen öffentlich-rechtlicher Vorschriften, wie etwa dem Arbeitszeitgesetz (AZG) in Bezug auf Arbeitszeit oder die Regelungen des SGB IX. Öffentlich-rechtliche Vorschriften des Mutterschutzgesetzes (MuSchG) bleiben ebenfalls unberührt. Richtiger Ansicht nach werden auch die Vorschriften über den besonderen Schutz von Betriebsräten und Personalräten (BetrVG, BPersVG etc.) nicht berührt. 38

Die Vorschrift macht deutlich, dass das AGG zwar, insbesondere bei hier vorgenommener weiten Interpretation der Anwendungsbereiche des § 2 AGG, die Rechtsordnung i. w. S. betrifft, insbesondere das Arbeitsrecht und Zivilrecht, sowie die vom Anwendungsbereich des § 2 AGG betroffenen Gebiete, dass sich andererseits das AGG nicht i. S. einer exklusiven Regelung der Gleichbehandlung und der Differenzierungsverbote versteht. 39

33

40 Das **Kündigungsrecht** ist nunmehr eindeutig aus dem Geltungsbereich des AGG herausgenommen. Dies betrifft die Vorschriften zum allgemeinen und besonderen Kündigungsschutz durch die Revision des AGG. Durch das Änderungsgesetz zum Betriebsrentengesetz ist dies i. S. von gesetzgeberischer Konsequenz und Konsistenz zusätzlich deutlich gemacht, indem beispielsweise in § 10 AGG die kündigungsrelevanten Tatbestände aus der Vorschrift herausgenommen wurden (bisherige Nrn. 6 und 7 § 10 AGG). Damit ist der Anwendungsbereich des AGG um das Kündigungsrecht gemindert worden.

41 Gleichwohl lässt sich festhalten, dass das AGG für die **gesamte Rechtsordnung Mindestmaßstäbe** aufstellt. So wird zu fragen sein, inwieweit beispielsweise die Regelungen des Kündigungsschutzgesetzes bzgl. der Sozialauswahl bei betriebsbedingten Kündigungen (§ 1 Abs. 2 und 3 KSchG) unter dem Gesichtspunkt des Inkrafttretens des AGG einer Überprüfung und Korrektur bedarf. Dies könnte der Fall sein. Auf eine entsprechende Judikatur muss gewartet werden.

§ 3 Begriffsbestimmungen

(1) Eine unmittelbare Benachteiligung liegt vor, wenn eine Person wegen eines in § 1 genannten Grundes eine weniger günstige Behandlung erfährt, als eine andere Person in einer vergleichbaren Situation erfährt, erfahren hat oder erfahren würde. Eine unmittelbare Benachteiligung wegen des Geschlechts liegt in Bezug auf § 2 Abs. 1 Nr. 1 bis 4 auch im Falle einer ungünstigeren Behandlung einer Frau wegen Schwangerschaft oder Mutterschaft vor.

(2) Eine mittelbare Benachteiligung liegt vor, wenn dem Anschein nach neutrale Vorschriften, Kriterien oder Verfahren Personen wegen eines in § 1 genannten Grundes gegenüber anderen Personen in besonderer Weise benachteiligen können, es sei denn, die betreffenden Vorschriften, Kriterien oder Verfahren sind durch ein rechtmäßiges Ziel sachlich gerechtfertigt und die Mittel sind zur Erreichung dieses Ziels angemessen und erforderlich.

(3) Eine Belästigung ist eine Benachteiligung, wenn unerwünschte Verhaltensweisen, die mit einem in § 1 genannten Grund in Zusammenhang stehen, bezwecken oder bewirken, dass die Würde der betreffenden Person verletzt und ein von Einschüchterungen, Anfeindungen, Erniedrigungen, Entwürdigungen oder Beleidigungen gekennzeichnetes Umfeld geschaffen wird.

(4) Eine sexuelle Belästigung ist eine Benachteiligung in Bezug auf § 2 Abs. 1 Nr. 1 bis 4, wenn ein unerwünschtes, sexuell bestimmtes Verhalten, wozu auch unerwünschte sexuelle Handlungen und Aufforderungen zu diesen, sexuell bestimmte körperliche Berührungen, Bemerkungen sexuellen Inhalts sowie unerwünschtes Zeigen und sichtbares Anbringen von pornographischen Darstellungen gehören, bezweckt oder bewirkt, dass die Würde der betreffenden Person verletzt wird, insbesondere wenn ein von Einschüchterungen, Anfeindungen, Erniedrigungen, Entwürdigungen oder Beleidigungen gekennzeichnetes Umfeld geschaffen wird.

§ 3 AGG

(5) Die Anweisung zur Benachteiligung einer Person aus einem in § 1 genannten Grund gilt als Benachteiligung. Eine solche Anweisung liegt in Bezug auf § 2 Abs. 1 Nr. 1 bis 4 insbesondere vor, wenn jemand eine Person zu einem Verhalten bestimmt, das einen Beschäftigten oder eine Beschäftigte wegen eines in § 1 genannten Grundes benachteiligt oder benachteiligen kann.

I. Allgemeines

1. Sinn und Zweck der Begriffsbestimmungen

Die Vorschrift regelt in einer Art gesetzlicher Definition **zentrale Begriffe** des AGG und der einschlägigen Antidiskriminierungsnormen. Die Begriffsbestimmungen sind dabei **weitgehend wörtlich** aus den entsprechenden **Richtlinien** übernommen worden. Allerdings sind vereinzelt zur Klarstellung Ergänzungen angebracht worden. Bei den Legaldefinitionen geht es um die durch das Gesetz **verbotenen Verhaltensweisen**. Dabei kommt dem Begriff »**Benachteiligung**« eine wichtige Rolle zu. Dies ist **sprachlich nicht** besonders **geglückt**, weil der Begriff Benachteiligung auch eine negative Konnotation besitzt, so dass mit den Richtlinien auch der Begriff »Diskriminierung« hätte verwendet werden können. Zudem wird der Begriff Benachteiligung insofern von der Gesetzessystematik als nicht unmittelbar negativ besetzt behandelt, als zulässige Benachteiligungen vom Gesetz durchaus anerkannt werden (vgl. z. B. §§ 8 und 9 AGG). Dem **widerspricht** allerdings die Einbeziehung von »Belästigung« und »sexueller Belästigung« in den **Oberbegriff** Benachteiligung. Insbesondere letztere ist eindeutig negativ konnotiert, so dass die scheinbare Wertneutralität des Begriffs Benachteiligung zumindest hier besonders fragwürdig ist. Zum Anderen haben Belästigungen und sexuelle Belästigungen im Grunde nichts mit Benachteiligungen zu tun, weil es bei ihnen nicht um »weniger günstige Behandlungen« geht, sondern um **verbotene Verhaltensweisen**, die auch verboten sind, wenn es keine vergleichsweise »besser behandelten« Personen gibt.

1

2. Formen der Benachteiligung

Das Gesetz nennt **unmittelbare Benachteiligung** (§ 3 Abs. 1 AGG), **mittelbare Benachteiligung** (§ 3 Abs. 2 AGG), **Belästigung** (§ 3 Abs. 3 AGG) und **sexuelle Belästigung** (§ 3 Abs. 4 AGG). Ergänzt wird der Katalog der Benachteiligungsformen durch eine Regelung über die **Anweisung** zur Benachteiligung (§ 3 Abs. 5 AGG). Der Benachteiligungsbegriff gilt für das gesamte AGG (so z. B. § 7 Abs. 1 und § 19 Abs. 1 AGG), allerdings beschränkt sich der Benachteiligtenbegriff im definierten Sinn auf das AGG; er gilt nicht für andere Gesetze, in denen der Begriff Benachteiligung verwendet wird.

2

Wegen der Platzierung der Vorschrift im **Allgemeinen Teil** des AGG ergibt sich eine größere **Auswirkung** auch über die in den §§ 6 ff. genannten Personenkreise (insbesondere die Beschäftigten) hinaus. Dies ist insbesondere im Bereich des öffentlichen Dienstes von Bedeutung, weil auch gegenüber den von den Entscheidungen der Behörden und Verwaltungen Betroffenen (»Kunden«) die Regelung

3

35

des § 3 AGG Außenwirkung besitzt. Für die teilweise nicht vorhandenen Rechtsfolgen bei Verstößen gegen die Benachteiligungsverbote kommt eine **Analogie** zu den Rechtsfolgen der §§ 6 ff. AGG in Betracht **oder** es ist auf die **allgemeinen Regelungen** für **Diskriminierungen** zurückzugreifen. Insofern ist es **zweifelhaft**, als geschützten Personenkreis nach dem AGG ausschließlich die Beschäftigten anzusehen (so aber Roesner, a.a.O., S. 83).

II. Benachteiligung im Einzelnen

1. Unmittelbare Benachteiligung (§ 3 Abs. 1 AGG)

4   Die Vorschrift definiert die unmittelbare Benachteiligung. Eine solche liegt vor, wenn eine Person wegen eines in § 1 genannten Grundes eine **weniger günstige Behandlung** erfährt, als eine andere Person in vergleichbarer Situation erfährt, erfahren hat oder erfahren würde. Die Feststellung einer Benachteiligung setzt also den **Vergleich** mit einer anderen Person voraus. Gegenüber dieser muss ein **Nachteil** in Form einer Zurücksetzung erfolgt sein. Die Zurücksetzung muss sich auf eines der in § 1 AGG genannten Merkmale beziehen. Die ungleiche Behandlung muss ihre Motivation an einem der Merkmale des § 1 AGG finden bzw. muss der Benachteiligende hieran anknüpfen.

5   Das Tatbestandsmerkmal »**vergleichbare Situation**« macht deutlich, dass eine konkrete ungerechtfertigte Ungleichbehandlung nur zu einer unmittelbaren Benachteiligung führt. Handelt es sich dagegen um unterschiedliche Personengruppen oder Personen in unterschiedlichen Arbeits- bzw. Lebenssituationen, so liegt keine vergleichbare Situation vor. Dies bezieht sich beispielsweise auf Sachverhaltsgestaltungen, in denen Beschäftigte (auch in der öffentlichen Verwaltung) **Leistungszulagen** erhalten, weil sie in ihrer konkreten Arbeitssituation **besondere Ergebnisse** erzielt haben. Dies kann sich beispielsweise auf eine neu- oder umzugestaltende Abteilung beziehen. Beschäftigte einer anderen Abteilung scheiden als Vergleichspersonen aus. Mit dem Tatbestandsmerkmal »wegen« ist eine **Kausalität** zwischen dem Vorliegen eines der in § 1 genannten Merkmale und der Benachteiligung gefordert.

6   Die Benachteiligung muss allerdings **nicht schuldhaft** erfolgen. Dies bedeutet, dass bereits die **objektive Gegebenheit** einer unmittelbaren Benachteiligung **ausreicht**, ohne dass die Frage von Bedeutung wäre, inwieweit der betroffene Benachteiligende schuldhaft (i. S. v. fahrlässig oder vorsätzlich) gehandelt hat.

7   Durch § 3 Abs. 1 S. 2 AGG wird klargestellt, dass **Schwangerschaft** und **Mutterschaft** stets in untrennbarem Zusammenhang mit dem verpönten Merkmal »Geschlecht« stehen. Dies gilt auch nach der Rechtsprechung des **EuGH** für andere »verpönte« Merkmale (EuGH, Rs. C-177/88 vom 08.11.1990 – Dekker). Die Ausformulierung der Regelung in Bezug auf Schwangerschaft oder Mutterschaft war im Grunde überflüssig.

§ 3 AGG

2. Mittelbare Benachteiligung (§ 3 Abs. 2 AGG)

Eine mittelbare Benachteiligung liegt vor, wenn dem **Anschein nach neutrale Vorschriften**, Maßnahmen, Kriterien oder Verfahren, **Personen** oder Personengruppen, bei denen eines der in § 1 AGG genannten Merkmale vorliegt, in besonderer Weise gegenüber anderen Personen oder Personengruppen **benachteiligen**, bei denen die in § 1 AGG genannten Merkmale nicht vorliegen. Die Einbeziehung der mittelbaren Benachteiligung hat historisch den Grund, eine **verkappte** und **kaschierte unmittelbare Benachteiligung** dieser gleichzustellen und damit einen umfassenden **Diskriminierungsschutz** zu gewährleisten. Die Unterscheidung knüpft an die Rechtsprechung des Europäischen Gerichtshofs (EuGH) an, die auf nationaler Ebene vom BAG weitgehend übernommen wurde. Wegen der weiten Fassung des Anwendungsbereichs muss das Gesetz eine **Einschränkung** treffen, für die der Anspruchsteller darlegungs- und beweispflichtig ist. **Keine mittelbare Benachteiligung** liegt vor, wenn ein **sachlicher Grund** die Ungleichbehandlung rechtfertigt und die eingesetzten Mittel erforderlich und angemessen sind. Wichtiger Anwendungsfall war die scheinbar neutrale Schlechterstellung von Teilzeitbeschäftigten. Wegen des ganz überwiegenden Frauenanteils bei den Teilzeitbeschäftigten stellt sich eine Regelung, bei der Teilzeitbeschäftigte gegenüber Vollzeitbeschäftigten benachteiligt sind, als mittelbare Benachteiligung dar. Dabei besteht eine Anlehnung an die Rechtsprechung des Bundesverfassungsgerichts (BVerfG) bei einer Benachteiligung wegen des Geschlechts in mittelbarer Form.

8

3. Belästigung (§ 3 Abs. 3 AGG)

Rechtssystematisch ist die Einführung der Begriffe »Belästigung« und »sexuelle Belästigung« in das AGG unter dem Oberbegriff »Benachteiligung« **problematisch**. Die beiden Begriffe umschreiben nämlich keine Benachteiligung, weil es keine bevorzugte Gruppe gibt, sondern sie beschreiben unerwünschte, **unerlaubte** und i. d. S. diskriminierende **Verhaltensweisen**. Der Zusammenhang mit den Zielen des § 1 AGG ist allerdings nicht zu verkennen. Bei »Belästigung« und »sexueller Belästigung« geht es darum, dass eines der Merkmale des § 1 AGG Anlass oder Motiv für den Belästigenden ist, zu seiner unerlaubten Verhaltensweise zu greifen.

9

Bei der Belästigung geht es letztlich um die **Würde** der betroffenen Person. Auch vom Gesamtzusammenhang her ergibt sich, dass dabei eine gewisse Schwere des Eingriffs in die **geschützte Rechtssphäre** des Verletzten vorliegen muss. Andererseits wird deutlich, dass § 3 Abs. 3 AGG die Verbesserung des »Umfelds« intendiert. Die Aufzählung der dort genannten unerlaubten Verhaltensweisen (Einschüchterungen, Anfeindungen, Erniedrigungen, Entwürdigungen oder Beleidigungen) ist ebenfalls ein Hinweis auf die Schwere der verbotenen Verhaltensweisen.

10

Insgesamt wird für die **Praxis** jedoch angeraten, zur Vermeidung von Image schädigenden Rechtsstreitigkeiten für »saubere« Verhältnisse zu sorgen. Die Diskussion etwa darum, ob ein ausländerfeindlicher Witz, zumindest wenn er einmalig vorkommt, einen Verstoß gegen § 3 Abs. 3 AGG beinhaltet, sollte durch eindeutige Verhaltensanweisungen und Schulungen vermieden werden. Insofern sind in Be-

11

trieben und Unternehmen die gestaltenden Akteure gefordert, durch entsprechende klarstellende Regelungen und Schulungen ein möglichst **diskriminierungsfreies Umfeld** zu schaffen.

12 Insgesamt wird die Belästigung häufig mit dem allerdings nicht konturierten und konkretisierten Begriff »**Mobbing**« oder in Gestalt der Vorgesetztenbelästigung (»**Bossing**«) gleichgesetzt.

13 Nur solche Personen kommen als Verletzte in Betracht, die eine gewisse **Näheposition** zum Verletzer besitzen. Ein Bewerber beispielsweise muss konkret am Bewerbungsverfahren teilgenommen haben, bevor er entsprechende im AGG eingeräumte Rechte geltend machen kann.

4. Sexuelle Belästigung (§ 3 Abs. 4 AGG)

14 Die **Einbeziehung** der sexuellen Belästigung in die Begriffsbestimmungen ist angesichts der vom Gesetzgeber gewählten Systematik **konsequent**. Sie ist inhaltlich und sprachlich jedoch sehr verunglückt. Eine sexuelle Belästigung als Benachteiligung zu bezeichnen, erscheint sinnwidrig. Der Begriff Benachteiligung lässt sich nur dadurch rechtfertigen, dass eine **Verbindung** zu den in § 2 Nr. 1 – 4 AGG genannten **Anwendungsbereichen** gezogen wird. Dies macht deutlich, dass **nicht sämtliche sexuellen Belästigungen** in die Regelung des § 3 Abs. 4 AGG einbezogen werden sollten, sondern nur solche, die zu dem sachlichen Anwendungsbereich der Nrn. 1 – 4 gehören, sich also im Wesentlichen auf den Umkreis einer entsprechenden abhängigen Beschäftigung oder zur Anbahnung von selbständigen Tätigkeiten gehören.

15 Das **rechtssystematische Ergebnis**, dass die Nrn. 5 – 8 des § 2 Abs. 1 AGG somit nicht erfasst sind, ist indessen hoch **problematisch**. Keinesfalls kann die Nichtverweisung als »Freibrief« für entsprechende unerwünschte Verhaltensweisen gelten. Ob die Differenzierung verfassungsrechtlich zulässig ist, wird möglicherweise in entsprechenden Verfahren geprüft werden müssen. Für die **Praxis**, besonders des öffentlichen Dienstes, wird auf die an zahlreichen Stellen gemachten Ausführungen verwiesen, nach denen **sämtliche Bereiche**, auch die in den Nrn. 5 – 8 des § 2 Abs. 1 AGG angesprochenen, jedenfalls soweit sie den **öffentlichen Dienst** betreffen, von den **Standards** des **AGG** gekennzeichnet sein müssen.

16 Die **Definition** der sexuellen Belästigung findet sich implizit in § 3 Abs. 4 AGG und wird dort als »unerwünschtes, sexuell bestimmtes Verhalten« wozu auch unerwünschte sexuelle Handlungen und Aufforderungen zu diesen, sexuell bestimmte körperliche Berührungen, Bemerkungen sexuellen Inhalts sowie unerwünschtes Zeigen und sichtbares Anbringen von pornografischen Darstellungen gehören, bezeichnet. Dabei kommt dem Begriff »**unerwünscht**« in der Praxis erhebliche **Bedeutung** zu. Keinesfalls will der Gesetzgeber erreichen, dass Prüderie und Puritanismus, wie sie teilweise – vorgeblich – mit »amerikanischen Verhältnissen« einhergehen, zum Verhaltensmaßstab in den durch die Vorschrift angesprochenen Bereichen werden. Intime Beziehungen zwischen Personen etwa in Arbeit und Beruf sind keinesfalls verboten. Die **Unerwünschtheit** setzt weiter voraus, dass die negativ Betroffenen die Ablehnung gegenüber den Verhaltensweisen zum Ausdruck

§ 3 AGG

bringen. Ebenfalls wollte der Gesetzgeber nicht einem sexuellen »McCarthyismus« provozieren. Umgangsformen, insbesondere zwischen den Geschlechtern, wie sie der europäische Kulturraum als akzeptabel entwickelt hat, müssen nicht abgeschafft werden. Von übertriebenen Verhaltensweisen zur Klarstellung des gesetzeskonformen Verhaltens ist deswegen abzuraten. Hierzu gehört beispielsweise die Aufforderung an Beschäftigte, die Büroräume nicht nur nicht abzuschließen, sondern auch während des Betriebs offen stehen zu lassen. Ob auch eine Aufforderung an einem Büroraum »Eintreten ohne anzuklopfen« die Zielsetzung des Gesetzes zu verwirklichen geeignet ist, erscheint fraglich.

Für die **Praxis** kann jedoch angeraten werden, die bestehenden **Verhältnisse** kritisch zu **überprüfen** und im Zweifel eine Reduzierung problematischer Verhaltensweisen und Abläufe sicherzustellen. Verbreitet finden sich die Aufforderungen, dass das Aufhängen von sog. »Pin-ups« eine unerwünschte Verhaltensweise sei. Dies ist problematisch. So scheint die Formulierung des Gesetzestextes »sichtbares Anbringen von pornografischen Darstellungen« jedenfalls durch das Anbringen eines schlichten Nacktbildes nicht erfüllt zu sein. Insbesondere muss dies dort gelten, wo es sich um Kunst handelt. Keinesfalls müssen die in öffentlichen Gebäuden häufig angebrachten, einen nackten Körper symbolisierenden Statuen von beispielsweise Moore unter dem Gesichtspunkt der sexuellen Belästigung entfernt werden. Selbst die »Liebenden« von Rodin stellen keine sexuelle Belästigung dar. Insofern wird insgesamt auf die Rechtsprechung des BHG im Zusammenhang mit der strafrechtlichen Relevanz von sexuell gesteuertem Verhalten verwiesen.   17

Zur **Verbesserung** des Klimas und der Atmosphäre in Betrieben und Unternehmen (auch des öffentlichen Dienstes) ist jedoch in Schulungen und Informationen darauf hinzuweisen, dass ein belästigungsfreies Umfeld am besten dadurch erreicht wird, dass Grenzfragen möglichst von vorn herein ausgeschaltet werden.   18

Die **Einzelheiten** sollten in interaktionellen und interpersonalen **Workshops**, Diskussionsveranstaltungen etc. besprochen werden und auf die evtl. am konkreten Arbeitsplatz vorfindlichen Sachverhalte konkretisiert werden. Insgesamt ist darauf hinzuweisen, dass häufig ein scheinbar sexuell bestimmtes Verhalten letztlich Machtverhalten darstellt, in dem die verletzte Person weniger sexuell umworben wird, sondern bestimmten Unterdrückungsmechanismen, die ihre Würde verletzen, ausgesetzt ist. Dies gilt namentlich auch für das mittlerweile auch strafrechtlich bewehrte »Stalking«. Verhaltensweisen, die sogar in die Nähe von strafrechtlich relevanten Tatbeständen geraten, sind dringend zu vermeiden.   19

5. Anweisung (§ 3 Abs. 5 AGG)

Insbesondere die Einbeziehung von **Vorgesetzten** in die Schaffung eines diskriminierungsfreien Umfelds rechtfertigt die besondere Regelung dieser Verhaltensweise. Dabei kann unter Anweisung die Durchführung des **Weisungsrechts** in arbeitsrechtlicher und beamtenrechtlicher Hinsicht verstanden werden. Die Vorgesetzten haben hier – wie auch in übrigen Bereichen – **Vorbildfunktion** und dürfen ihre Rechtsposition nicht zu einem entsprechenden Weisungsverhalten missbrauchen. Dabei ist es nur konsequent, dass **auch** die lediglich **versuchte Anweisung** eine verbotene Verhaltensweise darstellt.   20

§ 4 Unterschiedliche Behandlung wegen mehrerer Gründe

Erfolgt eine unterschiedliche Behandlung wegen mehrerer der in § 1 genannten Gründe, so kann diese unterschiedliche Behandlung nach den §§ 8 bis 10 und 20 nur gerechtfertigt werden, wenn sich die Rechtfertigung auf alle diese Gründe erstreckt, derentwegen die unterschiedliche Behandlung erfolgt.

I. Allgemeines

1. Sinn der Regelung

1   Die Vorschrift betrifft Fälle, in denen eine unterschiedliche Behandlung aus **mehreren** der in § 1 AGG genannten **Gründen** erfolgt. Dabei ist jeder einzelne Benachteiligungsgrund zu überprüfen, und es ist zu fragen, ob sich hierfür eine Rechtfertigung aus den §§ 8 – 10 und 20 AGG ergibt. Außerhalb des Regelungsinhalts der Vorschrift stehen Fälle, in denen gegen andere Benachteiligungsverbote außerhalb des AGG verstoßen wird.

2. Einzelheiten

2   Eigentlich bietet § 4 keine eigenständige Regelung, sie dient im Wesentlichen der **Klarstellung**. Dies ergibt sich letztlich auch aus Gründen der **Logik**. Die mögliche Rechtfertigung eines Benachteiligungsgrundsatzes ist nicht geeignet, die Benachteiligung aus einem anderen Grund, für den es keine Rechtfertigung gibt, zu legitimieren.

3   Für die Festlegung einer Benachteiligung spielt es keine Rolle, ob sie nur aus einem der in § 1 AGG genannten Gründe erfolgt ist oder ob sie sich auf mehrere Gründe bezieht. Im Hinblick auf die **Höhe** der nach § 15 Abs. 2 AGG festzusetzenden **Entschädigung** kann dies allerdings eine Rolle spielen.

§ 5 Positive Maßnahmen

Ungeachtet der in den §§ 8 bis 10 sowie in § 20 benannten Gründe ist eine unterschiedliche Behandlung auch zulässig, wenn durch geeignete und angemessene Maßnahmen bestehende Nachteile wegen eines in § 1 genannten Grundes verhindert oder ausgeglichen werden sollen.

I. Allgemeines

1   Die Vorschrift enthält einen **Ausnahmefall** vom Grundsatz des Benachteiligungsverbots. Sie stellt einen selbständigen **Rechtfertigungsgrund** für eine Benachteiligung dar und steht von ihrer **systematischen Stellung** neben den sonstigen Rechtfertigungsgründen, wobei ausdrücklich die in den §§ 8 – 10 sowie in § 20 AGG genannten Gründe aufgeführt sind. Der Aspekt, eine Ausnahme in Form

einer Gestattung der Benachteiligung zu formulieren, entstammt den europäischen Richtlinien.

Europarechtlich verwirklicht er den in Art. 141 Abs. 4 EGV zum Ausdruck gekommenen Grundsatz, dass spezifische **Vergünstigungen** zur Erleichterung der Berufstätigkeit des unterrepräsentierten **Geschlechts** etc. entwickelt oder beibehalten werden dürfen. 2

Der sprachlich **wenig anschauliche Begriff** der positiven Maßnahmen erweckt zunächst den missverständlichen Eindruck, als ob andere Maßnahmen als »negativ« anzusehen wären. Aus der englischen Formulierung »affirmative actions« wird deutlich, dass alle solche **Maßnahmen** gemeint sind, die der benachteiligten Gruppe **unterstützend** und **fördernd** zur Seite stehen, um langfristig die Benachteiligung der Gruppe aufzuheben und zu beseitigen. Das Benachteiligungsmerkmal »Geschlecht« ist dabei der Vorreiter der bisherigen Bemühungen gewesen. Der deutsche Gesetzgeber hat dies in Einzelgesetzen wie beispielsweise dem Bundesgleichstellungsgesetz (BGleiG) und den Gleichstellungsgesetzen der Länder umgesetzt. Nunmehr erstreckt § 5 AGG den Anwendungsbereich solcher Fördermaßnahmen auf **sämtliche** in § 1 genannten **Merkmale**. 3

II. Positive Maßnahmen im Einzelnen

1. Begriff »Maßnahme«

Die Formulierung »positive Maßnahmen« i. S. d. § 5 AGG ist so zu verstehen, dass hier **gezielte Fördermaßnahmen** gemeint sind, mit denen die Benachteiligung einer Gruppe gegenüber einer anderen ausgeglichen und beseitigt werden sollen. Durch die Bevorzugung der einen Gruppe wird allerdings gleichzeitig die andere Gruppe benachteiligt; allerdings darf diese Benachteiligung nur soweit reichen, als dies zum Ausgleich der ursprünglichen Bevorzugung geeignet ist. Als Maßnahmen kommen grundsätzlich **sämtliche Gestaltungsmöglichkeiten** in Betracht. Dies können **Rechtsquellen** i. e. S. (Gesetze, Rechtsverordnungen und Satzungen) mit Einschluss der normativen Teile der **Kollektivvereinbarungen** (Tarifverträge, Betriebsvereinbarungen), aber auch einzelne arbeitgeberseitige in Absprache mit der Mitarbeitervertretung gemeinsam durchgeführte Richtlinien (Auswahlrichtlinie, Integrationsvereinbarung, Eingliederungsmanagement) wie auch Einzelmaßnahmen des Arbeitgebers im Hinblick auf Arbeitsvertrag oder Ausformung des Weisungsrechts sein. 4

2. Zielsetzung

Die **Zulässigkeit** einer Ausnahme vom Benachteiligungsverbot i. S. e. speziellen Rechtfertigungsgrundes, wie ihn § 5 AGG darstellt, liegt darin begründet, auf bestehende Nachteile in tatsächlicher, wie auch in struktureller oder organisationeller Hinsicht zu reagieren. Dies kann in Form einer **Prävention** vorliegen, wenn es beispielsweise um den Aufbau neuer Institutionen geht und von vorn herein eine Benachteiligung einer bestimmten Gruppe mit Zugehörigkeit zu einem der in § 1 AGG genannten Nachteile besteht. Angesichts der zahlreichen de facto bestehen- 5 den Nachteile in mancherlei Hinsicht wird der Schwerpunkt der Zielrichtung der Vorschrift allerdings in dem Ausgleich von Benachteiligungen, die sich über einen gewissen Zeitablauf entwickelt haben, bestehen. Präventive Maßnahmen sind allerdings nur dann zulässig, wenn die hinreichende Aussicht besteht, dass ohne Intervention durch »positive Maßnahmen« eine Benachteiligung entstehen würde.

3. Verhältnismäßigkeitsgrundsatz

6 Zulässige positive Maßnahmen müssen einer Überprüfung ihrer **Zweck-Mittel-Relation** i. S. der Beachtung des Verhältnismäßigkeitsgrundsatzes genügen. Die Tatbestandsmerkmale »geeignet« und »angemessen« umschreiben letztlich den Verhältnismäßigkeitsgrundsatz, so dass bei Interpretation dieser Merkmale die zahlreich vorhandene Rechtsprechung und das übrige wissenschaftliche Material hierzu herangezogen werden können. Im Rahmen der **Zweck-Mittel-Relation** ist insbesondere darauf zu achten, dass die positive Maßnahme nicht über das »Ziel hinausschießt«, sondern dass nur solche Maßnahmen gewählt werden, die das zu erreichende Ziel unter Anwendung der möglichst wenig weitreichenden Benachteiligung der negativ belasteten Gruppe erreichen lassen. So mag beispielsweise die Aufforderung in Stellenausschreibungen, zur Erhöhung des »Frauenanteils« weibliche Bewerberinnen aufzufordern sich zu bewerben, zur Zielerreichung legitimiert sein, eine grundsätzliche Bevorzugung von weiblichen Bewerbern dagegen als mit dem Verhältnismäßigkeitsgrundsatz nicht vereinbar erscheinen. Repräsentativ für diese Auffassung sind die Entscheidungen des Europäischen Gerichtshofs (EuGH) besonders im »Kalanke«-Urteil (17.10.1995 – Rs. C-450/93), aber auch in der Rechtssache »Draehmpaehl« (27.04.1997 – Rs. C-180/95), in denen der EuGH eine grundsätzliche und zwingende, ohne individuelle Überprüfung, Bevorzugung von Frauen als mit der europäischen Rechtsordnung nicht vereinbar bezeichnete. Zu den zulässigen Benachteiligungen, die als positive Maßnahmen zugleich Bevorzugungen einer ursprünglich benachteiligten Gruppe darstellen, gehört beispielsweise das **Diversity-Management**. Dieses Maßnahmesystem hat den Sinn, eine möglichst breit gefächerte Beschäftigtenstruktur zu schaffen und erwartet von der Vielfalt insbesondere am Arbeitsprozess beteiligter Personen einen positiven Effekt auf Produktivität und Betriebsklima. Im Rahmen eines solchen Diversity-Konzepts können einzelne Aspekte für besondere Benachteiligungen geregelt werden. Hierzu gehört z. B. die **Integrationsvereinbarung** (§ 83 Abs. 2a SGB IX), bei der es um die besondere Lage schwerbehinderter Menschen geht. In ähnliche Richtung gehen etwa die **Frauenförderpläne**. Diese sind jedoch nur dann zulässig, wenn damit nicht eine generelle Bevorzugung der Gruppe verbunden ist, sondern die Eignungsvoraussetzungen dem Grunde nach gleich sind und eine individuelle Überprüfung der Angemessenheit der Einzelmaßnahme möglich ist.

Abschnitt 2
Schutz der Beschäftigten vor Benachteiligung

Unterabschnitt 1
Verbot der Benachteiligung

§ 6 Persönlicher Anwendungsbereich

(1) Beschäftigte im Sinne dieses Gesetzes sind
1. Arbeitnehmerinnen und Arbeitnehmer,
2. die zu ihrer Berufsbildung Beschäftigten,
3. Personen, die wegen ihrer wirtschaftlichen Unselbstständigkeit als arbeitnehmerähnliche Personen anzusehen sind; zu diesen gehören auch die in Heimarbeit Beschäftigten und die ihnen Gleichgestellten.

Als Beschäftigte gelten auch die Bewerberinnen und Bewerber für ein Beschäftigungsverhältnis sowie die Personen, deren Beschäftigungsverhältnis beendet ist.

(2) Arbeitgeber (Arbeitgeber und Arbeitgeberinnen) im Sinne dieses Abschnitts sind natürliche und juristische Personen sowie rechtsfähige Personengesellschaften, die Personen nach Absatz 1 beschäftigen. Werden Beschäftigte einem Dritten zur Arbeitsleistung überlassen, so gilt auch dieser als Arbeitgeber im Sinne dieses Abschnitts. Für die in Heimarbeit Beschäftigten und die ihnen Gleichgestellten tritt an die Stelle des Arbeitgebers der Auftraggeber oder Zwischenmeister.

(3) Soweit es die Bedingungen für den Zugang zur Erwerbstätigkeit sowie den beruflichen Aufstieg betrifft, gelten die Vorschriften dieses Abschnitts für Selbstständige und Organmitglieder, insbesondere Geschäftsführer oder Geschäftsführerinnen und Vorstände, entsprechend.

I. Allgemeines

Die Vorschrift regelt den persönlichen Geltungsbereich des Abschnitts 2 des AGG. 1
Dieser Abschnitt widmet sich dem **Schutz der Beschäftigten** vor Benachteiligung. Die Vorschrift bietet eine begriffliche Zuordnung zu dem Begriff »**Beschäftigte**« (§ 6 Abs. 1 AGG) und dem Begriff »**Arbeitgeber**« (§ 6 Abs. 2 AGG) und enthält **Sonderregelungen** für Selbständige und Organmitglieder.

II. Betroffene Personengruppen

1. Beschäftigte (§ 6 Abs. 1 AGG)

2 Die Vorschrift beinhaltet die **Legaldefinition** der Beschäftigten i. S. d. AGG. Zu den Beschäftigten zählen folgende Personengruppen:

a) Arbeitnehmer (§ 6 Abs. 1 S. 1 Nr. 1 AGG)

3 Die Vorschrift bezieht sich auf den **allgemeinen Arbeitnehmerbegriff** und differenziert vom Wortlaut her zwischen Männern und Frauen. In Ermangelung einer weiteren Erläuterung wird der Begriff »Arbeitnehmer« mit der h. M. als durch ein dem Privatrecht zugehöriges Rechtverhältnis gekennzeichnet, in dem eine **persönliche Abhängigkeit** besteht und im **Weisungsrecht**, das sich auf Ort, Zeit, Gegenstand der Arbeitsleistung bezieht, konkretisiert wird. Damit stellen sich bei der Verwendung des Begriffes »Arbeitnehmerinnen und Arbeitnehmer« all die **Abgrenzungsprobleme**, die in anderen Zusammenhängen bekannt sind (vgl. zum Arbeitnehmerbegriff Bauschke, Arbeitnehmer I, AR-Blattei SD 100.1 und Arbeitnehmer II, AR-Blattei SD 100.2). Schwierigkeiten bei der Grenzziehung gibt es im Bereich der Scheinselbständigkeit sowie bei der Abgrenzung zu freien Mitarbeitern als echte Selbständige. Auf die wissenschaftliche Diskussion wird hiermit verwiesen. Der Begriff »Arbeitnehmer« ist i. S. d. **deutschen Rechts** zu interpretieren, der weit gefasstere Arbeitnehmerbegriff des Europäischen Rechts greift hier nicht.

b) Zur Berufsbildung Beschäftigte (§ 6 Abs. 1 S. 1 Nr. 2 AGG)

4 Die von der Vorschrift erfassten **Personengruppen** sind vielfältig. Nicht nur die zur Berufsausbildung Beschäftigten (Auszubildende) sind betroffen, sondern alle Personen, die an Maßnahmen zur Berufsbildung teilnehmen. Zu diesen Maßnahmen zählt Berufsausbildung, Berufsausbildungsvorbereitung, berufliche Fortbildung und berufliche Umschulung. Die umfassende Bedeutung des Begriffs führt dazu, dass auch Rehabilitanden, Praktikanten, Volontäre etc. von Nr. 2 erfasst werden. Vorausgesetzt wird allerdings ein Weisungsrecht des Ausbilders gegenüber den in einer Phase der Berufsbildung befindlichen Personen.

c) Arbeitnehmerähnliche Personen (§ 6 Abs. 1 S. 1 Nr. 3 Alt. 1 AGG)

5 Einbezogen werden arbeitnehmerähnliche Personen. Dieser Begriff wird vorausgesetzt, ohne dass er genau definiert wird und ohne eine Bezugnahme zu entsprechenden Rechtsquellen zu ziehen. Insbesondere wird darauf eine direkte Verweisung zu § 12a TVG oder § 5 ArbGG vermieden. Bei der Umschreibung der arbeitnehmerähnlichen Personen wird auf die **wirtschaftliche Unselbständigkeit** Bezug genommen. Dies wird regelmäßig dann der Fall sein, wenn die betroffenen Personen von jeweils einem Auftraggeber abhängen. Der Aspekt der mit einem Arbeitnehmer vergleichbaren sozialen Schutzbedürftigkeit, wie er in § 12a TVG formuliert ist, wird in der Definition in § 6 Abs. 1 Nr. 3 nicht aufgenommen. Er bleibt deswegen außen vor. Dies ist insofern nicht ganz unproblematisch, weil sich die in § 12a TVG vorfindliche Begriffsumschreibung der arbeitnehmerähnlichen Person in der Literatur und in der Gerichtspraxis durchgesetzt hatte und bei ent-

sprechenden gesetzlich nicht näher ausformulierten Regelungen auf diese Definition Bezug genommen wurde. Vom Ergebnis her ist eine weite Begrifflichkeit der arbeitnehmerähnlichen Person deswegen zufriedenstellend, weil durch eine **weite Definition** der Anwendungsbereich des AGG insgesamt und das gesellschaftspolitische Ziel, ein diskriminierungsfreies Umfeld zu schaffen, eher verwirklicht wird als durch enge Interpretation einzelner Rechtstermini.

d) Heimarbeiter (§ 6 Abs. 1 S. 1 Nr. 3 2. Alt. AGG)

Nicht überraschend ist die Einbeziehung der Heimarbeiter in den Arbeitnehmerbegriff des AGG. Dies wird einerseits vom **Schutzaspekt** des Gesetzes her verständlich, wo nahezu sämtliche Bereiche des **Arbeits-** und **Berufslebens** miteinbezogen werden sollen. Zudem befinden sich die Heimarbeiter, die vor allem mangels Weisungsgebundenheit in Bezug auf den Ort der Arbeitsleistung nicht zu den Arbeitnehmern i. e. S. gehören, in einer zumindest vergleichbaren **sozialen Abhängigkeit**. Sie spielen allerdings im Wirtschaftsleben deswegen kaum noch eine Rolle, weil der Anwendungsbereich des Arbeitnehmerschutzes erheblich zurückgeht. Andererseits sind moderne Arbeits- und Beschäftigungsformen, insbesondere die **Telearbeit** im Vordringen. Dabei reicht das Spektrum der vorfindlichen Erscheinungsformen von der Annahme eines echten Arbeitnehmerverhältnisses i. e. S. bis zur Übertragung der Prinzipien des Heimarbeiterrechts auf die Telearbeiter.

6

e) Bewerber (§ 6 Abs. 1 S. 2 1. Alt. AGG)

Bewerberinnen und Bewerber zu den Beschäftigten zu rechnen ist eine **Fiktion**. Deswegen formuliert der Gesetzgeber auch, dass Bewerberinnen und Bewerber als Beschäftigte »gelten«. Von der Schutzwirkung des AGG her lässt sich die Einbeziehung der Bewerber allerdings durchaus rechtfertigen. Gerade in der **Einstellungsphase** sind Personen, die sich um ein Beschäftigungsverhältnis bemühen, häufig **Diskriminierungen** und unzulässigen Benachteiligungen ausgesetzt. Dies gilt insbesondere im Hinblick auf die ihnen beim Einstellungsgespräch oder im Vorfeld gestellten **Fragen**. Im Bereich des öffentlichen Dienstes sind die Bewerbungsverfahren insofern besonders geregelt, als Art. 33 Abs. 2 GG eine strenge Orientierung an verfassungsrechtlichen Grundsätzen verlangt. Danach muss für jeden der **Zugang** zu **öffentlichen Ämtern** und (erweiternd) zum gesamten öffentlichen Dienst unter Berücksichtigung der Grundsätze von **Eignung, Leistung** und **fachlichen Fähigkeiten** erfolgen (vgl. hierzu im Einzelnen auch unten g)).

7

f) Personen nach Ende des Beschäftigungsverhältnisses

Dabei sollen solche Personen betroffen sein, deren Beschäftigungsverhältnis beendet ist, bei denen aber noch »**nachwirkende Folgen** wie z. B. bei der betrieblichen Altersvorsorge eintreten können«. Die **sprachliche Umsetzung** dieser Intention ist indessen **nicht ganz gelungen**. Die Neutralität der Formulierung bzgl. des Endes des Beschäftigungsverhältnisses lässt nicht darauf schließen, dass es sich in erster Linie um die Behandlung von Rentnern handeln soll, bei denen eine Diskriminierung nicht stattfinden darf. Indessen muss bei **teleologischer Auslegung** das

8

definitive Ende des Beschäftigungsverhältnisses gemeint sein. Ansonsten wäre die nachsorgende Verpflichtung des ehemaligen Arbeitgebers überspannt. Der Anwendungsbereich der Vorschrift dürfte allerdings in der Praxis recht gering sein. Zu denken wäre an Ehemaligenorganisationen wie Ehemaligen-Vereine oder die Zuwendungen an Rentner wegen Eintreten bestimmter Jubiläen etc.

g) Öffentlich-rechtliche Dienstverhältnisse

9   Die öffentlich-rechtlichen Dienstverhältnisse haben in § 24 AGG eine **Sonderregelung** erfahren. Dort werden sämtliche Beamtinnen und Beamte aller öffentlich-rechtlichen Träger sowie Richterinnen und Richter des Bundes und der Länder genannt. Einbezogen werden Zivildienstleistende sowie anerkannte Kriegsdienstverweigerer während der Heranziehung zum Zivildienst. Die Einzelheiten werden in der Kommentierung zu § 24 AGG behandelt. Die Sonderregelung darf allerdings **nicht** in der Weise verstanden werden, dass das AGG in der Tendenz nur **eingeschränkt** für diese Personengruppen gilt.

2. Arbeitgeber (§ 6 Abs. 2 AGG)

10 Nach der **Definition** der Vorschrift sind Arbeitgeber natürliche und juristische Personen sowie rechtsfähige Personengesellschaften. Zu den juristischen Personen gehören beispielsweise die Kapitalgesellschaften (Aktiengesellschaft, GmbH). Der Begriff juristische Person bezieht sich allerdings nicht nur auf das private Recht, **sondern** als Arbeitgeber kommen auch juristische Personen des **öffentlichen Rechts** in Betracht. Zu diesen gehören Bund, Länder und Gemeinden sowie die öffentlich-rechtlichen Anstalten, Körperschaften und Stiftungen. Damit gelangen die Regelungen des AGG für die **Beschäftigten** des **öffentlichen Dienstes**, insbesondere soweit sie Arbeitnehmer sind, **in vollem Umfang** zur Anwendung.

11 Zu den Arbeitgebern i. S. d. AGG gehören auch **rechtsfähige Personengesellschaften (Legaldefinition** § 14 Abs. 2 BGB), die mit der Fähigkeit ausgestattet sind, Rechte zu erwerben und Verbindlichkeiten einzugehen. Beispielhaft sind zu erwähnen die Offene Handelsgesellschaft (OHG, § 125 HGB), die Kommanditgesellschaft (KG, §§ 161 Abs. 2, 124 HGB), die Partnerschaftsgesellschaft (§§ 7 Abs. 2 PartGG, 124 HGB), der Europäische Wirtschaftsverein (EWIV, Art. 1 Abs. 2 EWIV-VO). Die Gesellschaft des Bürgerlichen Rechts (§ 705 ff. BGB) ist nach der neueren Rechtsprechung des Bundesgerichtshofs (BGH) zumindest als Außengesellschaft teilrechtsfähig; sie ist damit den Arbeitgebern i. S. d. § 6 Abs. 2 AGG zuzurechnen. Gleiches gilt wohl für den nicht-rechtsfähigen Verein, jedenfalls dann, wenn ihm die Möglichkeit, eigene Rechte und Pflichten zu haben und begründen zu können, eingeräumt ist. Bekanntestes Beispiel hierfür sind die Gewerkschaften. Diese können Arbeitgeber i. S. d. AGG sein.

12 Die gesellschaftsrechtliche Haftung richtet sich nach hier vertretener Ansicht nach den allgemeinen Vorschriften. Soweit also beispielsweise die Gesellschafter einer OHG gem. § 128 HGB für die Verbindlichkeiten der Gesellschaft eine unmittelbare, unbeschränkte und direkte Haftung haben, können evtl. bestehende Schadensersatzansprüche gegen die OHG auch gegen die vollhaftenden Gesellschafter gerichtet werden. Arbeitgeber in Gestalt einer natürlichen Person kann jedermann

sein. Insoweit gehört auch der Privatbereich einer Person, beispielsweise bei Bestellung einer Haushaltshilfe, zum Arbeitgeberbegriff i. S. d. § 6 Abs. 2 AGG.

Auffällig ist, dass bei der **Arbeitnehmerüberlassung** nicht nur der **Verleiher** als Arbeitgeber betroffen ist, sondern gem. § 6 Abs. 2 S. 2 AGG wird die Arbeitgebereigenschaft des **Entleihers** fingiert. Dies ist arbeitsrechtlich nicht unproblematisch, im Zusammenhang mit der Schutzfunktion des AGG jedoch einsichtig. Die beschäftigten Leiharbeitnehmer sollen nicht nur von ihrem eigenen Arbeitgeber, sondern auch von dem das Weisungsrecht ausübenden Entleiher i. S. d. Diskriminierungsschutzes des AGG behandelt werden. Bei der unerlaubten Arbeitnehmerüberlassung (§§ 9 Nr. 1, 10 Abs. 1 AÜG) wird ein Arbeitsverhältnis zwischen dem Entleiher und dem Leiharbeitnehmer fingiert. Der Entleiher ist somit Arbeitgeber des unerlaubt überlassenen Leiharbeitnehmers.   13

Bei **Heimarbeitern** tritt an die Stelle des Arbeitgebers der Auftraggeber oder Zwischenmeister (§ 6 Abs. 2 S. 3 AGG).   14

3. Selbständige und Organmitglieder (§ 6 Abs. 3 AGG)

Diese Personengruppen sind vom persönlichen Anwendungsbereich des AGG insoweit erfasst, als es um die **Bedingungen** für den **Zugang** zur Erwerbstätigkeit sowie den **beruflichen Aufstieg** geht. Dabei ist der Begriff des »**Selbständigen**« in der Weise vom Nichtselbständigen abzugrenzen, wie sie in § 6 Abs. 1 Nr. 3 vorgenommen wurde.   15

Der Begriff »Organmitglieder« wird vom Gesetz **nicht abschließend definiert**. Zur Erläuterung werden »insbesondere« Geschäftsführer und Geschäftsführerinnen und Vorstände genannt. Mit dieser Benennung wird zunächst deutlich, dass in den Beispielen **vertretungsberechtigte Leitungsorgane** angesprochen sind. Der Begriff Geschäftsführer bezieht sich dabei auf die GmbH, der Begriff Vorstand auf die Aktiengesellschaft, aber auch auf den rechtsfähigen Verein. **Problematisch** ist dies für **Organmitglieder**, die nicht zur Vertretung befugt sind. Nicht vertretungsbefugte Organmitglieder, deren Mitgliedschaft weder im Rahmen einer Erwerbstätigkeit besteht oder die als Arbeitnehmer bzw. Beschäftigte ohnehin von der Regelung des § 6 AGG erfasst sind (z. B. Mitglieder des Aufsichtsrats, die zugleich Betriebsratsmitglieder sind), werden nur im Hinblick auf den Zugang und deren Bedingungen vom AGG erfasst. Insofern ist das Benachteiligungsverbot und dessen Folgewirkungen eingeschränkt.   16

Die Regelung gilt insgesamt auch für Organe der **öffentlich-rechtlichen Körperschaften**, Anstalten und Stiftungen, sowie für sie nicht ausnahmsweise eine Sonderregelung nach § 24 AGG greift. Es lässt sich aus der Formulierung und aus der Entstehungsgeschichte der Vorschrift nicht erkennen, ob an die Organe einer öffentlich-rechtlichen Körperschaft überhaupt gedacht wurde, als die Herausnahmevorschrift ins Leben gerufen wurde. Richtiger Ansicht nach muss allerdings der **Diskriminierungsschutz** auch im **öffentlich-rechtlichen Bereich verstärkt** gewahrt werden. Insofern ist es bei öffentlich-rechtlichen Organisationen nur konsequent, den Mitgliedern der Leitungsorgane, soweit sie die übrigen Voraussetzungen erfüllen und insbesondere ihre Organmitgliedschaft eine Erwerbstätigkeit darstellt,   17

§ 7 AGG

auch den eingeschränkten Diskriminierungsschutz des § 6 Abs. 3 AGG zu gewähren, d. h. sie insoweit nicht den Arbeitnehmern des öffentlichen Dienstes und den untergeordneten Beamten gleichzustellen. Insgesamt kann es sich jedoch bei den von der eingeschränkten Geltung des AGG betroffenen Personenkreis um einige wenige Personen in zentralen Leitungsfunktionen, die der Konstruktion einer privat-rechtlichen Organisation ähneln, handeln.

§ 7 Benachteiligungsverbot

(1) Beschäftigte dürfen nicht wegen eines in § 1 genannten Grundes benachteiligt werden; dies gilt auch, wenn die Person, die die Benachteiligung begeht, das Vorliegen eines in § 1 genannten Grundes bei der Benachteiligung nur annimmt.

(2) Bestimmungen in Vereinbarungen, die gegen das Benachteiligungsverbot des Absatzes 1 verstoßen, sind unwirksam.

(3) Eine Benachteiligung nach Absatz 1 durch Arbeitgeber oder Beschäftigte ist eine Verletzung vertraglicher Pflichten.

I. Allgemeines

1 Die Vorschrift enthält die **zentrale Regelung** des Verbots der Benachteiligung in Beschäftigung und Beruf. Die **Einschränkung** auf Benachteiligungen in Beschäftigung und Beruf ergibt sich aus der **rechtssystematischen Stellung** der Vorschrift im »Besonderen Teil«. Es sind also ausschließlich die in § 6 genannten Adressaten der Regelung betroffen. § 7 Abs. 1 AGG enthält relativ pauschal das **Benachteiligungsverbot** für Beschäftigte. Rechtstechnisch wird auf die in § 1 genannten verpönten Merkmale verwiesen. § 7 Abs. 2 AGG enthält die **Unwirksamkeitsklausel** von gegen das Benachteiligungsverbot verstoßenden **Vereinbarungen**.

2 § 7 Abs. 3 AGG stellt fest, dass ein Verstoß gegen das Benachteiligungsverbot zugleich als **Verletzung vertraglicher Pflichten** angesehen wird.

II. Einzelheiten

1. Benachteiligungsverbot

3 Das generelle Benachteiligungsverbot nach § 7 Abs. 1 AGG schützt die Beschäftigten. Es richtet sich gegen den **Arbeitgeber**, aber auch gegen **Arbeitskollegen** und **Dritte**. Das Benachteiligungsverbot betrifft **sämtliche Formen** der **Benachteiligung** i. S. d. § 3 AGG: unmittelbare und mittelbare Benachteiligung, Belästigung, sexuelle Belästigung und Anweisung zur Benachteiligung. Der Personenkreis, der als »Täter« in Betracht kommt, ist durch das Gesetz nicht eingeschränkt. Neben den bereits erwähnten Personen kommen auch Verletzungen durch Betriebs- oder Personalräte in Betracht.

§ 7 Abs. 1 AGG stellt schon von der Formulierung her keine eigenständige Anspruchsgrundlage dar; die **Anspruchsgrundlagen** ergeben sich aus den konkreten Regelungen (§§ 13 – 16). 4

Problematisch ist, ob es sich bei § 7 Abs. 1 AGG um ein **Schutzgesetz** i. S. d. § 823 Abs. 2 BGB handelt. Dies würde dazu führen, dass über die Verweisung auf § 1 die genannten Merkmale letztlich zu Rechtsgütern würden, deren Verletzung eine deliktische Schadensersatzpflicht nach sich ziehen würde. Dies würde den Anwendungsbereich des AGG erheblich vergrößern. Im Zusammenspiel mit den Absätzen 2 und 3 des § 7 AGG ergibt sich indessen, dass der Gesetzgeber eine solch **weitreichende Konsequenz** jedenfalls für **nicht** sämtliche Bereiche des Zivilrechts ziehen wollte. Im **Zusammenhang** mit dem **sachlichen Anwendungsbereich** (§ 2 AGG) läuft allerdings bei der hier vorgenommenen Interpretation der Wirkungsweise dieser Vorschrift der Diskriminierungsschutz auf etwas Ähnliches hinaus. Ansonsten bliebe die Nennung bestimmter Schutzbereiche in § 2 AGG ohne Rechtsfolge, jedenfalls nicht i. S. der Rechtsfolgen (Schadensersatz und Entschädigung), die das AGG angibt. 5

Insofern ist **fraglich**, ob die **Rechtsfolgen** der §§ 13 – 16 AGG **analog** angewandt werden sollen oder ob Rechtsfolgen **aus anderen**, den jeweiligen sachlichen Anwendungsbereich betreffenden **Rechtsvorschriften** abgeleitet werden können. Diese Problematik ist bislang kaum thematisiert, in keinem Falle jedoch abschließend gelöst worden. Entsprechende Judikatur wird hier abgewartet werden müssen. 6

Eine in der Literatur erheblich **kritisierte Ausweitung** erhält das Benachteiligungsverbot durch die in Hs. 2 genannte Erstreckung auf Situationen, in denen der **Benachteiligende** eine **Benachteiligung** nur **annimmt**. Dabei soll erreicht werden, dass auch die benachteiligende **Motivationslage** beim »Täter« bereits als Benachteiligung zu verstehen ist. Es kommt also insoweit auf die tatsächlichen Umstände nicht an. Benachteiligt also der Täter beispielsweise einen Menschen wegen der Zugehörigkeit zu einer bestimmten ethnischen Gruppe, so liegt eine Benachteiligung auch dann vor, wenn der betroffene Mensch dieser Gruppe in Wahrheit gar nicht angehört. Dies ist nicht ganz unproblematisch, überträgt dieses Verfahren doch den strafrechtlich relevanten »Versuch am untauglichen Objekt« auf die Anwendungsbereiche des AGG. Der Vorwurf des Gesinnungszivilrechts (Adomeit NJW 2006, 2169 ff.) ist jedoch überzogen. Es wird abzuwarten sein, ob diese Regelung in der Praxis überhaupt ein nachhaltiges Echo i. S. von relevanten Fallkonstellationen ergibt. 7

2. Unwirksamkeitsklausel (§ 7 Abs. 2 AGG)

Die Vorschrift ordnet die **Unwirksamkeit** von in das Benachteiligungsverbot verstoßenden Bestimmungen in **Vereinbarungen** an. Eine **Differenzierung** zwischen **Kollektiv-** und **Individualvereinbarungen** nimmt das Gesetzeswerk **nicht** vor. **Problematisch** ist deshalb, welche **Rechtsfolgen** über die Unwirksamkeit der benachteiligenden Bestimmung hinaus gelten soll. Allgemein wird in **Individualvereinbarungen** (§ 139 BBG) herangezogen. Dies kann allerdings nur mit der im Arbeitsrecht geltenden Maßgabe zutreffend sein, nach der die Unwirksamkeit ei- 8 ner Klausel innerhalb eines Arbeitsvertrages **nicht** den gesamten **Arbeitsvertrag unwirksam** macht, sondern – sofern möglich – die Klausel ersatzlos zu streichen ist oder in eine rechtlich unbedenkliche Form umzudeuten ist. Wegen der normativen Wirkung von **Kollektivvereinbarungen** gilt diese Regel erst recht dort.

9 **Umstritten** ist dabei wiederum, inwieweit eine **Korrektur** der benachteiligenden Bestimmung in einer Vereinbarung »**nach oben**« vorzunehmen ist. Dabei wird es i. d. R. bleiben müssen. Wenn nämlich die Berücksichtigung eines verpönten Merkmals eine unzulässige Benachteiligung ist, dann kann eine Korrektur nur darin bestehen, diese benachteiligende Bestimmung für unwirksam zu erklären und damit die für die nicht benachteiligten Adressaten der übrigen Regelungen in der Vereinbarung geltende Regelung zur Anwendung zu bringen.

10 Nicht ganz verständlich ist, warum die amtliche Begründung davon spricht, die Vorschrift habe »**deklaratorischen Charakter**«. Vom Wortlaut her ist ein Unterschied zu sonstigen gesetzlichen Anordnungen von Unwirksamkeit oder Nichtigkeit nicht zu erkennen. Solche anderen Vorschriften bleiben jedoch unberührt (vgl. z. B. §§ 134, 138 BGB).

3. Vertragsverletzung

11 Eine Benachteiligung i. S. d. § 7 Abs. 1 AGG ist zugleich eine Verletzung vertraglicher Pflichten. Insofern **verbindet** die **Vorschrift** besonders im Zusammenspiel mit § 32 AGG (Geltung der »allgemeinen Bestimmungen«) die nach § 7 i. V. m. den übrigen Vorschriften des AGG festzustellende vertragliche **Pflichtverletzung** mit den in den allgemeinen Bestimmungen, hier im Schuldrecht liegenden **Rechtsfolgen**. Verdeutlicht wird dies durch den **Hinweis** in der amtlichen Begründung auf die in § 12 Abs. 3 AGG als möglich angesehenen **arbeitsrechtlichen Maßnahmen** des Arbeitgebers, die in den allgemeinen arbeitsrechtlichen Bestimmungen gründen. Die Verweisung auf das vertragliche Schuldrecht greift allerdings (was den § 32 AGG angeht) zu kurz, weil unter den »allgemeinen Bestimmungen« nicht nur vertragliche Schuldverhältnisse betroffen sind.

12 § 7 Abs. 3 AGG stellt zugleich die **Rechtsgrundlage** für einen **Regressanspruch** des Arbeitgebers/Dienstherrn gegen die Beschäftigten (Arbeitnehmer/Beamte) dar, wenn Arbeitgeber/Dienstherr von einem Beschäftigten wegen einer durch einen anderen Beschäftigten ausgeübten unzulässigen Benachteiligung in Anspruch genommen wird. Erfolgte die Benachteiligung bei der Erfüllung der dem Beschäftigten obliegenden Dienstpflicht gegenüber dem anderen Beschäftigten, so stellt sich die Frage der Haftung unterschiedlich. Bei **Beamten** bleibt es wegen der klaren Rechtslage bei den in § 78 BBG genannten **Haftungsmaßstäben**. Danach haftet der Beamte lediglich für grobe Fahrlässigkeit und Vorsatz. Bei **Arbeitnehmern im öffentlichen Dienst** ist die Rechtslage durch den neuen TVÖD komplizierter geworden. Die unmittelbare Verweisung (vgl. für früher § 14 BAT, § 14 MTA) auf das Beamtenrecht ist nunmehr weggefallen. Aus diesem Grunde wird zu folgern sein, dass sich die Haftung des Arbeitnehmers im öffentlichen Dienst wie in der Privatwirtschaft an den **allgemeinen arbeitsrechtlichen Grundsätzen** zu orientieren hat. Danach kommt eine volle Haftung nur für grobe Fahrlässigkeit und Vorsatz in Betracht; bei mittlerer Fahrlässigkeit wird eine Quotelung zu erfolgen haben, während bei leichter Fahrlässigkeit eine Haftung des Arbeitnehmers entfällt.

Das oben Gesagte gilt entsprechend für den **Kundenkontakt** des jeweils benachteiligenden Beschäftigten. Sofern sich im Rahmen der arbeitsvertraglichen/dienstlichen Tätigkeit des im öffentlichen Dienst bestehenden Beschäftigten eine unzulässige Benachteiligung ergibt, gelten die entsprechenden Grundsätze auch für diese Fallkonstellation. 13

Etwas Anderes mag dann gelten, wenn die Benachteiligung, insbesondere in der Form der Belästigung oder sexuellen Belästigung, keinen Zusammenhang zur betrieblichen/dienstlichen Tätigkeit des Benachteiligenden hat. Ob hierzu beispielsweise die Fälle des »**Mobbing**« gehören, ist fraglich. Findet das Mobbing im Rahmen der betriebsbezogenen/dienstbezogenen Tätigkeit statt, so dürfte wegen der Betriebsbezogenheit nur schwerlich ein anderer Haftungsmaßstab angelegt werden können. Anders wird sich die Fallgestaltung beurteilen lassen, in der der Beschäftigte außerhalb seiner dienstlichen/arbeitsrechtlichen Tätigkeit eine entsprechende Belästigung oder sonstige Benachteiligung begeht. 14

§ 8 Zulässige unterschiedliche Behandlung wegen beruflicher Anforderungen

(1) Eine unterschiedliche Behandlung wegen eines in § 1 genannten Grundes ist zulässig, wenn dieser Grund wegen der Art der auszuübenden Tätigkeit oder der Bedingungen ihrer Ausübung eine wesentliche und entscheidende berufliche Anforderung darstellt, sofern der Zweck rechtmäßig und die Anforderung angemessen ist.

(2) Die Vereinbarung einer geringeren Vergütung für gleiche oder gleichwertige Arbeit wegen eines in § 1 genannten Grundes wird nicht dadurch gerechtfertigt, dass wegen eines in § 1 genannten Grundes besondere Schutzvorschriften gelten.

I. Allgemeines

§ 8 ist ein **zentraler Rechtfertigungsgrund** in Bezug auf Benachteiligungen in **Beruf** und **Beschäftigung**. **Rechtssystematisch** leitet § 8 AGG eine Reihe von **Rechtfertigungsgründen** für eine unterschiedliche Behandlung und damit eine Benachteiligung i. S. d. AGG ein. Die Vorschrift schließt sich andererseits an die **Ausnahmebestimmung** des § 5 AGG bei sog. **positiven Maßnahmen** an. § 8 AGG enthält insoweit eine allgemeine Regelung, als der hier genannte **Rechtfertigungsgrund** zu den **spezifischen Rechtfertigungsgründen** wegen einzelner Merkmale (§ 9 AGG für Religion oder Weltanschauung, § 10 AGG für das Alter) hinzutritt. Die Rechtfertigung der unterschiedlichen Behandlung wird in der besonderen **Art** der **auszuübenden Tätigkeit** oder der **Bedingungen** der Ausübung gesehen. Dabei muss der Grund der unterschiedlichen Behandlung, also das Merkmal nach § 1 AGG eine **wesentliche** und **entscheidende berufliche Anforderung** darstellen. Zudem muss der Zweck rechtmäßig und die Anforderung angemessen sein. 1

§ 8 AGG

2   Der Schwerpunkt der **Bedeutung** des § 8 Abs. 1 AGG wird bei der **unmittelbaren Benachteiligung** liegen. Hier wird im Einzelfall zu prüfen sein, ob eine entsprechende Rechtfertigung gegeben ist. Bei der mittelbaren Benachteiligung muss bereits tatbestandlich geprüft werden, ob es einen sachlichen Grund für die unterschiedliche Behandlung gibt. Dann kommt es gar nicht zu einer mittelbaren Benachteiligung. Belästigungen oder sexuelle Belästigung können keine Rechtfertigung finden. Insoweit greift die Vorschrift nicht. Diese inhaltliche Differenzierung, die sich erst bei Anwendung denkgesetzlicher Operationen ergibt, zählt zu den **Schwächen** im **Wortlaut** der Vorschrift.

II. Einzelheiten

1. Berufliche Anforderungen (§ 8 Abs. 1 AGG)

3   Trotz des von den Vorläuferregelungen (z. B. § 611a Abs. 1 S. 2 BGB) abweichenden Wortlauts wird sich durch die Einführung des Begriffes »entscheidend« gegenüber früher »unverzichtbar« die **Rechtslage kaum ändern**. Dies gilt auch für die **Rechtsprechung** des EuGH. Die Hinzufügung des Wortes »wesentlich« verstärkt nur den **Ausnahmetatbestand**, der eine Rechtfertigung der Benachteiligung darstellen kann. An diese Ausnahmen sind **hohe Anforderungen** zu stellen. Nach der Intention der deutschen Gesetzgebung ist insbesondere beim Merkmal Geschlecht eine »Absenkung des Schutzstandards« nicht intendiert. In der Praxis kommt dem Grundsatz der Verhältnismäßigkeit erhebliche Bedeutung zu. Es muss ein Abwägen zwischen dem beruflichen Zweck, der in den objektiven und tatsächlichen Voraussetzungen des Arbeitsplatzes gegeben ist, aber auch in den zulässigen persönlichen Erwartungen des Arbeitgebers einerseits und dem Schutz vor Benachteiligung andererseits getroffen werden.

4   **Terminologisch weicht** die Vorschrift von dem des deutschen Recht bekannten Begrifflichkeit **ab**. Dies trifft einmal auf den »rechtmäßigen Zweck« und auf die »angemessene Anforderung« zu. Es steht jedoch zu erwarten, dass trotz der im terminologischen Sinne neuen Formulierungen die Rechtsprechung des **BAG** zum **Willkürverbot** und die **Standards** der Überprüfung der Beachtung des Verhältnismäßigkeitsgrundsatzes zur Anwendung gelangen werden.

2. Einzelfälle

a) Geschlecht

5   Im Bereich des Merkmals »Geschlecht« hat sich mittlerweile eine Reihe von Entscheidungen ergeben, die die Anwendung des Diskriminierungsverbots in der Praxis konkretisieren. So kommen neben den Fällen der **faktischen Unmöglichkeit** der Ausübung eines Berufs durch ein anderes Geschlecht (Beispiel Bass/Bariton) auch solche Benachteiligungen in Betracht, bei denen **öffentliche Interessen** die ausschließliche Tätigkeit eines bestimmten Geschlechts erfordern. Überwiegend befürwortet wird die Zulässigkeit von ausschließlich weiblichen Bediensteten im »Frauenhaus«, strittig dagegen exklusiv männliche Betreuer in Strafanstalten für Männer etc.

§ 8 AGG

Der »**Kundenwunsch**« ist regelmäßig kein Grund für eine zulässige Differenzierung. Dies ist dann anders, wenn berechtigte Interessen der Kunden die Bevorzugung eines Geschlechts rechtfertigen (sittliche Empfindungen, Schamgefühl etc.). 6

b) Rasse oder ethnische Herkunft

Die Zulässigkeit einer Differenzierung ist im **Einzelfall** zu prüfen. Kommt es neben der Beherrschung einer bestimmten Sprache auch auf eine besondere Nähe zur betroffenen ethnischen Gruppe an, um beispielsweise auch die soziale Akzeptanz zu fördern, so kann auch die Differenzierung nach der »**Muttersprache**« eine ausnahmsweise gerechtfertigte Anforderung der Stelle sein. 7

c) Behinderung

Hierbei kommen insbesondere **körperliche Voraussetzungen** als Anforderung i. S. d. Vorschrift in Betracht. Im öffentlichen Dienst kann dies beispielsweise die Feuerwehr, die Polizei etc. betreffen. 8

d) Alter

Im Hinblick auf öffentliche Güter wie etwa die **öffentliche Sicherheit** und **Ordnung** kann es durchaus gerechtfertigt sein, bei bestimmten Tätigkeiten (Polizisten) eine bestimmte Altersgrenze nicht zu überschreiten. Dies wird aber in jedem Einzelfall zu überprüfen sein, so dass von generellen lediglich an eine Zahl geknüpften Ausschlusstatbeständen abgeraten wird. Außerdem hat das Merkmal »Alter« in § 10 AGG eine **Sonderregelung** erfahren, in den Spezifika einer zulässigen Differenzierung geregelt sind. 9

3. Geringere Vergütung

Eine **erneute Differenzierung** gegenüber den Grundsätzen des § 8 Abs. 1 AGG enthält § 8 Abs. 2 AGG. Die Vorschrift bezieht sich auf den Grundsatz der »**Lohngleichheit**« bezüglich des Geschlechts. Sie entspricht insofern dem früheren § 612 Abs. 3 BGB. Der Grundsatz wird allerdings nunmehr auf **alle** der in § 1 AGG genannten **Merkmale** ausdehnt und dient als Grundlage für Ansprüche auf gleiches Entgelt für gleiche oder gleichwertige Arbeit. 10

Zugleich lehnt die Vorschrift eine unterschiedliche Behandlung auch bei Vorliegen von **besonderen Schutzvorschriften** für die in § 1 AGG genannten Gruppen ab. Als Beispiel seien neben den zahlreichen Entscheidungen zu dem Merkmal **Geschlecht** vor allem auch die Schutzvorschriften für **Behinderte** genannt, etwa das Zusammenwirken mit der Bundesagentur für Arbeit und den Integrationsämtern (§ 80 SGB IX), die leidensgerechte Ausgestaltung des Arbeitsplatzes (Eingliederungsmanagement). Auch altersbedingte Differenzierungen (z. B. erhöhte Urlaubszeiten für jugendliche Arbeitnehmer) rechtfertigen eine entgeltmäßige Ungleichbehandlung nicht. 11

§ 9 Zulässige unterschiedliche Behandlung wegen der Religion oder Weltanschauung

(1) Ungeachtet des § 8 ist eine unterschiedliche Behandlung wegen der Religion oder der Weltanschauung bei der Beschäftigung durch Religionsgemeinschaften, die ihnen zugeordneten Einrichtungen ohne Rücksicht auf ihre Rechtsform oder durch Vereinigungen, die sich die gemeinschaftliche Pflege einer Religion oder Weltanschauung zur Aufgabe machen, auch zulässig, wenn eine bestimmte Religion oder Weltanschauung unter Beachtung des Selbstverständnisses der jeweiligen Religionsgemeinschaft oder Vereinigung im Hinblick auf ihr Selbstbestimmungsrecht oder nach der Art der Tätigkeit eine gerechtfertigte berufliche Anforderung darstellt.

(2) Das Verbot unterschiedlicher Behandlung wegen der Religion oder der Weltanschauung berührt nicht das Recht der in Absatz 1 genannten Religionsgemeinschaften, der ihnen zugeordneten Einrichtungen ohne Rücksicht auf ihre Rechtsform oder der Vereinigungen, die sich die gemeinschaftliche Pflege einer Religion oder Weltanschauung zur Aufgabe machen, von ihren Beschäftigten ein loyales und aufrichtiges Verhalten im Sinne ihres jeweiligen Selbstverständnisses verlangen zu können.

I. Allgemeines

1   Die Vorschrift stellt eine **Sonderregelung** für unterschiedliche Behandlungen in Bezug auf **Religion** oder **Weltanschauung** dar. Danach ist eine unterschiedliche Behandlung durch Religionsgemeinschaften o. ä. zulässig, wenn bei Berücksichtigung des **Selbstbestimmungsrechts** der Einrichtung oder nach der **Art der Tätigkeit** die entsprechende berufliche Anforderung gerechtfertigt erscheint. Die hier geregelte Ausnahmevorschrift hat insbesondere in Deutschland eine **lange Tradition**, weil den Kirchen und sonstigen Religionsgemeinschaften, aber auch gewissen Weltanschauungsgemeinschaften im Hinblick auf ihre körperschaftliche Organisation und die entsprechenden Ämter, darüber hinaus aber auch in den der Organisation zugeordneten Einrichtungen ohne Rücksicht auf die Rechtsform eine gewisse **Autonomie** zugestanden wird. Sie können über Ordnung und Verwaltung ihrer Angelegenheiten selbständig entscheiden.

2   Dieser **Sonderstatus** der Kirchen o. ä. findet mittlerweile auch in Europa Anerkennung, so dass eine Zuordnung zu einer bestimmten Religions- oder Weltanschauungsgemeinschaft als rechtfertigende berufliche Anforderung durchaus in Betracht kommt. **Problematisch** ist dabei insbesondere der Bereich, in dem die Tendenz der entsprechenden Einrichtung nicht unmittelbar berührt ist, sondern wo eine an sich »neutrale« Tätigkeit im Bereich eines solchen **Tendenzunternehmens** stattfindet. Durch die Formulierung »unter Beachtung des **Selbstverständnisses**« wird allerdings eine objektive Betrachtung unter Berücksichtigung des Standorts eines sog. neutralen Beobachters nicht in Betracht kommen. Vielmehr hat es die Einrichtung in der Hand, bei der Festlegung des Anwendungsbereichs und der Determinierung der beruflichen Anforderung gewisse **eigene Maßstäbe** anzulegen. Schwierig wird es – wie in der Vergangenheit – sein, die **Gren-**

zen der zulässigen **Differenzierung** zu orten. Es steht zu erwarten, dass im Hinblick auf die Neuregelung durch § 9 Abs. 1 AGG die Diskussion um spektakuläre Einzelfälle evtl. wieder aufleben wird (Beispielfälle: geschiedene Erzieherin im katholischen Kindergarten, Befürwortung der legalen Abtreibung durch Assistenzarzt in der Chirurgie eines katholischen Krankenhauses, Zusammenleben eines Arbeiters in einem katholischen Schülerheim mit einer geschiedenen Frau).

Bei der **Interpretation** des Verständnisses der Regelung des § 9 Abs. 1 AGG kann die Regelung des Abs. 2 eine richtungsweisende Hilfe bieten. Dort ist das **Postulat** der **Loyalität** und **Aufrichtigkeit** der Mitarbeiter solcher Einrichtungen gegenüber den Organisationen festgelegt. So kann es bei der Prüfung eines Einzelfalles durchaus von Bedeutung sein, wie sich der Betroffene in der Praxis gegenüber der ihn beschäftigenden Organisation verhält und inwieweit dieses Verhalten als mit dem Grundsatz der Loyalität vereinbar angesehen wird. Es empfiehlt sich für die in § 9 Abs. 1 AGG genannten Einrichtung deshalb, allgemeine verbindliche Regelungen zu schaffen, in denen die Verhaltenspflichten der Beschäftigten festgelegt sind. Vor den arbeitsrechtlichen Konsequenzen ist zu raten, eine organisationseigene Clearing-Stelle einzurichten, um entsprechende Streitigkeiten ggf. nicht justiziabel werden zu lassen.

3

§ 10 Zulässige unterschiedliche Behandlung wegen des Alters

Ungeachtet des § 8 ist eine unterschiedliche Behandlung wegen des Alters auch zulässig, wenn sie objektiv und angemessen und durch ein legitimes Ziel gerechtfertigt ist. Die Mittel zur Erreichung dieses Ziels müssen angemessen und erforderlich sein. Derartige unterschiedliche Behandlungen können insbesondere Folgendes einschließen:

1. die Festlegung besonderer Bedingungen für den Zugang zur Beschäftigung und zur beruflichen Bildung sowie besonderer Beschäftigungs- und Arbeitsbedingungen, einschließlich der Bedingungen für Entlohnung und Beendigung des Beschäftigungsverhältnisses, um die berufliche Eingliederung von Jugendlichen, älteren Beschäftigten und Personen mit Fürsorgepflichten zu fördern oder ihren Schutz sicherzustellen,

2. die Festlegung von Mindestanforderungen an das Alter, die Berufserfahrung oder das Dienstalter für den Zugang zur Beschäftigung oder für bestimmte mit der Beschäftigung verbundene Vorteile,

3. die Festsetzung eines Höchstalters für die Einstellung auf Grund der spezifischen Ausbildungsanforderungen eines bestimmten Arbeitsplatzes oder auf Grund der Notwendigkeit einer angemessenen Beschäftigungszeit vor dem Eintritt in den Ruhestand,

4. die Festsetzung von Altersgrenzen bei den betrieblichen Systemen der sozialen Sicherheit als Voraussetzung für die Mitgliedschaft oder den Bezug von Altersrente oder von Leistungen bei Invalidität einschließlich der Festsetzung unterschiedlicher Altersgrenzen im Rahmen dieser Systeme für bestimmte Beschäftigte oder Gruppen von Beschäftigten und die Verwendung von Alterskriterien im Rahmen dieser Systeme für versicherungsmathematische Berechnungen,

§ 10 AGG

5. eine Vereinbarung, die die Beendigung des Beschäftigungsverhältnisses ohne Kündigung zu einem Zeitpunkt vorsieht, zu dem der oder die Beschäftigte eine Rente wegen Alters beantragen kann; § 41 des Sechsten Buches Sozialgesetzbuch bleibt unberührt,

6. Differenzierungen von Leistungen in Sozialplänen im Sinne des Betriebsverfassungsgesetzes, wenn die Parteien eine nach Alter oder Betriebszugehörigkeit gestaffelte Abfindungsregelung geschaffen haben, in der die wesentlich vom Alter abhängenden Chancen auf dem Arbeitsmarkt durch eine verhältnismäßig starke Betonung des Lebensalters erkennbar berücksichtigt worden sind, oder Beschäftigte von den Leistungen des Sozialplans ausgeschlossen haben, die wirtschaftlich abgesichert sind, weil sie, gegebenenfalls nach Bezug von Arbeitslosengeld, rentenberechtigt sind.

I. Allgemeines

1   Die Vorschrift beinhaltet eine **Sonderregelung** der unterschiedlichen Behandlung wegen des Alters. Sie weist insofern eine **Besonderheit** auf, als der **Begriff** »**Alter**« erstmalig nicht eindeutig als der **Schutz älterer Menschen** betreffend gekennzeichnet ist, sondern vielmehr sich auch auf den **Schutz jüngerer Personen** bezieht. Rechtstechnisch hat sich der Gesetzgeber entschlossen, neben der Regelung in Bezug auf die beruflichen Anforderungen (§ 8 AGG) ein differenziertes Regelwerk aufzustellen, in dem **weitere Ausnahmen** vom **Verbot** der unterschiedlichen Behandlung normiert werden. Einige davon, nämlich die **ursprünglichen Nr. 6 und 7** (Berücksichtigung des Alters bei der Sozialauswahl, Vereinbarungen der Unkündbarkeit von Beschäftigten) sind wegen der Inkonsistenz mit der Herausnahme des Kündigungsschutzes aus dem gesamten AGG bereits im Dezember 2006 mit dem Gesetz zur Änderung des Betriebsrentengesetzes und anderer Gesetze (BGBl. I, 2742) aus dem Gesetz **herausgenommen** worden. Aus diesem Grund hat die neueste Fassung nur noch 6 Unterpunkte.

2   Im Hinblick auf die **demografische Entwicklung** kommt auch in Zukunft dem **Schutz Älterer** im Beschäftigungsverhältnis besondere **Bedeutung** zu. Dies entspricht der allgemeinen Tendenz, der Verdrängung älterer Menschen aus dem Arbeitsprozess Einhalt zu gebieten, und gleichsam umgekehrt ihren längeren Verbleib im Arbeitsleben zu befördern. Gleichzeitig müssen im Hinblick auf die konkrete Tätigkeit auch **Höchstaltersgrenzen** zulässig sein.

3   Andererseits bedürfen auch **jüngere Beschäftigte** eines gewissen Schutzes vor entsprechenden Benachteiligungen. Diese gilt beispielsweise für ihren **Zugang** zum **Beruf** nach der Ausbildung. Schließlich musste bedacht werden, in welchen Grenzen eine gewisse Berufserfahrung und die daraus folgende Differenzierung nach dem Alter zulässig sein sollte. Wegen der Komplexität der Zusammenhänge schien dem Gesetzgeber eine allgemein gültige Lösung nicht geeignet. Die Vorschrift wollte durch ihre Formulierung und die Festlegung allgemeiner Grundsätze für eine gewisse **Flexibilität** in der Praxis sorgen.

§ 10 AGG

II. Einzelheiten

1. Allgemeine Rechtfertigung

Eine unterschiedliche Behandlung wegen des Alters ist zulässig, wenn sie **objektiv** und **angemessen** und durch ein **legitimes Ziel gerechtfertigt** ist. Auch das angewandte Mittel muss angemessen und erforderlich sein. Diese als allgemeiner Rechtfertigungsgrund formulierte **Generalklausel** kann sich auf einzelvertragliche wie auf kollektivvertragliche Regelungen beziehen. Bei der Zulässigkeit eines solchen Zieles müssen die **fachlich-beruflichen Zusammenhänge** berücksichtigt werden. Dabei spielt die Sicht des Arbeitgebers oder Tarifvertragsparteien eine erhebliche Rolle. Allgemeine Ziele kommen in Betracht. Zu diesen gehört beispielsweise die Entwicklung auf dem Arbeitsmarkt, die Beschäftigungspolitik oder die Förderung der beruflichen Bildung. 4

Nach den allgemeinen Regelungen in § 10 S. 1 und 2 AGG folgt die Aufzählung von **Regelbeispielen** für zulässige unterschiedliche Behandlungen in den Nr. 1 – 6. Die Aufzählung ist indessen nicht abschließend; deswegen sind andere Fälle zulässiger Differenzierung denkbar. Die Grundsätze des § 10 S. 1 und 2 AGG, d. h. die Berücksichtigung des Verhältnismäßigkeitsgrundsatzes, müssen trotzdem geprüft werden. 5

2. Zugangs-, Entlohnungs- und Beendigungsbedingungen

Die **Förderung** der **beruflichen Eingliederung** sowie der **Schutz** von Jugendlichen und älteren Beschäftigten und von Personen mit Fürsorgepflichten ist ein Grund, der geeignet ist, eine unterschiedliche Behandlung wegen des Alters zu legitimieren. Diese Ziele gestatten die Festlegung **besonderer Bedingungen** für den Zugang zur Beschäftigung und besonderer Beschäftigungs- und Arbeitsbedingungen, wobei – in gewisser Weise systemfremd – auch die Beendigung von Beschäftigungsverhältnissen einbezogen ist. In der Praxis sind besondere Regelungen, namentlich in kollektivrechtlicher Hinsicht für die Ausbildung, Fortbildung und Berufsbildung, aber auch zur Eingliederung von älteren Langzeitarbeitslosen denkbar. Regelungen, die etwa im Hinblick auf die Arbeitszeit differenzieren, können zulässig sein. Dies gilt sowohl für ältere wie für jüngere Beschäftigte. 6

Insgesamt ist darauf zu achten, dass die Regelungen die reine Altersangabe als Zahl nicht für eine Ungleichbehandlung heranziehen. Vielmehr sollte die Altersangabe zumindest mit einer **sachlichen Begründung** für die Auswahl gerade dieser gekoppelt werden oder von der Nennung einer Zahl ganz absehen. Dies ist auch eine Konsequenz aus der sog. **Mangold-Entscheidung** des EuGH, der im Prinzip bei einer nicht sachlich begründbaren Altersangabe eine unzulässige Altersdiskriminierung annimmt. So gesehen müssen bestehende innerbetriebliche oder innerdienstliche Regelungen, die das Alter an bestimmte rechtliche Konsequenzen knüpfen, überprüft werden. 7

§ 10 AGG

3. Mindestanforderungen

8   Die **Festlegung** von Mindestanforderungen an das Alter oder die Berufserfahrung für den Zugang zur Beschäftigung oder bestimmter mit der Beschäftigung verbundener Vorteile **kann zulässig** sein. Dabei sind die aufgezählten Merkmale Alter, Berufserfahrung, Dienstalter differenziert zu betrachten. Die bloße Angabe einer Alterszahl ist – wie mehrfach ausgeführt – am problematischsten, weil ihr häufig die sachliche Begründbarkeit fehlt.

9   Dies ist bei der Anforderung »**Berufserfahrung**« und »**Dienstalter**« (etwa Betriebszugehörigkeit) anders zu beurteilen. Hier lassen sich viele Sachverhaltskonstellationen finden, in denen beispielsweise für einen bestimmten Arbeitsplatz eine entsprechende ggf. **langjährige Berufserfahrung** nötig ist oder in denen die Gewährung bestimmter Leistungen oder die Einrichtung besonderer Arbeitsbedingungen an ein bestimmtes **Dienstalter** geknüpft werden.

10 Im **öffentlichen Dienstrecht** hat durch die Einführung des TVÖD ein erheblicher **Wandel** stattgefunden. Während früher das Tarifrecht des öffentlichen Dienstes fast ausschließlich am sog. Ancienitätsprinzip orientiert war, liegen jetzt Kombinationen aus Leistungsgesichtspunkten und Erfahrungsgesichtspunkten, d. h. nicht reine Alterszuordnungen, dem Tarifwerk zugrunde. Dies ist im Hinblick auf eine Prüfung der Zulässigkeit der Regelungen im Hinblick auf das Verbot der Altersdiskriminierung durchaus sinnvoll und ist geeignet, den Vorwurf des Gesetzesverstoßes zu relativieren.

4. Höchstalter

11 Die grundsätzliche Zulässigkeit der Festlegung eines Höchstalters bei der Einstellung ist durch die Überlegung gerechtfertigt, dass bei älteren Beschäftigten eine aufwendige Einarbeitung am Arbeitsplatz auch betriebswirtschaftlich nicht sinnvoll sein kann. Insofern verkörpert diese **Spezialregelung** das Prinzip der Rechtfertigung einer Differenzierung aufgrund eines **sachlichen Grundes**.

5. Altersversorgung

12 In dieser Vorschrift wird klargestellt, dass die Festsetzung von **Altersgrenzen** bei dem betrieblichen System der sozialen Sicherheit regelmäßig **keine Benachteiligung** wegen des Alters bedeutet. Signifikantes Beispiel ist die betriebliche Altersversorgung. Auch unterschiedliche Altersgrenzen für bestimmte Beschäftigte oder Gruppen von Beschäftigten sind jedenfalls nicht ausnahmslos unzulässig. Es ist allerdings zu überprüfen, ob die avisierte Regelung nicht eine Diskriminierung in Bezug auf ein anderes Merkmal (z. B. Geschlecht) darstellt. Auch das Zusammenspiel von Aspekten, die auf der grundsätzlichen Ausnahmeregelung des § 8 fußen und solchen der Nr. 5 des § 10 S. 3 AGG, ist zu beachten.

13 Die Regelung in § 41 SGB VI, der das Zusammenspiel von Altersrente und Kündigungsschutz betrifft, bleibt durch die Vorschriften des § 10 Nr. 5 AGG **unberührt**.

6. Sozialpläne

§ 10 S. 3 Nr. 6 AGG gestattet Differenzierungen von Leistungen und Sozialplänen nach Alter oder Betriebszugehörigkeit der betroffenen Personen. Hierzu gehören sämtliche Arten von Sozialplänen, obwohl das Gesetz nur einen Bezug zu Sozialplänen i. S. d. Betriebsverfassungsgesetzes (BetrVG) nimmt. Für den im **öffentlichen Dienst** bislang weniger betriebenen Personalabbau unter Einsatz von Sozialplänen kommt die Vorschrift also tendenziell auch in Betracht. Die **Einzelregelungen** hierzu finden sich in den Personalvertretungsgesetzen des Bundes und der Länder. Rechtsgrundlage für die zulässige Differenzierung sind allerdings S. 1 und 2 des § 10 AGG. Dabei sind die vom Alter abhängenden **Chancen** auf dem **Arbeitsmarkt** der entscheidende Anlass für eine differenzierte Betrachtung. Hierbei wird regelmäßig eine Leistungskürzung oder eine Leistungsdifferenzierung unter Berücksichtigung der Absicherung der Arbeitnehmer in wirtschaftlicher Hinsicht stattzufinden haben. Die Nähe zur **Rentenberechtigung** ist ein weiteres Erfordernis für eine das Alter stark betonende differenzierte Regelung. 14

Wie in der Vergangenheit durch die Rechtsprechung des BAG abgesichert, wird den Betriebspartnern (im öffentlichen Dienst Personalrat und Dienststelle) ein **Beurteilungsspielraum** bei Festsetzung der im Einzelnen zu gewährenden oder ggf. zu kürzenden Leistungen eingeräumt bleiben. Durch die Hinzufügung des Merkmals »**Betriebszugehörigkeit**« wird zugleich auch eine sachliche Abstützung der differenzierten Handlung tatbestandlich gefordert. 15

Zu überprüfen ist allerdings, ob nicht durch die differenzierte Regelung zugleich ein Verstoß gegen andere Differenzierungsverbote besteht, etwa im Bereich der mittelbaren Benachteiligung wegen des Geschlechts. Ähnliches gilt für das Merkmal »Behinderung«. 16

Unterabschnitt 2
Organisationspflichten des Arbeitgebers

§ 11 Ausschreibung

Ein Arbeitsplatz darf nicht unter Verstoß gegen § 7 Abs. 1 ausgeschrieben werden.

I. Allgemeines

Rechtssystematisch beginnen mit § 11 AGG die **Organisationspflichten** des Arbeitgebers. In concreto bezieht sich das Verbot des § 11 AGG auf die Ausschreibung. Dies ist in der deutschen Rechtsordnung **keine Neuheit**; allerdings ist die Übertragung des Anwendungsbereichs auf alle in § 1 AGG genannten Gründe eine deutliche **Ausweitung** im Bezug auf die **Ausschreibungspflichten**. Die Vorschrift verbietet jede benachteiligende Form der Stellenausschreibung. Durch den rechtssystematischen Bezug wird jede Ausschreibung einer Stelle für den in § 6 AGG 1

§ 11 AGG

genannten Personenkreis von der Regelung erfasst. Dies schließt auch die **berufliche Aus-** und **Weiterbildung** mit ein.

II. Einzelheiten

2   Verboten ist allerdings nur unerlaubte Differenzierung. Nur bis dahin reicht das Gebot zur **neutralen Ausschreibung**. Insofern ist die Formulierung der Vorschrift etwas problematisch.

3   Das Verbot der neutralen Stellenausschreibung gilt für **sämtliche Bereiche**. Eine Differenzierung zwischen Innenbereich (etwa bei Aufstiegsverfahren etc.) und Außenbereich (Neubewerbungen) wegen eines der in § 1 AGG genannten Merkmale ist unzulässig. Eine verbotene Stellenausschreibung liegt allerdings dann nicht vor, wenn die Differenzierung in der Ausschreibung durch die Rechtfertigungsgründe des § 5 oder der §§ 8 – 10 AGG gerechtfertigt ist.

4   Normadressat des Benachteiligungsverbots ist der **Arbeitgeber** i. S. d. § 6 Abs. 2 AGG. Bedient er sich für seine Stellenausschreibung anderer, so gelten diese als **Erfüllungsgehilfen**, deren Verstoß dem Arbeitgeber gem. § 278 BGB zuzurechnen ist. Gegenüber dem sich auf eine unzulässige Benachteiligung berufenden Arbeitnehmer (unter Einschluss der Bewerber) kann sich der Arbeitgeber also nicht exkulpieren. Allerdings ist es ihm weiterhin möglich, die Verletzung der vertraglichen oder gesetzlichen Verpflichtungen der mit der Stellenausschreibung konkret betrauten Stelle zu rügen und rechtliche Konsequenzen dort geltend zu machen. Dies gilt bei vertraglichen Verpflichtungen in Bezug auf Stellenausschreibungen gegenüber dem jeweiligen **Vertragspartner**, bei einer öffentlich-rechtlichen Beziehung richtet sich die Haftung des **öffentlichen Auftragnehmers** (beispielsweise der Bundesagentur für Arbeit) nach den **öffentlich-rechtlichen Haftungsvorschriften**.

5   Nach dem Wortlaut des § 11 AGG ergeben sich aus einem Verstoß zunächst **keine unmittelbaren Rechtsfolgen**. Negative Folgen ergeben sich aber daraus, dass die Verletzung der neutralen Stellenausschreibung zur **Beweislastumkehr** nach § 22 AGG führt. Dies bringt in der Praxis den Arbeitgeber häufig in Beweisnot, weil ihm der Gegenbeweis, dass die nichtneutrale und benachteiligende Stellenausschreibung zulässig sei, in der Praxis häufig nicht gelingen wird.

6   Aus diesem Grund soll – auch im öffentlichen Dienst – über die bisherige Praxis hinaus nicht nur deutliche Zurückhaltung in Bezug auf das Merkmal »Geschlecht« walten, vielmehr ist darauf zu achten, dass Bezugnahmen auf die übrigen Merkmale des § 1 AGG entfallen.

7   Eine Rechtfertigung kann sich allerdings v. a. auf den Aspekt der »**positiven Maßnahmen**« (§ 5 AGG) und weitere Rechtfertigungen ergeben. So wird die im öffentlichen Dienst durch Gesetz angeordnete Formulierung, »dass Schwerbehinderte bei gleicher Eignung bevorzugt behandelt werden« unter dem Gesichtspunkt des § 5 AGG im Prinzip zu rechtfertigen sein. Insbesondere die öffentliche Hand muss sich dafür einsetzen, dass die in der allgemeinen Gesellschaft immer noch deutlich benachteiligten Schwerbehinderten entsprechend ihrem Verhältnis zur Gesamtbevölkerung berücksichtigt werden.

§ 11 AGG

Bei dem **Hinweis** auf **besondere Gruppen** ist allgemein **Vorsicht** geboten. Soweit eine besondere Betonung eines bestimmten Interesses oder einer Tendenz zu einer nicht-neutralen Formulierung führt, ist zu versuchen, die am **wenigsten weitgehende Formulierung** zu finden. Fordert z. B. der Arbeitgeber in der Stellenausschreibung »zur **Erhöhung** des **Frauenanteils** Frauen ausdrücklich zur Bewerbung auf«, so liegt – wenn nicht die tatsächlichen Umstände in der betrieblichen oder dienstlichen Wirklichkeit das Gegenteil beweisen – **keine unzulässige Differenzierung** in der Stellenausschreibung vor. Je mehr allerdings die Formulierung in Richtung Bevorzugung geht, um so mehr droht die Unzulässigkeit der Differenzierung im Auge behalten werden. Eine **generelle Bevorzugung** von Frauen dürfte auch nach der Rechtsprechung des EuGH (sog. Kalanke-Urteil, EuGH 17.10.1995 – Rs. C-450/93) **nicht zulässig** sein, wenn nicht eine individuelle Überprüfung anhand der individuellen Eignung zugesichert wird. Eine Formulierung, nach der »Frauen bei gleicher Eignung bevorzugt werden« lässt diese **individuelle Überprüfung** unter dem Gesichtspunkt der Eignung schon terminologisch zu und ist deswegen wenig dem Risiko der Unzulässigkeit ausgesetzt. In der Praxis lässt sich jedoch kritisch nachfragen, ob eine derart frühzeitige Differenzierung überhaupt sinnvoll ist, weil möglicherweise aus der Bewerberlage andere Erkenntnisse gewonnen werden können, die einer zu engen a priori Festlegung widersprechen. 8

In der Praxis spielt das **Lichtbild** eine besonders große Rolle. Durch das Lichtbild können Rückschlüsse auf einige der in § 1 AGG genannten Merkmale gezogen werden. Hier kommen insbesondere Geschlecht, Alter, Rasse oder ethnische Herkunft sowie Behinderung in Betracht. Auch wenn die Aufforderung zur Übersendung eines Lichtbilds noch keinen Verstoß gegen die Pflicht zur neutralen Stellenausschreibung darstellt, wird angeraten, die Bitte um Übersendung eines Lichtbilds zu unterlassen. Dies könnte nämlich als Indiz für eine unzulässige Benachteiligung gewertet werden. Gegen die freiwillige Übersendung eines Lichtbilds, wie sie in der Praxis immer noch die Regel sein wird, besteht indessen kein Einwand; eine alsbaldige Rücksendung ist jedoch sinnvoll. 9

Auch die Aufforderung, einen **Lebenslauf** einzureichen, wird in der Praxis als möglicher Verstoß gegen die Merkmale Alter, ethnische Herkunft, evtl. Behinderung angesehen. Gleiches gilt für die Angabe des Geburtsdatums. Zumeist kann ein solches Verlangen über die beruflichen Anforderungen nach § 8 AGG gerechtfertigt werden. Gleichwohl ist eine entsprechende Formulierung zu vermeiden. Es empfiehlt sich evtl. die Bitte um Einreichung der »üblichen Unterlagen«. Dann steht es in der Gestaltungsfreiheit des Bewerbers, diesen Begriff in seinem Sinn zu interpretieren. Auch gegen die Erwähnung des »beruflichen Werdegangs« ist im Hinblick auf § 8 AGG kaum etwas einzuwenden. Gleichwohl sich schließt zumindest in der ersten Zeit nach Inkrafttreten des AGG die Praxis einzubürgern, bei der Einforderung von Unterlagen Vorsicht walten zu lassen. Auch ein Hinweis auf die Einhaltung der Grundsätze des AGG scheint zielführend. 10

Das Diskriminierungsverbot bezieht sich allerdings – soweit das AGG Anwendung findet – auf die in § 1 AGG genannten verpönten Merkmale. Andere Differenzierungsgesichtspunkte, sofern sie nicht gegen weitere Schutzbestim-mungen, wie beispielsweise die Einstellungsvoraussetzungen des Art. 33 Abs. 2 GG für den 11 öffentlichen Dienst betreffen, können herangezogen werden. Auch hier empfiehlt sich jedoch Zurückhaltung.

§ 12 Maßnahmen und Pflichten des Arbeitgebers

(1) Der Arbeitgeber ist verpflichtet, die erforderlichen Maßnahmen zum Schutz vor Benachteiligungen wegen eines in § 1 genannten Grundes zu treffen. Dieser Schutz umfasst auch vorbeugende Maßnahmen.

(2) Der Arbeitgeber soll in geeigneter Art und Weise, insbesondere im Rahmen der beruflichen Aus- und Fortbildung, auf die Unzulässigkeit solcher Benachteiligungen hinweisen und darauf hinwirken, dass diese unterbleiben. Hat der Arbeitgeber seine Beschäftigten in geeigneter Weise zum Zwecke der Verhinderung von Benachteiligung geschult, gilt dies als Erfüllung seiner Pflichten nach Absatz 1.

(3) Verstoßen Beschäftigte gegen das Benachteiligungsverbot des § 7 Abs. 1, so hat der Arbeitgeber die im Einzelfall geeigneten, erforderlichen und angemessenen Maßnahmen zur Unterbindung der Benachteiligung wie Abmahnung, Umsetzung, Versetzung oder Kündigung zu ergreifen.

(4) Werden Beschäftigte bei der Ausübung ihrer Tätigkeit durch Dritte nach § 7 Abs. 1 benachteiligt, so hat der Arbeitgeber die im Einzelfall geeigneten, erforderlichen und angemessenen Maßnahmen zum Schutz der Beschäftigten zu ergreifen.

(5) Dieses Gesetz und § 61b des Arbeitsgerichtsgesetzes sowie Informationen über die für die Behandlung von Beschwerden nach § 13 zuständigen Stellen sind im Betrieb oder in der Dienststelle bekannt zu machen. Die Bekanntmachung kann durch Aushang oder Auslegung an geeigneter Stelle oder den Einsatz der im Betrieb oder der Dienststelle üblichen Informations- und Kommunikationstechnik erfolgen.

I. Allgemeines

1   Die Vorschrift hat relativ große **praktische Bedeutung**, weil sie konkrete **Pflichten** des **Arbeitgebers** normiert. Dabei geht es darum, unerwünschten Benachteiligungen im Beruf entgegenzuwirken und insofern präventive Maßnahmen zu ergreifen, um Benachteiligungen von vorn herein zu vermeiden. Deswegen begründet die Vorschrift im Rahmen einer **Generalklausel** die Verpflichtung des Arbeitgebers, die erforderlichen Maßnahmen zum Schutz vor Benachteiligung wegen eines der verpönten Gründe zu treffen. Der Gedanke der **Prävention** wird ausdrücklich in § 12 Abs. 1 S. 2 AGG niedergelegt. Die Erforderlichkeit ist dabei nach **objektiven Gesichtspunkten** festzulegen. Es zählen nicht die subjektive Einschätzung des Arbeitgebers oder des Arbeitnehmers. Mit der Erforderlichkeit wird der **Verhältnismäßigkeitsgrundsatz** ins Spiel gebracht, bei dem die Verhältnisse an der konkreten Arbeitsstelle und in den konkreten Unternehmen oder Dienststelle

§ 12 AGG

berücksichtigt werden können. In den Katalog des von Arbeitgeber einzuleitenden Verfahrens gehört auch die entsprechende **Schulung** des **Personals**. Auf diese Notwendigkeit ist im öffentlichen Dienst sowohl im Außen- wie im Innenbereich besonders abzuheben. Die **Signalwirkung** des Verhaltens der Mitarbeiter des öffentlichen Dienstes im Kundenkontakt, aber auch als Vorgesetzter oder Kollegen gegenüber Mitarbeitern fordert vom Arbeitgeber und Dienstherrn des öffentlichen Dienstes besonders, entsprechende Schulungen durchzuführen (vgl. zu Einzelheiten Bauschke, RiA 2007, S. 1 ff.).

Zu den Pflichten des Arbeitgebers gehört auch das Ergreifen von entsprechenden **Maßnahmen** zur Unterbindung der Benachteiligung sowie zum Schutz der Beschäftigten bei Diskriminierungen durch Dritte (§ 12 Abs. 3 u. 4 AGG). **Bekanntmachungspflichten** gehören zu den eher üblichen Pflichten des Arbeitgebers, wie sie auch bei anderen Gesetzen vorkommen. 2

II. Einzelheiten

1. Handlungspflichten

Die konkreten Handlungspflichten des Arbeitgebers nach § 12 AGG beziehen sich auf **präventive Maßnahmen** wie auch auf **Beseitigungsmaßnahmen** für den Fall, dass eine unzulässige Benachteiligung bereits eingetreten ist. Bei der Beurteilung, welche konkreten Maßnahmen gemeint sind, hat der Gesetzgeber zu dem unbestimmten **Rechtsbegriff** »**erforderlich**« gegriffen. Dabei wird einerseits der **Verhältnismäßigkeitsgrundsatz** angesprochen, zum Andern wird eine gewisse **Objektivität** als Bewertungsmaßstab angelegt. Im Hinblick auf die konkrete Verwirklichung der Handlungspflichten werden die Verhältnisse vor Ort, wie die Größe des Betriebs, der Umfang der Beschäftigtenzahl etc. in Rechnung zu stellen sein. 3

Im Rahmen der Bestimmung des § 12 Abs. 2 AGG wird der Arbeitgeber in die **Pflicht** genommen, auf die Unzulässigkeit solcher Benachteiligungen **hinzuweisen** und auf ihr Unterbleiben **hinzuwirken**. Die Regelmäßigkeit dieser Verpflichtung wird durch das Tatbestandsmerkmal »soll« ausgedrückt; Ausnahmefälle sind jedoch denkbar. 4

§ 12 Abs. 2 S. 2 AGG gibt implizit dem Arbeitgeber **Hinweise**, wie er seinen Verpflichtungen aus § 12 Abs. 1 AGG nachkommen kann. Dabei wird die **Schulung** zum zentralen Begriff. Organisiert der Arbeitgeber regelmäßig Schulungen, so ist er von seiner Verpflichtung frei. Damit entfallen allerdings von der rechtssystematischen Stellung her nicht automatisch die Hinweispflicht und die Hinwirkungspflicht nach § 12 Abs. 2 S. 1 AGG, wenngleich die entsprechenden Schulungen als Verwirklichung dieser Pflichten verstanden werden können. Die entsprechenden Schulungen werden im Bereich der **beruflichen Aus-** und **Fortbildung** angesiedelt. 5

Fraglich ist, ob ein **Mitbestimmungsrecht** von Betriebs- oder Personalrat bei der Durchführung der Schulung besteht. Dabei ist, soweit es um Ordnung und Verhalten der Arbeitnehmer geht, durchaus § 87 Abs. 1 Nr. 1 Betriebsverfassungsgesetz (BetrVG) berührt, im Rahmen der Beteiligungsrechte des Betriebsrats bei Einrichtun- 6

§ 12 AGG

gen und Maßnahmen der Berufsbildung (§ 97 Abs. 1 BetrVG) kann ebenfalls eine Rechtsposition des Betriebsrats konstruiert werden. Unabhängig hiervon ist dringend anzuraten, die **Mitarbeitervertretung rechtzeitig** in die **Planung** und **Durchführung** der Schulungsmaßnahmen einzubeziehen. Die Mitarbeitervertretung wird für Akzeptanz der gesetzlichen Maßnahmen, gerade auch im Hinblick auf die Organisationspflichten des Arbeitgebers, in der Belegschaft sorgen. Eine entsprechende, evtl. freiwillige Vereinbarung (Betriebs-/Dienstvereinbarung) ist wegen der Nachvollziehbarkeit und Akzeptanz bei den Beschäftigten dringend anzustreben.

7   Welche **Schulungen** als **geeignet** i. S. d. AGG anzusehen sind, muss differenziert behandelt werden. Wegen des kurzzeitigen Inkrafttretens des AGG ist zunächst von einer **überblicksartigen Schulung** auszugehen. Dabei wird von dem entsprechenden Referenten nicht nur Basiswissen, sondern Expertenwissen zu verlangen sein. Dies ist deswegen nötig, weil sich sowohl rechtssystematisch wie im Einzelnen zahlreiche Fragen im Zusammenhang mit dem neuen AGG stellen. **Nicht ausreichend** ist die **Aushändigung** des Gesetzestextes oder evtl. im Einzelnen Merkblätter. Schon von der Begrifflichkeit her (Schulung) wird eine **intensive Behandlung** i. S. einer großen Eindringtiefe in die Materie nötig sein. Anzuraten wäre, eine Veranstaltung für **allgemeine Fragen** des **AGG** einzurichten und in **Fortsetzungsveranstaltungen** die Thematik auf die **konkreten Tätigkeitsbereiche** der Mitarbeiter(-gruppen) zu verdichten.

8   Darüber hinaus ist auch an **regelmäßige Schulungen** für neu eingestellte Mitarbeiter und **Auffrischungsveranstaltungen** zu denken. Gerade im **öffentlichen Dienst**, in dem sich die Bedeutung des AGG nicht nur auf den Binnenbereich, sondern auch auf das Verhalten gegenüber den Kunden erstreckt, sind relativ **hohe Ansprüche** an die Schulungen zu stellen. **Materialien allein** sind i. d. R. **nicht geeignet**, die Schulungsverpflichtung des Arbeitgebers zu erfüllen. Interaktionelle Veranstaltungen mit der Möglichkeit von Rück- und Gegenfragen unter Diskussion der Problematik am konkreten Arbeitsplatz brauchen ein Forum, auf dem auch der einzelne Arbeitnehmer mit der Thematik und der Anwendbarkeit auf seinen konkreten Fall vertraut gemacht wird. Eine **ausschließlich IT-gestützte Schulung** ist problematisch.

9   Dies zeigt auch das in der Praxis bereits vorliegende **Material**. Es ist gelegentlich nicht differenziert genug, simplifiziert auch teilweise und bietet gelegentlich Lösungen an, die der **Komplexität** der **Problematik** nicht gerecht werden. Gerade zu Beginn des Umgangs mit einem neuen Gesetz ist der »Verkauf« von angeblich festgelegten Wahrheiten gefährlich. Vielmehr sollte in der Schulung Gelegenheit geboten werden, übertriebene Empfindlichkeiten und für die betriebliche Wirklichkeit unpraktikable Ansätze kritisch zu hinterfragen sowie die Mitarbeiter zu einer eigenen Reflexion über das Thema anzuregen.

10 Die **Schulungspflicht** des Arbeitgebers erfasst zunächst naturgemäß nur seine eigenen **Beschäftigten**. Allerdings wird bei hohem Ansatz von Fremdkräften in Form der Arbeitnehmerüberlassung, des Fremdfirmeneinsatzes oder des Outsourcing die entsprechende Schulung für das Fremdfirmenpersonal sinnvoll sein. Dies gilt auch im **öffentlichen Bereich**, wo die öffentliche Hand an sog. PPP-Projekten **(Public Private Partnership)** teilnimmt. Bei dieser Art **Mischverwaltung** sollte dafür Sorge getragen werden, dass einheitliche Standards für die Implementation der

§ 12 AGG

Grundzüge des AGG gegeben sind. Dabei ist der Außenkontakt, den § 12 Abs. 2 AGG zunächst gar nicht anspricht, nicht zu vernachlässigen. Er ist im Bereich des öffentlichen Dienstes, wo die Außenwirkung der öffentlichen Hand und der Umgang mit den »Kunden« im Visier kritischer Hinterfragung steht, eher stärker ausgeprägt als im reinen Innenbereich. Hierauf sollte auch dort geachtet werden, wo organisationell Stellen geschaffen werden, die sich mit den Beschwerden der Betroffenen (Kunden wie Mitarbeiter) auseinandersetzen.

III. Maßnahmen/Beschäftige

Die Regelung des § 12 Abs. 3 AGG fordert vom Arbeitgeber **Reaktionen** auf Verstöße gegen das Benachteiligungsverbot des § 7 Abs. 1 AGG. Diese Vorschrift steht in Anlehnung zu § 4 Abs. 1 Beschäftigtenschutzgesetz, das mittlerweile nicht mehr in Kraft ist. Dabei verlangt der Gesetzgeber **konkrete Maßnahmen**. Dies kann allerdings auch durch das Aufstellen eines gewissen Verhaltenskatalogs geschehen und wird in Großfirmen sowie in großen Einrichtungen des öffentlichen Dienstes am besten zuständigen Stellen des Personalwesens übertragen. Hierdurch wird auch eine **Einheitlichkeit** gewährt und dadurch der **Verhältnismäßigkeitsgrundsatz** beachtet. Dieser Grundsatz ist durch die Formulierung »geeignet, erforderlich und angemessen« hinreichend gekennzeichnet. Eine gewisse **Selbstbindung** der Personalabteilung durch getroffene Entscheidungen ist nicht ganz auszuschließen. Dies gilt **im öffentlichen Dienst** evtl. verstärkt, wo zwar das Prinzip der Selbstbindung der Verwaltung nur im Rahmen von Ermessensentscheidungen herangezogen wird, allerdings auch analog auf die Auslotung des bei unbestimmten Rechtsbegriffen gegebenen Spielraums anzuwenden ist. Als Reaktionsmöglichkeiten nennt das Gesetz als **arbeitsrechtliche Gestaltungsmittel** Abmahnung, Umsetzung, Versetzung oder Kündigung. Durch das Voranstellen des Wörtchens »wie« macht der Gesetzgeber deutlich, dass andere Reaktionsmöglichkeiten nicht ausgeschlossen sind. Dabei gilt im öffentlichen Dienst der erweiterte **Personalsteuerungskatalog** (Zuweisung, Personalgestellung) oder – von der Eingriffsqualität her abgesenkt – in Reaktionen wie Beförderungsstopp, Kürzung der Leistungsprämien etc. Soweit im Einzelfall bei Behörden und Unternehmungen besondere Clearing-Stellen existieren, kann deren Maßnahmekatalog entsprechend herangezogen werden. Dies gilt direkt auch im Beamtenrecht, wo dort auch disziplinarische Maßnahmen (für den Bund nach dem BDG) in Betracht kommen.

11

IV. Maßnahmen/Dritte

§ 12 Abs. 4 AGG regelt die **Verpflichtung** des **Arbeitgebers**, seine **Beschäftigten** gegen unzulässige Benachteiligungen durch Dritte zu schützen. Dabei ist im Bereich von Kundenbeziehungen die angemessene Reaktion anhand der konkreten Umstände zu bestimmen; Pauschalierungen sind schwierig. Dem Arbeitgeber steht bei der Auswahl der zu ergreifenden Maßnahme ein **Beurteilungsspielraum** zu. In der Privatwirtschaft ist er insoweit in einem Dilemma, als er Rücksicht auf profitäre und unternehmerische Aspekte nehmen muss. Insofern ist der Unter-

12

nehmer gut beraten, wenn er im Rahmen von **Ethik-Prinzipien** und **Compliance-Regelungen** seine Kunden von vorn herein auf ein gesetzeskonformes Verhalten, auch im Bereich der Diskriminierungsverbote, aufmerksam macht und Sanktionen zumindest andeutet. Die endgültige Beendigung der Rechtsbeziehung zu einem Vertragspartner wird nur bei ganz schwerwiegenden Verstößen und eher im Wiederholungsfall in Betracht kommen.

Der **öffentliche Dienst** ist im Gegensatz zur Privatwirtschaft zunächst weniger an monetäre und profitäre Interessen gebunden. Das Vertragsverhältnis mit einem diskriminierenden Dritten wird deswegen regelhaft aufgelöst werden müssen. Ein solches Verhalten dient nicht zuletzt auch der Wahrung des **Ansehens** der öffentlichen Verwaltung. Zugleich wird die gesetzgeberische Intention deutlich gemacht und Schritte werden in Richtung auf ein **diskriminierungsfreies Umfeld** getan. Insofern hat die öffentliche Hand eine gewisse »**Erziehungsfunktion**« für die Verwirklichung der Erstellung eines barrierefreien Umfelds.

V. Informationspflichten

§ 12 Abs. 5 AGG verpflichtet den Arbeitgeber, die **gesetzlichen Vorschriften** einschließlich der maßgeblichen Klagefrist **bekanntzumachen**. Dies hat **im Betrieb** und **in der Dienststelle** zu geschehen. Dabei können die **üblichen Informationsquellen** benutzt werden. In Betracht kommt auch die Benutzung von **Intranet** oder sonstige elektronische Möglichkeiten. Zugleich betrifft die Informationspflicht auch den Hinweis auf die für **Beschwerden** zuständige **Stelle** in Betrieb oder Dienststelle. Mit diesem Hinweis spielt der Gesetzgeber bereits auf die Einrichtungen für Beschwerden der Beschäftigten und Dritter an. Bei der Art der Bekanntmachung benennt das Gesetz lediglich einige Möglichkeiten, ohne eine Festlegung oder abschließende Aufzählung zu treffen.

Unterabschnitt 3
Recht der Beschäftigten

§ 13 Beschwerderecht

(1) Die Beschäftigten haben das Recht, sich bei den zuständigen Stellen des Betriebs, des Unternehmens oder der Dienststelle zu beschweren, wenn sie sich im Zusammenhang mit ihrem Beschäftigungsverhältnis vom Arbeitgeber, von Vorgesetzten, anderen Beschäftigten oder Dritten wegen eines in § 1 genannten Grundes benachteiligt fühlen. Die Beschwerde ist zu prüfen und das Ergebnis der oder dem beschwerdeführenden Beschäftigten mitzuteilen.

(2) Die Rechte der Arbeitnehmervertretungen bleiben unberührt.

I. Allgemeines

Mit § 13 AGG beginnt der Unterabschnitt 3, in dem es um die **Rechte der Beschäftigten** geht. Dabei wird insgesamt deutlich, dass das AGG einen Katalog von Rechten der Beschäftigten aufstellt, die unterschiedlich intensiv auf den Arbeitgeber treffen und zugleich für den Beschäftigten erhebliche unterschiedliche Rechtspositionen beinhalten. § 13 AGG regelt das **Beschwerderecht** der Beschäftigten. Eine solche Beschwerde ist an die **zuständige Stelle** innerhalb von Dienststelle, Betrieb oder Unternehmen zu richten. Die Vorschrift ist dem Beschäftigtenschutzgesetz nachgebildet. Für manche Dienststellen und Betriebe hat sie lediglich **klarstellende Funktion**. Soweit allerdings keine zuständigen Stellen eingerichtet sind, besteht die Verpflichtung des Arbeitgebers/Dienstherrn zur Einrichtung einer **Beschwerdestelle**. Das Gesetz macht darüber hinaus deutlich, dass sich die Beschwerdestelle **innerhalb** des Betriebs/Dienststelle/Unternehmen befinden muss. Dies ergibt sich auch aus einem Zusammenspiel des § 1 Abs. 1 AGG mit § 12 Abs. 5 S. 2 AGG.

1

II. Einzelheiten

1. Beschwerdestelle

Eine »**Antidiskriminierungs-Hotline**«, deren Funktionen gelegentlich von externen Stellen (Rechtsanwalt) wahrgenommen werden, ist mit dem klaren Wortlaut des § 13 Abs. 1 **nicht in Einklang** zu bringen. Sofern nicht zuletzt aus ökonomischen Gründen keine eigene Beschwerdestelle im Rahmen der Anwendung des AGG geschaffen werden soll, empfiehlt es sich Stellen, die bereits vorher im Zusammenhang mit dem Beschäftigtenschutzgesetz im Rahmen der Zusammenarbeit von Arbeitgebern und Betriebsrat/Personalrat eingerichtet waren, für die avisierte Funktion nach dem AGG zu nutzen. Im Bereich des öffentlichen Dienstes kann auch ein Zusammenspiel mit Gleichstellungsbeauftragten und den Vertrauensleuten der Schwerbehinderten in Betracht kommen, so dass auf diese Weise auch über den Anwendungsbereich des AGG hinausgehende Beschwerden evtl. gesichtet und differenziert behandelt werden können.

2

2. Form

Das Gesetz enthält **keinen Hinweis** auf die Art und Weise, insbesondere die Form der **Beschwerde**. Es wird allerdings angeraten, Schriftform zu verlangen. Dies kann evtl. durch Inanspruchnahme elektronischer Medien geschehen. § 13 Abs. 1 S. 2 AGG verpflichtet den Arbeitgeber dazu, die Beschwerde zu prüfen und das Ergebnis dem Beschwerdeführer mitzuteilen.

3

Gem. § 13 Abs. 2 AGG bleiben die **Rechte der Arbeitnehmervertretungen** unberührt. Dies macht ein entspr. Zusammenspiel mit der einzurichtenden Antidiskriminierungsstelle nicht nur rechtlich möglich, sondern lässt dies auch als sinnvoll erscheinen.

§ 14 Leistungsverweigerungsrecht

Ergreift der Arbeitgeber keine oder offensichtlich ungeeignete Maßnahmen zur Unterbindung einer Belästigung oder sexuellen Belästigung am Arbeitsplatz, sind die betroffenen Beschäftigten berechtigt, ihre Tätigkeit ohne Verlust des Arbeitsentgelts einzustellen, soweit dies zu ihrem Schutz erforderlich ist. § 273 des Bürgerlichen Gesetzbuchs bleibt unberührt.

I. Allgemeines

1 § 14 ist der entsprechenden Regelung des Beschäftigtenschutzgesetzes nachgebildet. Er beinhaltet das **Recht** des Beschäftigten, die **Tätigkeit** ohne Verlust des Entgeltanspruchs **einzustellen**, wenn der Arbeitgeber bzw. der Dienstvorgesetzte keine ausreichenden Maßnahmen zur Unterbindung einer Belästigung oder sexuellen Belästigung ergreift. Damit **konzentriert** das Gesetz den **Anwendungsbereich** auf die **Belästigung** oder **sexuelle Belästigung**. Eine Anwendung auf andere Benachteiligungsformen (unmittelbare und mittelbare Benachteiligung) kommt nicht in Betracht. Anwendungsfälle sind solche, in denen der Arbeitgeber auf eine Beschwerde nicht oder nicht ausreichend reagiert oder bei einer Belästigung oder sexuellen Belästigung durch den Arbeitgeber oder Dienstvorgesetzten selbst.

2 Wann eine offensichtlich ungeeignete Maßnahme vorliegt, ergibt sich aus einem objektiven Maßstab. Mit dem **Begriff** »ungeeignet« ist implizit dargestellt, dass der Arbeitgeber in seiner Reaktion einen gewissen **Gestaltungsspielraum** hat und sich aus möglichen Maßnahmen diejenigen heraussuchen kann, die nach objektiven Maßstäben richtig erscheinen.

3 Das Recht des betroffenen Beschäftigten, seine Arbeit einzustellen, gilt allerdings nur dann, wenn es zum **Schutz** des **Beschäftigten erforderlich** ist. Dies setzt wiederum voraus, dass es keine anderen oder milderen Möglichkeiten gibt, der Belästigung zu entgehen. Je nach Situation ist der Arbeitgeber verpflichtet, das belästigende Umfeld so zu verändern, dass keine weiteren Übergriffe zu erwarten sind. Dies hat der Arbeitgeber nach objektiven Maßstäben zu entscheiden. Insofern sind Vorschläge des Arbeitnehmers, die eine Belästigung vermeiden, sicherlich wertvolle Hinweise, sie verpflichten jedoch den Arbeitgeber nicht.

4 Im Bereich des **öffentlichen Dienstes** ist insbesondere bei Beamten darauf hinzuweisen, dass die Möglichkeit der Remonstration (§ 56 BBG) ein weiteres Gestaltungsmittel bietet, mit dem der Beamte den Vorgesetzten oder Dienstherrn auf die Rechtswidrigkeit von Maßnahmen aufmerksam macht. Bei einer weiten Interpretation wird dies auch für Maßnahmen des Arbeitgebers gelten. Aus der allgemeinen **Loyalitätspflicht** von Arbeitnehmern und Beamten im öffentlichen Dienst ergibt sich, dass der Beschäftigte den Dienstherrn/Arbeitgeber bei der Auswahl der geeigneten Mittel beraten muss. § 14 Abs. 1 AGG zielt im Gegensatz zu § 273 BGB darauf ab, den Schutz der Beschäftigten vor weiteren Belästigungen etc. zu gewährleisten.

5 **Überschneidungen** mit anderen zu missbilligenden Verhaltensweisen von Vorgesetzten, Dienstvorgesetzten, Kollegen etc. finden sich zum Themenbereich »**Mobbing**« oder auch – soweit Vorgesetzte betroffen sind – zum »Bossing«.

§ 15 Entschädigung und Schadensersatz

(1) Bei einem Verstoß gegen das Benachteiligungsverbot ist der Arbeitgeber verpflichtet, den hierdurch entstandenen Schaden zu ersetzen. Dies gilt nicht, wenn der Arbeitgeber die Pflichtverletzung nicht zu vertreten hat.

(2) Wegen eines Schadens, der nicht Vermögensschaden ist, kann der oder die Beschäftigte eine angemessene Entschädigung in Geld verlangen. Die Entschädigung darf bei einer Nichteinstellung drei Monatsgehälter nicht übersteigen, wenn der oder die Beschäftigte auch bei benachteiligungsfreier Auswahl nicht eingestellt worden wäre.

(3) Der Arbeitgeber ist bei der Anwendung kollektivrechtlicher Vereinbarungen nur dann zur Entschädigung verpflichtet, wenn er vorsätzlich oder grob fahrlässig handelt.

(4) Ein Anspruch nach Absatz 1 oder 2 muss innerhalb einer Frist von zwei Monaten schriftlich geltend gemacht werden, es sei denn, die Tarifvertragsparteien haben etwas anderes vereinbart. Die Frist beginnt im Falle einer Bewerbung oder eines beruflichen Aufstiegs mit dem Zugang der Ablehnung und in den sonstigen Fällen einer Benachteiligung zu dem Zeitpunkt, in dem der oder die Beschäftigte von der Benachteiligung Kenntnis erlangt.

(5) Im Übrigen bleiben Ansprüche gegen den Arbeitgeber, die sich aus anderen Rechtsvorschriften ergeben, unberührt.

(6) Ein Verstoß des Arbeitgebers gegen das Benachteiligungsverbot des § 7 Abs. 1 begründet keinen Anspruch auf Begründung eines Beschäftigungsverhältnisses, Berufsausbildungsverhältnisses oder einen beruflichen Aufstieg, es sei denn, ein solcher ergibt sich aus einem anderen Rechtsgrund.

I. Allgemeines

Die Regelung enthält die zentrale Vorschrift auch in Bezug auf die **Rechtsfolgen** der Verletzung des Benachteiligungsverbots in Form von **Schadensersatz** und **Entschädigung**. Rechtssystematisch wird zwischen materiellen und immateriellen Schäden unterschieden. Naturgemäß löst die Schaffung eines Rechtsfolgetatbestands am ehesten **kontroverse Diskussionen** aus. Gelegentlich werden die Sanktionen als zu weitgehend, von Anderen wiederum als zu wenig weitgehend angesehen. Im europarechtlichen Sinne müssen sie wirksam, verhältnismäßig und abschreckend sein. Schadensersatzleistungen sind bei Benachteiligungen wegen des Geschlechts europarechtlich zwingend, bei anderen Benachteiligungen möglich. 1

Die **Detailregelung** in § 15 AGG sollen einerseits den europarechtlichen Vorgaben entsprechen und sich insofern durch eine gewisse **Konsequenz** und **Härte** auszeichnen, andererseits sollen die Interessen der Betroffenen, namentlich der Arbeitgeber, nicht über Gebühr in Anspruch nehmen und insofern **kalkulierbar** und **transparent** sein. Zugleich stellt die Regelung den Versuch dar, aus hiesiger Sicht betriebenen amerikanischen Gepflogenheiten zu vermeiden. 2

§ 15 AGG

Rechtssystematisch wird zwischen **materiellen Schäden**, bei denen regelmäßig ein Verschulden des Arbeitgeber Haftungsvoraussetzung ist, und **immateriellen Schäden** unterschieden. **Sonderregelungen** gelten bei Anwendung kollektivrechtlicher Vereinbarungen. Die übrigen Regelungen des § 15 betreffen **formale Aspekte** (Frist), das Verhältnis zu anderen Ansprüchen und den Ausschluss eines Anspruchs auf Begründung eines Beschäftigungsverhältnisses.

II. Einzelheiten

1. Materieller Schaden

4   Gem. § 15 Abs. 1 AGG hat der Beschäftigte einen **Schadensersatzanspruch** gegen den Arbeitgeber, wenn ein Verstoß gegen das Benachteiligungsverbot vorliegt. Damit ist implizit eine Verweisung auf § 7 Abs. 1 AGG gegeben. Die Schadensersatzverpflichtung tritt allerdings nur dann ein, wenn der Arbeitgeber die Verpflichtungsverletzung zu vertreten hat. Damit ist § 15 Abs. 1 AGG ein Fall der **Verschuldenshaftung**. Der Arbeitgeber muss also die benachteiligende Handlung fahrlässig oder vorsätzlich begangen haben. Neben der seltenen Fälle des Pflichtverstoßes durch aktives Tun kommen auch Fälle des **Unterlassens** in Betracht. Dies gilt insbesondere dann, wenn ein Verstoß gegen die **Handlungspflichten** nach § 12 AGG vorliegt. Verschulden fremder Personen wird unter bestimmten Voraussetzungen dem Arbeitgeber zugerechnet. Hierzu gehören die verfassungsmäßigen Vertreter (**Organmitglieder**) sowie die **Erfüllungsgehilfen** i. S. d. § 278 BGB. Der **Umfang** des Schadensersatzes richtet sich nach den Grundsätzen §§ 249 ff. BGB. Über das Ausmaß der Haftung i. S. einer Begrenzung der Schadensersatzansprüche in zeitlicher oder numerischer Hinsicht schweigt sich das AGG aus. Hier wird es vermutlich der **Rechtsprechung** überlassen bleiben, vernünftige Begrenzungen zu verwirklichen. Die Einzelheiten und Konturen einer solchen Rechtsprechung können sich auch an ausländischen Vorbildern wie insbesondere den Arbeitgeber belastenden der US-amerikanischen Rechtsprechung orientieren.

2. Immaterieller Schaden

5   Für immaterielle Schäden gewährt § 15 Abs. 2 AGG eine **Entschädigung**. Gegenüber der entsprechenden Regelung des BGB (§ 253 Abs. 2) ist § 15 Abs. 2 AGG in Bezug auf die in § 1 AGG genannten Merkmale lex specialis. Verschulden ist aber ebenso wie bei § 15 Abs. 1 AGG Voraussetzung.

6   Hinsichtlich der **Angemessenheit** der Entschädigung bleibt es bei der bisherigen Rechtsprechung des EuGH und der Konkretisierung durch Entscheidungen des BAG (EuGH RS C-180/95 vom 22.04.1997 – Draehmpaehl, DB 1997, 983 ff.). Dabei darf eine Entschädigung die Gewährleistung eines tatsächlichen und wirksamen Rechtschutzes nicht verhindern; sie muss geeignet sein, eine abschreckende Wirkung zu haben. Eine erhöhte Entschädigung wird geboten sein, wenn eine Diskriminierung aus mehreren Gründen vorliegt.

7   Wenn der Beschäftigte auch bei benachteiligungsfreier Auswahl nicht eingestellt worden wäre, so darf die **Entschädigung** drei **Monatsgehälter** nicht übersteigen.

Damit ist der Bewertungsspielraum, wie er bei anderen Entschädigungen nach § 15 Abs. 2 S. 1 AGG gegeben ist, limitiert (§ 15 Abs. 2 S. 2 AGG). Ob die Prognose, dass die Vorschriften über Entschädigung und Schadensersatz im öffentlichen Dienst keine nachhaltige Rollen spielen werden (Bauschke, RiA 2007, 1 ff.) zutrifft, bleibt abzuwarten. In jedem Fall ist darauf hinzuwirken, dass besonders bei der Einstellungspraxis von Behörden und Verwaltungen die strengen gesetzlichen Anforderungen beachtet werden und kein Anhalt für eine Diskriminierung gegeben wird. Vereinzelt scheint es bereits jetzt zu Missbrauchsfällen zu kommen (vgl. »Zeit« v. 25.01.2007).

3. Kollektivrechtliche Vereinbarungen

Gem. § 15 Abs. 3 AGG wird die **Entschädigungspflicht** des Arbeitgebers **limitiert**. Dies gilt insbesondere bei Bestimmungen des Tarifvertrages, gilt aber auch für Betriebs- bzw. Dienstvereinbarungen. Die »**höhere Richtigkeitsgewähr**« solcher kollektivrechtlicher Vereinbarungen rechtfertigt es, den Arbeitgeber von dem Haftungsrisiko ein wenig zu entlasten. Die Haftungsregeln gelten auch dann, wenn die Geltung kollektivrechtlicher Vorschriften im Arbeitsvertrag vereinbart ist oder wenn ein Tarifvertrag für allgemeinverbindlich erklärt ist. Die Beteiligten der kollektiven Vereinbarungen (Tarifvertragsparteien, Betriebsparteien) werden durch keine Haftungsregelung im Gesetz belastet. 8

Verbotswidrige kollektive **Regelungen** sind nach § 7 Abs. 2 AGG **unwirksam**; bei Verstößen gegen höherrangiges Recht bleibt es bei den allgemeinen Rechtsgrundsätzen. 9

4. Frist

§ 15 Abs. 4 AGG schreibt eine **Frist** von **3 Monaten** zur Geltendmachung der Ansprüche nach den Abs. 1 – 3 fest. Tarifvertragliche Regelungen können hiervon abweichen. Diese **Frist** erscheint **hinreichend** und ausreichend. Längere Dokumentationen über Einstellungsverfahren etc. können dem Arbeitgeber nicht zugemutet werden. Die Frist beginnt mit dem Zeitpunkt, an dem die benachteiligte Person von der Benachteiligung Kenntnis erlangt, bzw. im Fall einer Bewerbung oder des beruflichen Aufstiegs im Zeitpunkt des Zugangs der Ablehnung. Eine **Aufbewahrung** von Dokumenten über einen Zeitraum von ca. 6 Monaten wir angeraten. 10

5. Andere Ansprüche

Die Regelung des § 15 Abs. 5 AGG hat **klarstellende Funktion** bzgl. übriger Ansprüche gegen den Arbeitgeber aus anderen Rechtsvorschriften. 11

6. Ausschluss der Begründung eines Rechtsverhältnisses

§ 15 Abs. 6 AGG wiederholt die auch in früheren Regelungswerken enthaltene Bestimmung, dass durch einen Verstoß des Arbeitgebers gegen das Benachteiligungsverbot kein **Anspruch auf Begründung** eines Beschäftigungsverhältnisses etc. entsteht. Rein theoretisch könnten sich solche Ansprüche aus anderen Rechtsvorschriften ergeben. 12

§ 16 Maßregelungsverbot

(1) Der Arbeitgeber darf Beschäftigte nicht wegen der Inanspruchnahme von Rechten nach diesem Abschnitt oder wegen der Weigerung, eine gegen diesen Abschnitt verstoßende Anweisung auszuführen, benachteiligen. Gleiches gilt für Personen, die den Beschäftigten hierbei unterstützen oder als Zeuginnen oder Zeugen aussagen.

(2) Die Zurückweisung oder Duldung benachteiligender Verhaltensweisen durch betroffene Beschäftigte darf nicht als Grundlage für eine Entscheidung herangezogen werden, die diese Beschäftigten berührt. Absatz 1 Satz 2 gilt entsprechend.

(3) § 22 gilt entsprechend.

1 § 16 AGG soll sicherstellen, dass der Beschäftigte, der die ihm nach dem AGG eingeräumten Rechte durchzusetzen versucht, **keine Benachteiligungen** durch den Arbeitgeber erfährt. Die Vorschrift enthält einen Rechtsgedanken, der bereits in § 612a BGB enthalten war und immer noch in § 5 TzBfG enthalten ist. Auch die europäischen Richtlinien weisen in die gleiche Richtung.

2 Zum **Schutzbereich** der Vorschrift in personeller Hinsicht gehören Personen, die ihre Rechte aus dem AGG in Anspruch nehmen, Personen, die sich weigern, eine gegen das Benachteiligungsverbot verstoßende Anweisung auszuführen, sowie Personen, die Beschäftigte hierbei unterstützen oder im Prozess als Zeuge zur Verfügung stehen.

3 Die **Inanspruchnahme** von Rechten bezieht sich auf Beschwerden bei der zuständigen Stelle des Betriebs, des Unternehmens oder Dienststelle, auf die Inanspruchnahme des Leistungsverweigerungsrechts oder die Geltendmachung eines Schadensersatz- oder Entschädigungsanspruchs. Zu den typischerweise einbezogenen Personen bei der Unterstützung von Betroffenen gehören neben den Betriebs- und Personalräten auch evtl. vorhandene betriebliche Vertrauensleute sowie Beauftragte, die sich mit Gleichstellungsfragen beschäftigen oder der Beschwerdestelle angehören.

4 Zu den **Rechtsfolgen** gehört, dass die entsprechende gegen das Maßregelungsverbot verstoßende Sanktion unwirksam ist. Zugleich können **Schadensersatzansprüche** wegen einer Vertragsverletzung in Betracht kommen.

5 Die Vorschrift des § 16 Abs. 2 AGG stellt klar, dass der Arbeitgeber **keine negativen Folgen** daraus ableiten darf, dass der oder die Benachteiligte die Benachteiligung geduldet oder zurückgewiesen hat. Dies gilt auch für unterstützende oder als Zeugen aussagende Personen. Damit wird der **Zwangssituation** Rechnung getragen, in der sich Opfer oder Betroffene einer Benachteiligung befinden. Die pauschale Verweisung auf § 22 AGG (Beweislast) ist in der Weise zu verstehen, dass für die Geltendmachung einer verbotenen Maßregelung von dem Betroffenen Indizien zu beweisen sind, die eine Maßregelung vermuten lassen. Der Arbeitgeber muss bei Gelingen dieses Nachweises beweisen, dass die gerügte Maß-

nahme nicht auf ein Verhalten, vor dem § 16 AGG schützen will, zurückzuführen ist. Insofern bleibt es bei der Regelung der allgemeinen Beweislastteilung.

Die Vorschrift kann in gleicher Weise wie in der **Privatwirtschaft** auch für den **öffentlichen Dienst** Relevanz erhalten. Gerade im Zusammenhang mit modernen Gestaltungsformen des Personaleinsatzes, in dem immer stärker auch an privatwirtschaftlichen Modellen orientierte Wettbewerbssituationen zwischen den Beschäftigten durch Leistungsprämien etc. geschaffen werden, ist eine die Solidarität mit benachteiligten Personen schützende Regelung wichtig. Inwieweit der hinter der Vorschrift stehende Rechtsgedanke in der Praxis auch gelebt wird, bleibt abzuwarten. Oft genug fehlt insbesondere den nicht direkt Betroffenen der Mut, zugunsten der Benachteiligten zu intervenieren, weil sie indirekte Sanktionen fürchten. Insoweit dient die Vorschrift dazu, ein benachteiligungsfreies Umfeld in Arbeit und Beruf anzustreben.

6

Unterabschnitt 4
Ergänzende Vorschriften

§ 17 Soziale Verantwortung der Beteiligten

(1) Tarifvertragsparteien, Arbeitgeber, Beschäftigte und deren Vertretungen sind aufgefordert, im Rahmen ihrer Aufgaben und Handlungsmöglichkeiten an der Verwirklichung des in § 1 genannten Ziels mitzuwirken.

(2) In Betrieben, in denen die Voraussetzungen des § 1 Abs. 1 Satz 1 des Betriebsverfassungsgesetzes vorliegen, können bei einem groben Verstoß des Arbeitgebers gegen Vorschriften aus diesem Abschnitt der Betriebsrat oder eine im Betrieb vertretene Gewerkschaft unter der Voraussetzung des § 23 Abs. 3 Satz 1 des Betriebsverfassungsgesetzes die dort genannten Rechte gerichtlich geltend machen; § 23 Abs. 3 Satz 2 bis 5 des Betriebsverfassungsgesetzes gilt entsprechend. Mit dem Antrag dürfen nicht Ansprüche des Benachteiligten geltend gemacht werden.

Die Vorschrift des § 17 S. 1 AGG hat den Zweck, die **soziale Verantwortung** der beteiligten Gruppen zu thematisieren. Sie geht insoweit über einen **Programmsatz** nicht hinaus. Allerdings lassen sich Mitwirkungsmöglichkeiten für die Betroffenen durchaus konkretisieren. Zu den Betroffenen zählen nach dem Wortlaut der Vorschrift Tarifvertragsparteien, Arbeitgeber, Beschäftigte und deren Vertretungen. Damit soll eine allgemeine **diskriminierungsfreie Atmosphäre** geschaffen werden, zu der die genannten Beteiligten durch ein wohlwollendes Grundverständnis und eine entsprechende Grundhaltung beitragen können, die sie durch konkrete Absprachen und Regelungen vorantreiben können. Dies kann beispielsweise in der Erstellung von entsprechenden Materialien und Papieren bestehen, mit denen das diskriminierungsfreie Umfeld erläutert und propagiert wird. Die schon andernorts genannten »**Ethikpapiere**« oder **Compliance-Erklärungen** stellen nur Varianten dar. Die Palette der Möglichkeiten ist indessen vielfältig. So kommen auch regelmäßige Berichterstattungen in eigenen Zeitschriften oder bei Perso-

1

§ 18 AGG

nalversammlungen etc. in Betracht. Insofern ist dem Gesetzestext die Hoffnung eigen, dass es nicht bei der Vorschrift als reinem Programmsatz bleibt.

2   Die Verantwortlichkeit der **Betriebsräte** und der im Betrieb vertretenen **Gewerkschaften** wird in § 17 Abs. 2 AGG verdeutlicht. Dabei kann bei Vorliegen eines groben Verstoßes des Arbeitgebers gegen Vorschriften des 2. Abschnitts des AGG eine erforderliche Handlung, Duldung oder Unterlassung des Arbeitgebers verlangt werden, damit Benachteiligungen wirksam unterbunden werden. Gegenstand der Initiative können Verstöße des Arbeitgebers gegen das Benachteiligungsverbot oder die Unterlassung entsprechender objektiv gebotener Maßnahmen durch den Arbeitgeber sein. Bei Vorliegen der Voraussetzungen, wobei das Quorum des BetrVG bzgl. der Arbeitnehmer nicht gilt, können die Betriebsräte und Gewerkschaften ihre Rechte **gerichtlich** geltend machen.

3   Die Vorschrift ist auf den Bereich des Betriebsverfassungsgesetzes (**BetrVG**) beschränkt. Das Bundespersonalvertretungsgesetz (**BPersVG**) und die Personalvertretungsgesetze der Länder enthalten nämlich regelmäßig keine entsprechenden Bestimmungen, deswegen ist die Geltung von § 16 AGG auch für den öffentlichen Dienst nicht per Analogie zu erreichen. Insgesamt weist dies auf die schwächere Stellung der Mitarbeitervertretungen im öffentlichen Dienst hin, es bleibt zu hoffen allerdings, dass es in der Praxis nur selten zu derartig groben Verstößen im öffentlichen Dienst kommt, so dass die **Regelungslücke** nicht zu unerträglichen Konsequenzen führt.

§ 18 Mitgliedschaft in Vereinigungen

(1) Die Vorschriften dieses Abschnitts gelten entsprechend für die Mitgliedschaft oder die Mitwirkung in einer

1. **Tarifvertragspartei,**

2. **Vereinigung, deren Mitglieder einer bestimmten Berufsgruppe angehören oder die eine überragende Machtstellung im wirtschaftlichen oder sozialen Bereich innehat, wenn ein grundlegendes Interesse am Erwerb der Mitgliedschaft besteht,**

sowie deren jeweiligen Zusammenschlüssen.

(2) Wenn die Ablehnung einen Verstoß gegen das Benachteiligungsverbot des § 7 Abs. 1 darstellt, besteht ein Anspruch auf Mitgliedschaft oder Mitwirkung in den in Absatz 1 genannten Vereinigungen.

1   Der **Rechtsgedanke**, dass die Benachteiligungsverbote und deren Rechtsfolgen wie im Beschäftigungsverhältnis auch für die Mitgliedschaft und Mitwirkung in Berufsorganisationen gilt, ist schon in § 2 Abs. 1 Nr. 4 AGG zum Ausdruck gekommen. Dies wird in § 18 Abs. 1 AGG weiter inhaltlich ausgeführt und konkretisiert. Dabei enthält § 18 Abs. 1 AGG einen abschließenden **Katalog** von Vereinigungen, die durch das AGG betroffen sind. Andere Verbände und Vereinigungen können allenfalls über § 6 (Beschäftigungsverhältnis) oder über § 19 (zivilrechtliches Be-

nachteiligungsverbot) betroffen sein. Die Vorschrift gilt deswegen nicht für den sog. Normalverein. Für diese gilt vielmehr die durch Art. 9 Abs. 1 GG geschützte Vereinsfreiheit, wobei einerseits andere Ausrichtungen als die Orientierung an den verpönten Merkmalen des § 1 AGG zulässig sind, andererseits i. d. R. eine Kontrolle durch staatliche Stellen bei der Zulassung von Vereinen gegeben ist, so dass die gesellschaftlichen Auswirkungen vermutlich unbeachtlich sein werden.

Zu den wichtigsten Adressaten gehören die **Tarifvertragsparteien**. Hierbei sind Gewerkschaften und Arbeitgebervereinigungen gemeint. Der Arbeitgeber selbst ist als mögliche Tarifvertragspartei nicht betroffen, weil es bei ihm keine entsprechenden Mitgliedschaftsrechte geben kann. In den Schutzbereich der Vorschrift gelangen natürliche Personen. Die augenblickliche Praxis in diesem Bereich steht weitgehend mit den durch das AGG intendierten Absichten in Einklang. Wie jedoch schon an anderer Stelle vermerkt, ist bereits die Bezeichnung der Dachorganisation der Gewerkschaften (Deutscher Gewerkschaftsbund) evtl. im Hinblick auf die ethnische Herkunft sprachlich zu korrigieren. Ähnliches gilt für andere Organisationen (Deutscher Beamtenbund). 2

Das Diskriminierungsverbot betrifft **Berufsgruppenvereinigungen** (z. B. Anwaltsvereine) oder solche Gruppierungen, die über eine überragende Machtstellung im wirtschaftlichen oder sozialen Bereich verfügen. Hierzu zählen insbesondere Monopolverbände. Auch hier ist die Problematik der an der deutschen Nationalität orientierten Bezeichnung (z. B. Deutscher Sportbund e. V.) offenkundig. Ob wegen der terminologischen Zuordnung zu einer bestimmten Berufsgruppe berufsübergreifende Vereinigungen nicht in den Geltungsbereich des AGG fallen, ist fraglich. Ihre Einbeziehung könnte mit einem sog.»erst-recht-Argument« gerechtfertigt werden. Dies würde zu den durchaus akzeptablen Ergebnis führen, dass beispielsweise Industrie- und Handelskammern (IHK) dem Anwendungsbereich der Diskriminierungsverbote nach dem AGG unterlägen. Die Richtigkeit dieser Auffassung ergibt sich aus einer teleologischen Interpretation unter Einbeziehung des Begriffs »Zusammenschlüssen« (vgl. § 18 Abs. 1 letzter Teilsatz AGG). 3

Im Hinblick auf die **Rechtsfolgen** einer Diskriminierung trägt die Vorschrift des § 18 Abs. 2 AGG der monopolartigen Stellung bestimmter Berufsvereinigungen etc. Rechnung. Das Gesetz legt einen Anspruch auf Aufnahme bzw. auf Inanspruchnahme der satzungsmäßigen Leistung fest. Dieser Eingriff in die Privatautonomie erscheint einerseits als weitreichend, andererseits mit den Intentionen des AGG durchaus vereinbar. Ähnlich wie staatliche Stellen (nach hier vertretener Ansicht der gesamte öffentliche Dienst) direkter an die Bestimmungen von Gesetzen und Richtlinien gebunden sind, dürfen monopolartige Einrichtungen (auch lokaler und regionaler Art) nicht auf die eingeschränkten Sanktionen des AGG beschränkt werden; sie müssen vielmehr in einer Art Kontrahierungszwang zu nichtdiskriminierendem Verhalten gezwungen werden. Allerdings wird dieser Anspruch den Benachteiligten dann zugebilligt, sofern sie die übrigen vereinsrechtlichen und satzungsmäßigen Voraussetzungen erfüllen. 4

Abschnitt 3
Schutz vor Benachteiligung im
Zivilrechtsverkehr

§ 19 Zivilrechtliches Benachteiligungsverbot

(1) Eine Benachteiligung aus Gründen der Rasse oder wegen der ethnischen Herkunft, wegen des Geschlechts, der Religion, einer Behinderung, des Alters oder der sexuellen Identität bei der Begründung, Durchführung und Beendigung zivilrechtlicher Schuldverhältnisse, die

1. typischerweise ohne Ansehen der Person zu vergleichbaren Bedingungen in einer Vielzahl von Fällen zustande kommen (Massengeschäfte) oder bei denen das Ansehen der Person nach der Art des Schuldverhältnisses eine nachrangige Bedeutung hat und die zu vergleichbaren Bedingungen in einer Vielzahl von Fällen zustande kommen oder
2. eine privatrechtliche Versicherung zum Gegenstand haben,

ist unzulässig.

(2) Eine Benachteiligung aus Gründen der Rasse oder wegen der ethnischen Herkunft ist darüber hinaus auch bei der Begründung, Durchführung und Beendigung sonstiger zivilrechtlicher Schuldverhältnisse im Sinne des § 2 Abs. 1 Nr. 5 bis 8 unzulässig.

(3) Bei der Vermietung von Wohnraum ist eine unterschiedliche Behandlung im Hinblick auf die Schaffung und Erhaltung sozial stabiler Bewohnerstrukturen und ausgewogener Siedlungsstrukturen sowie ausgeglichener wirtschaftlicher, sozialer und kultureller Verhältnisse zulässig.

(4) Die Vorschriften dieses Abschnitts finden keine Anwendung auf familien- und erbrechtliche Schuldverhältnisse.

(5) Die Vorschriften dieses Abschnitts finden keine Anwendung auf zivilrechtliche Schuldverhältnisse, bei denen ein besonderes Nähe- oder Vertrauensverhältnis der Parteien oder ihrer Angehörigen begründet wird. Bei Mietverhältnissen kann dies insbesondere der Fall sein, wenn die Parteien oder ihre Angehörigen Wohnraum auf demselben Grundstück nutzen. Die Vermietung von Wohnraum zum nicht nur vorübergehenden Gebrauch ist in der Regel kein Geschäft im Sinne des Absatzes 1 Nr. 1, wenn der Vermieter insgesamt nicht mehr als 50 Wohnungen vermietet.

I. Vorbemerkung

1 Abschnitt 3 des AGG bezieht sich auf das **Zivilrecht**. Dieses ist wie das allgemeine Privatrecht durch die **Privatautonomie** gekennzeichnet. Betroffen sind dabei die Rechtsbeziehungen zwischen Bürgerinnen und Bürgern, namentlich im **Vertragsrecht**. Die Privatautonomie in ihrer Ausgestaltung als Vertragsfreiheit hat einen hohen von der Verfassung (Art. 2 GG) geschützten Rang. Privatautonomie und

Vertragsfreiheit sind **Grundwerte** der modernen Rechtsordnung. Dabei gilt im Grundsatz, dass Verträge in freier Selbstbestimmung geschlossen werden.

Allerdings ist kein Grundrecht, so insbesondere nicht die allgemeine Handlungsfreiheit, schrankenlos eingeräumt. Vielmehr gelten die Grundrechte als »**Werteordnung**«, die in die Gestaltung der privaten Rechtsverhältnisse und deren Rechtsregeln »einstrahlen« können. Zwar gilt insbesondere der Gleichheitsartikel des Grundgesetzes (Art. 3 GG) für das Privatrecht nicht unmittelbar, die Vorschrift nimmt allerdings auf die Zulässigkeit von privatautonom gestalteten Rechtsbeziehungen Einfluss. So können ausnahmsweise Privatpersonen zum Abschluss eines Vertrages verpflichtet sein (Kontrahierungszwang) oder die Rechtsordnung kann Beschränkungen in der Ausübung der Rechtsmacht auferlegen. Beispiele hierfür sind der Verbraucherschutz, aber auch das Mietrecht und nicht zuletzt das Arbeitsrecht. Die **dogmatischen Grundlagen** hierzu finden sich im **Prinzip** der »**Drittwirkung**« von Grundrechten, wie dies das Bundesverfassungsgericht (BVerfG) in zahlreichen Entscheidungen konturiert und konkretisiert hat. Zusätzlich werden Diskriminierungen durch die **allgemeinen Regeln** des **Zivilrechts** in gesetzliche Schranken verwiesen. Hierzu gehören beispielsweise die Generalklauseln des BGB, vor allem die Regelungen über die Sittenwidrigkeit eines Rechtsgeschäfts (§ 138 BGB), die Nichtigkeit eines gesetzeswidrigen Rechtsgeschäfts (§ 134 BGB) oder die Verpflichtung zu einer Leistung nach Treu und Glauben (§ 242 BGB) und insgesamt das Recht der unerlaubten Handlung (§§ 823 ff. BGB). Nach Auffassung der die Gesetzesinitiative tragenden Gruppierungen reicht dieser durch die Vorschriften des BGB gewährte Diskriminierungsschutz nicht aus. Daran ändert es nichts, dass Benachteiligungsverbote bereits im Grundgesetz anklingen (Art. 3 Abs. 3 GG), andererseits stehen gewichtige Grundrechte einer direkten Anwendung von Benachteiligungsverboten entgegen. Hierzu gehören beispielsweise im Gewerbe- und Arbeitsrecht die Berufswahl- und Berufsausübungsfreiheit (Art. 12 GG), die Eigentumsgarantie im Bereich des Miet- und Wohnungsrechts (Art. 14 GG) oder die Glaubens- und Gewissensfreiheit zur Verwirklichung der eigenen religiösen und weltanschaulichen Überzeugungen (Art. 4 Abs. 1 GG).

Deswegen sah sich der **Gesetzgeber** in der Pflicht, die **Balance** zwischen der Privatautonomie und der damit verbundenen grundsätzlichen Uneingeschränktheit der entsprechenden Grundrechte und dem Schutz des wirtschaftlich weniger Mächtigen durch gesetzliche Regelungen herzustellen oder wiederherzustellen. Insofern verwirklichen entsprechende gesetzliche Einschränkungen das allen Bürgern gleichermaßen eingeräumte Recht auf Ausformung der jeweiligen Privatautonomie.

In den Vorschriften des Abschnitt 3 des AGG versucht der Gesetzgeber die gegenläufigen Grundrechtspositionen der Betroffenen zu einem **angemessenen Ausgleich** zu führen. Dabei hält er **differenzierte Lösungen** für geboten. Zugleich sieht sich der Gesetzgeber bei der Gestaltung von AGG-Regelungen im Zivilrecht durch die entsprechenden Regelungen des EG-Vertrages (Art. 13 Abs. 1 EGV) legitimiert.

Die Umsetzung dieser allgemeinen Überlegungen erfolgt in den §§ 19 ff. AGG. Dabei verankert § 19 Abs. 1 ein **allgemeines Diskriminierungsverbot** in der Privatrechtsordnung. Dieses Diskriminierungsverbot beschränkt der Gesetzgeber allerdings auf sog. Massengeschäfte und privatrechtliche Versicherungen. § 20 Abs. 1 S. 1 AGG trägt dem allgemeinen **Rechtsgrundsatz** Rechnung, dass Ungleichbehandlungen durch Vorliegen eines entsprechenden **sachlichen Grundes** erlaubt sein können. § 21 AGG regelt die Rechtsfolgen eines Verstoßes gegen das Benachteiligungsverbot.

6   Die §§ 19 – 21 AGG sind nach Auffassung des Gesetzgebers in der **Tradition** des deutschen Verfassungsrechts und des Rechts der Europäischen Gemeinschaft zu sehen. Ein allgemeines Diskriminierungsverbot in der Privatrechtsordnung ist in § 19 Abs. 1 AGG niedergelegt. Es bezieht sich auf die Begründung, Durchführung und Beendigung von privatrechtlichen Schuldverhältnissen. Dabei bezieht es sich auf sog. **Massengeschäfte** (§ 19 Abs. 1 Nr. 1 AGG) **privatrechtliche Versicherungen** (§ 19 Abs. 1 Nr. 2 AGG).

7   Die Regelung einer zulässigen unterschiedlichen Behandlung ist im Prinzip dann gegeben, wenn ein »**sachlicher Grund**« vorliegt (§ 20 Abs. 1 S. 1 AGG). Damit schafft das Gesetz ein in der Rechtsordnung allgemein bekanntes Gestaltungsmittel, mit dem trotz z. T. sozial sehr erwünschter und akzeptierter Ungleichbehandlungen eine verbotene Diskriminierung vermieden wird. § 20 S. 2 Nr. 1 – 5 AGG erfassen typische Fälle von **Regelbeispielen**, in denen eine Rechtfertigung gegeben ist. Die Rechtsfolgen eines Verstoßes gegen das Benachteiligungsverbot sind in § 21 AGG niedergelegt. Dabei kann der Betroffene Unterlassung, Beseitigung sowie Schadensersatz bzw. Entschädigung verlangen.

8   Der zivilrechtliche Teil des AGG bezieht sich schon von der **Rechtssystematik** her auf die privatrechtlichen Rechtsbeziehungen. Der Bereich des öffentlichen Dienstes ist in seiner hoheitsrechtlichen Funktion nicht betroffen. Allerdings begibt sich die öffentliche Hand zunehmend auch auf das Gebiet des allgemeinen Privatrechts. Dies hängt nicht zuletzt damit zusammen, dass auch ohne Privatisierung im eigentlichen Sinn zunehmend **Privatisierungstendenzen** innerhalb der Tätigkeit der öffentlichen Hand zu bemerken sind. So werden öffentlich-rechtliche Körperschaften teilweise an Modellen der Privatwirtschaft orientiert (vgl. die Bundesagentur für Arbeit mit der teilweise an das Gesellschaftsrecht angelehnten Leitungs- und Organisationsstruktur).

9   Andererseits gewinnt die **Zusammenarbeit** zwischen privaten **Unternehmen** und der öffentlichen Hand (**Public Private Partnership**) immer stärkere Bedeutung. Insofern hat der zivilrechtliche Teil des AGG auch für die privatrechtlichen Tätigkeiten der öffentlichen Hand Auswirkungen. Dies legitimiert eine Behandlung der einschlägigen Vorschriften, auch wenn die Eindringungstiefe etwas geringer und die Ausführungen etwas knapper sind.

10 Die Vorschrift regelt das **zivilrechtliche Benachteiligungsverbot**. Dabei wird in Abs. 1 der sachliche Anwendungsbereich für Benachteiligungen wegen eines in § 1 AGG genannten Gründe bestimmt. Allerdings ist das Merkmal **Weltanschauung nicht enthalten**.

11 Die Anwendung bezieht sich jedoch (nur) auf sog. **Massengeschäfte** (§ 19 Abs 1 Nr. 1 AGG). Diese liegen vor, wenn es sich um Schuldverhältnisse handelt, die »typischerweise ohne Ansehen der Person in einer Vielzahl von Fällen zu gleichen Bedingungen zustande kommen«. Dabei ist von der Sichtweise des Anbieters auszugehen. Die Vorschrift intendiert eine Balance zwischen dem Schutz vor diskriminierenden Verhalten im Privatrechtsverkehr und der gebotenen Wahrung der

§ 19 AGG

Vertragsfreiheit. Es geht also nur um solche Fälle, die häufig auftreten. In aller Regel werden dabei Privatpersonen nicht gemeint sein. Betroffen sind vielmehr der gewerbliche Bereich, aber auch die öffentliche Hand kann bei ihrer Tätigkeit im Gewand des Privatrechts von einem Massengeschäft betroffen sein. Die diesbezüglichen Eingriffe in die »Privatsphäre« sind aus Gründen des öffentlichen Interesses und der strengeren Bindung der **öffentlichen Hand** an gesetzliche und verfassungsrechtliche Vorgaben ohnehin leichter hinzunehmen als in der Privatwirtschaft. So kann der gesamte Bereich der durch die öffentliche Hand erfolgten Dienstleistungen unter dem Gesichtspunkt des § 19 Abs. 1 Nr. 1 AGG relevant werden. Hierzu gehören beispielsweise von der öffentlichen Hand betriebene Anstalt und Einrichtungen (Sporteinrichtungen, Bibliotheken etc.) die typischerweise für die Öffentlichkeit bestimmt sind. Eine Differenzierung nach den verpönten Merkmalen ist also nur dann zulässig, wenn sie wegen eines sachlichen Grundes gerechtfertigt ist (§ 20 AGG).

Nach § 19 Abs. 1 Nr. 2 AGG sind **Privatversicherungen** in den Geltungsbereich des zivilrechtlichen Benachteiligungsverbots einbezogen. Hiervon dürfte der öffentliche Dienst nicht betroffen sein. 12

Der Anwendungsbereich des zivilrechtlichen Benachteiligungsverbots wird im Hinblick auf die Merkmale **Rasse** und **ethnische Herkunft** auf **sämtliche zivilrechtliche Schuldverhältnisse** i. S. d. § 2 Abs. 1 Nr. 5 – 8 AGG erstreckt. Hierzu gehören insbesondere Schuldverhältnisse, die den Zugang zu und die Versorgung mit Gütern und Dienstleistungen zum Gegenstand haben. Erfasst sind hier beispielsweise auch Geschäfte privater Personen, wenn der Vertragsabschluss öffentlich angeboten wird, beispielsweise bei Nutzung öffentlicher Medien, Zeitungen und Internet. 13

Die **Wohnungswirtschaft** ist durch eine **Sonderregelung** in § 19 Abs. 3 AGG betroffen. Dieser enthält insoweit eine Ausnahme von dem Benachteiligungsverbot der vorhergehenden Absätze, als Grundsätzen der sozialen Wohnungspolitik Rechnung getragen werden kann. Dabei wird den Gedanken der **Integration** und der **Diversity** im Zusammenleben verschiedener Kulturen besonders Rechnung getragen. Dies kann beispielsweise dazu führen, dass eine »Ghettoisierung« berücksichtigt wird. Möglicherweise entsteht hier für die Aufgaben der öffentlichen Hand ein Betätigungsfeld, etwa dann, wenn im Eigentum des Staates stehender Wohnraum zur Vermietung vorgesehen ist. Insofern entsprechen diese Grundgedanken auch denen des Wohnraumförderungsgesetzes, dessen Ziel die Schaffung oder der Erhalt sozial stabiler Bewohnerstrukturen und ausgewogener Siedlungsformen sowie ausgeglichener wirtschaftlicher, sozialer und kultureller Verhältnisse ist. 14

Ausgeschlossen von der Anwendung des zivilrechtliche Benachteiligungsverbots sind die Bereiche des **Familien**- und **Erbrechts**. Diese unterscheiden sich grundlegend von den Verträgen des sonstigen Zivilrechts. Ausgenommen aus dem Anwendungsbereich des zivilrechtlichen Benachteiligungsverbots sind gem. § 19 Abs. 5 S. 1 AGG Schuldverhältnisse, die durch ein besonderes **Nähe**- oder **Vertrauensverhältnis** gekennzeichnet sind. Hier geht es um den Schutz der **Privatsphäre** und der **Familienzusammengehörigkeit**. Das besondere Näheverhältnis kann darin zum Ausdruck kommen, dass die Rechtsbeziehung von einer besonderen Bedeutung ist oder dass ein enger und lang andauernder Kontakt der Vertragspartner avisiert ist. In Bezug auf Mietverhältnisse ist als Möglichkeit der Fall auf- 15

79

geführt, in dem Parteien oder ihre Angehörigen Wohnraum auf demselben Grundstück nutzen. Der Begriff »**Angehörige**« erfasst Mitglieder des engeren Familienkreises, zu dem Eltern, Kinder, Ehe- und Lebenspartner sowie Geschwister gehören. Insofern stimmt er im Wesentlich mit § 573 Abs. 1 Nr. 2 BGB überein. Die Anwendung von § 19 Abs. 1 Nr. 1 AGG ist nach § 19 Abs. 5 S. 3 AGG dann kein Massengeschäft, wenn der Vermieter nicht mehr als 50 Wohnungen vermietet. Dabei ist der Schwellenwert von 50 keine unveränderliche Grenze.

§ 20 Zulässige unterschiedliche Behandlung

(1) Eine Verletzung des Benachteiligungsverbots ist nicht gegeben, wenn für eine unterschiedliche Behandlung wegen der Religion, einer Behinderung, des Alters, der sexuellen Identität oder des Geschlechts ein sachlicher Grund vorliegt. Das kann insbesondere der Fall sein, wenn die unterschiedliche Behandlung

1. der Vermeidung von Gefahren, der Verhütung von Schäden oder anderen Zwecken vergleichbarer Art dient,
2. dem Bedürfnis nach Schutz der Intimsphäre oder der persönlichen Sicherheit Rechnung trägt,
3. besondere Vorteile gewährt und ein Interesse an der Durchsetzung der Gleichbehandlung fehlt,
4. an die Religion eines Menschen anknüpft und im Hinblick auf die Ausübung der Religionsfreiheit oder auf das Selbstbestimmungsrecht der Religionsgemeinschaften, der ihnen zugeordneten Einrichtungen ohne Rücksicht auf ihre Rechtsform sowie der Vereinigungen, die sich die gemeinschaftliche Pflege einer Religion zur Aufgabe machen, unter Beachtung des jeweiligen Selbstverständnisses gerechtfertigt ist.

(2) Eine unterschiedliche Behandlung wegen des Geschlechts ist im Falle des § 19 Abs. 1 Nr. 2 bei den Prämien oder Leistungen nur zulässig, wenn dessen Berücksichtigung bei einer auf relevanten und genauen versicherungsmathematischen und statistischen Daten beruhenden Risikobewertung ein bestimmender Faktor ist. Kosten im Zusammenhang mit Schwangerschaft und Mutterschaft dürfen auf keinen Fall zu unterschiedlichen Prämien oder Leistungen führen. Eine unterschiedliche Behandlung wegen der Religion, einer Behinderung, des Alters oder der sexuellen Identität ist im Falle des § 19 Abs. 1 Nr. 2 nur zulässig, wenn diese auf anerkannten Prinzipien risikoadäquater Kalkulation beruht, insbesondere auf einer versicherungsmathematisch ermittelten Risikobewertung unter Heranziehung statistischer Erhebungen.

1 Die Regelung betrifft die **zulässigen unterschiedlichen Behandlungen** wegen eines der in § 20 Abs. 1 S. 1 AGG genannten Merkmale. Dabei ist durch die im Rahmen der Änderung des Betriebsrentengesetzes erfolgte Gesetzesänderung der Begriff der Weltanschauung weggefallen. Die Vorschrift hat den Charakter eines **Rechtfertigungsgrundes**. Dies bedeutet für die Betroffenen, dass sie nach allge-

meinen prozessualen Grundsätzen die Zulässigkeit einer unterschiedlichen Behandlung darlegen und beweisen müssen. Dies wird im Bereich der mittelbaren Benachteiligung (§ 3 Abs. 2 AGG) bereits auf der Ebene des Tatbestands geklärt werden, so dass hierbei die Anwendung des § 20 AGG häufig entfallen wird. Rasse und ethnische Herkunft sind ohnehin der Rechtfertigung durch einen sachlichen Grund entzogen (§ 19 Abs. 2 AGG). Mit dieser Öffnung und Rechtfertigung des Benachteiligungsverbots soll berechtigten Interessen und Wünschen Rechnung getragen werden. Hierzu kann beispielsweise eine Regelung gehören, die Güter und Dienstleistungen ausschließlich oder vorwiegend für die Angehörigen eines Geschlechts bereitstellt, wenn dies aus Schutzgründen sinnvoll ist.

Die **Regelbeispiele** in § 20 Abs. 1 Nr. 1 – 5 AGG werden eine große Anzahl der in der Praxis auftretenden Fälle betreffen. Zu ihnen zählt die Vermeidung von Gefahren, die Verhütung von Schäden oder andere Zwecke vergleichbarer Art (§ 20 Abs. 1 S. 2. Nr. 1 AGG). Außerdem kann ein sachlicher Grund vorliegen, wenn »dem Bedürfnis nach Schutz der Intimsphäre oder der persönlichen Sicherheit« Rechnung getragen wird (§ 20 Abs. 1 S. 2 Nr. 2 AGG). Des Weiteren werden Situationen erfasst, in denen von einem bestimmten Merkmal Betroffenen ein besonderer Vorteil gewährt wird und bei denen ein Interesse an der Durchsetzung der Gleichbehandlung fehlt. Als Beispiel ist die Bevorzugung von Schwerbehinderten durch Einräumen eines Sitzplatzes zu nennen. Die Grenze dieses Rechtfertigungsgrundes ist allerdings dort erreicht, wo die Vorteilsgewährung sich als verkappte Diskriminierung entpuppt. 2

§ 20 Abs. 1 Nr. 4 AGG führt den in § 9 AGG behandelten **Grundgedanken** fort, nachdem den Religionsgemeinschaften und den ihnen zugeordneten Einrichtungen eine gewisse Freiheit bei der Ordnung und Verwaltung ihrer Angelegenheiten zugesichert wird. 3

§ 20 Abs. 2 AGG enthält eine besondere Bestimmung für **private Versicherungsverträge** nach § 19 Abs. 1 Nr. 2 AGG. Hier ist geregelt, unter welchen besonderen Voraussetzungen eine **unterschiedliche Behandlung** wegen des Geschlechts **zulässig** ist. Dabei werden insbesondere die Kosten im Zusammenhang mit Schwangerschaft und Mutterschaft als sachliche Gründe ausgeschlossen. § 20 Abs. 2 S. 3 AGG überträgt ähnliche Prinzipien auf weitere Merkmale. 4

§ 21 Ansprüche

(1) Der Benachteiligte kann bei einem Verstoß gegen das Benachteiligungsverbot unbeschadet weiterer Ansprüche die Beseitigung der Beeinträchtigung verlangen. Sind weitere Beeinträchtigungen zu besorgen, so kann er auf Unterlassung klagen.

(2) Bei einer Verletzung des Benachteiligungsverbots ist der Benachteiligende verpflichtet, den hierdurch entstandenen Schaden zu ersetzen. Dies gilt nicht, wenn der Benachteiligende die Pflichtverletzung nicht zu vertreten hat. Wegen eines Schadens, der nicht Vermögensschaden ist, kann der Benachteiligte eine angemessene Entschädigung in Geld verlangen.

(3) Ansprüche aus unerlaubter Handlung bleiben unberührt.

(4) Auf eine Vereinbarung, die von dem Benachteiligungsverbot abweicht, kann sich der Benachteiligende nicht berufen.

(5) Ein Anspruch nach den Absätzen 1 und 2 muss innerhalb einer Frist von zwei Monaten geltend gemacht werden. Nach Ablauf der Frist kann der Anspruch nur geltend gemacht werden, wenn der Benachteiligte ohne Verschulden an der Einhaltung der Frist verhindert war.

I. Allgemeines

1   In der Vorschrift werden **Ansprüche** bzw. **Rechtsfolgen** bei einem Verstoß gegen das zivilrechtliche Benachteiligungsverbot geregelt. Gegenüber den allgemeinen Vorschriften des bürgerlichen Rechts ist § 21 AGG lex specialis. Insofern nimmt die Vorschrift einen eigenen Platz innerhalb der Privatrechtsordnung ein.

2   Als Primäranspruch behandelt § 21 Abs. 1 AGG den **Beseitigungsanspruch**. Soweit Besorgnis weiterer Beeinträchtigungen besteht, hat der Betroffene einen **Unterlassungsanspruch** (§ 21 Abs. 1 S. 2 AGG). Dies entspricht den Grundsätzen des Schuldrechts und seiner Unterscheidung in Primär- und Sekundäransprüche.

3   Die Sekundäransprüche (Schadensersatz materieller Schäden sowie Entschädigung für Nichtvermögensschäden) sind in § 21 Abs. 2 AGG näher ausgeführt. Dabei ist das **Verschuldensprinzip** verankert (§ 21 Abs. 2 S. 1 AGG).

4   Ansprüche aus **unerlaubter Handlung** (§§ 823 ff. BGB) bleiben unberührt (§ 21 Abs. 3 AGG).

5   Unbeachtlich sind **Vereinbarungen**, die dem Benachteiligungsverbot widersprechen (§ 21 Abs. 4 AGG). Eine Berufung auf eine solche Vereinbarung ist dem Benachteiligenden verwehrt. Ansprüche nach § 21 Abs. 1 und 2 AGG müssen innerhalb einer Frist von 3 Monaten nach Entstehung des Anspruchs geltend gemacht werden (§ 21 Abs. 5 S. 1 AGG).

6   Mit dieser Regelung hat der deutsche Gesetzgeber die Grundgedanken der Antirassismusrichtlinie und der Gleichbehandlungsrichtlinie umgesetzt. Dabei besteht ein gewisser Spielraum in der Entscheidung der jeweiligen Mitgliedstaaten über die Rechtsfolgen von Verstößen gegen das Benachteiligungsverbot. Nach der Rechtsprechung des EuGH müssen die Sanktionen jedoch wirksam, verhältnismäßig und abschreckend sein (vgl. EuGH, Rs. 14/83 vom 10.04.1984 – v. Colson und Kamann). Damit wird der Verhältnismäßigkeitsgrundsatz beachtet, der es erfordert, dass der Schadensersatz über einen symbolischen Wert hinaus geht und den erlittenen Schaden angemessen ersetzt.

7   Die Ansprüche nach § 21 AGG stehen in Einklang mit den allgemeinen Prinzipien des Schadensersatzrechts in Deutschland.

II. Einzelheiten

Der Beseitigungsanspruch nach § 21 Abs. 1 S. 1 AGG setzt einen **objektiven Verstoß** gegen das Benachteiligungsverbot voraus, ohne dass es auf ein Verschulden ankäme. Entsprechendes gilt bei Wiederholungsgefahr für den Unterlassungsanspruch. Nötig ist allerdings, dass eine bevorstehende Benachteiligung konkret droht. Verdachtsmomente in dieser Richtung allein genügen nicht. 8

Der **Schadensersatzanspruch** nach § 21 Abs. 2 S. 1 AGG richtet sich gegen den Benachteiligenden. Gleiches gilt für den Entschädigungsanspruch bei Nichtvermögensschäden. Die Vorschrift entspricht dem **Verschuldensprinzip**, so dass nur die vorsätzliche oder fahrlässige Benachteiligung den Anspruch begründet. Die allgemeinen Schadensersatzvorschriften (§ 280 BGB) kommen ggf. neben der Anspruchsgrundlage aus § 21 Abs. 2 AGG in Betracht. 9

Die Beweisführung, insbesondere die **Beweislastverteilung** richtet sich nach § 22 AGG. Die Feststellung des Verschuldens allerdings folgt den allgemeinen vertraglichen Regeln. 10

Der **immaterielle Schaden** führt zu einem entsprechenden Entschädigungsanspruch für den Benachteiligten (§ 21 Abs. 2 S. 3 AGG). Der Entschädigungsanspruch richtet sich auf Geld. Bei der Bemessung der Höhe der Entschädigung ist die Schwere der Verletzung des Persönlichkeitsrechts, dessen Ausdruck der in § 1 AGG genannte Kriterienkatalog darstellt, besonders zu berücksichtigen. Es steht zu erwarten, dass wie in der entsprechenden Judikatur zu anderen Entschädigungsansprüchen sich eine Kasuistik entwickeln wird, die zu gewissen »Sätzen« führen kann. Dabei soll der Gesichtspunkt der Genugtuung rechtspolitisch im Mittelpunkt stehen. Letztlich werden jedoch nur schwerwiegende Persönlichkeitsrechtsverletzungen in Betracht kommen. 11

Zu den Ansprüchen aus § 21 AGG können solche aus unerlaubter Handlung in **Anspruchskonkurrenz** stehen. Wegen der Beweiserleichterung für den Benachteiligten durch § 22 AGG wird jedoch in der Praxis ein Schadensersatzanspruch hieraus den entsprechenden Ansprüchen aus unerlaubter Handlung vorzuziehen sein. Dort kommt jedoch eine Verletzung des allgemeinen Persönlichkeitsrechts (§ 823 Abs. 1 BGB) oder die Verletzung eines Schutzgesetzes i. S. d. § 823 Abs. 2 BGB in Betracht. 12

Diskriminierende Vertragsabreden bringen für den Benachteiligten in juristischer Hinsicht nichts. Er kann sich nicht auf eine solche Vereinbarung berufen. Insofern ist § 139 BGB (Teilnichtigkeit) ausgeschlossen. Dies erhält das Schuldverhältnis in vom Diskriminierungstatbestand gereinigter Form und verweist den Benachteiligten nicht lediglich auf die Rückabwicklung des Vertrags. 13

Als **Frist** für die Geltendmachung von Ansprüchen nach § 21 Abs. 1 und 2 AGG werden 3 Monate genannt. Mit dieser eher mittellangen Frist werden sowohl die Interessen des Benachteiligten wie auch die des »Täters« angemessen berücksichtigt. Die Vorschrift dient insofern der Rechtssicherheit. Bei der Frist geht es um eine gesetzliche Ausschlussfrist. 14

Abschnitt 4
Rechtschutz

§ 22 Beweislast

Wenn im Streitfall die eine Partei Indizien beweist, die eine Benachteiligung wegen eines in § 1 genannten Grundes vermuten lassen, trägt die andere Partei die Beweislast dafür, dass kein Verstoß gegen die Bestimmungen zum Schutz vor Benachteiligung vorgelegen hat.

1. Die Vorschrift stellt **Grundsätze** für die Beweislast in Diskriminierungsfällen auf. Sie enthält ein abgestuftes Verfahren. Dabei wollte der Gesetzgeber zunächst die Beweislast des betroffenen Benachteiligten darauf beschränken, dass er einen Verstoß gegen das Diskriminierungsverbot »glaubhaft« macht. Mit einer solchen Formulierung wäre entsprechenden Verfahren Tür und Tor geöffnet worden, weil zur Glaubhaftmachung nur ein relativ geringer Beweisaufwand nötig ist. Nunmehr hat der Gesetzgeber den Wortlaut der Vorschrift geändert. Danach muss der Benachteiligte »Indizien beweisen«, aufgrund derer sich eine Benachteiligung aufgrund eines der in § 1 AGG genannten Gründe vermuten lässt. Erscheint das Verhalten des Täters prima facie diskriminierend (**Vermutung**) so **kehrt** sich die Beweislast **um**. Dabei wird den unterschiedlichen Einflussbereichen der betroffenen Rechnung getragen.

2. Für die **unzulässige Behandlung** gegenüber einer anderen Person ist der Benachteiligte voll beweispflichtig. Darüber hinaus trägt er die Beweislast für **Vermutungstatsachen**, aus denen sich schließen lässt, dass eine wegen Verstoßes gegen § 1 AGG unzulässige Benachteiligung vorliegt. Hier wird sich in Zukunft eine erhebliche Judikatur herausstellen, nach der die Beweismaßstäbe leichter zu konkretisieren sein werden. Anhaltspunkte können sich beispielsweise aus entsprechenden Stellenausschreibungen ergeben.

3. An die Beweispflicht im Hinblick auf die Vermutungstatsachen sind allerdings **keine** allzu **strengen Maßstäbe** anzulegen. Dabei soll es nach der Rechtsprechung genügen, wenn das Gericht das Vorliegen der Vermutungstatsachen für **überwiegend wahrscheinlich** hält (BAG 05.02.2004 – 8 AZR 112/03 – NJW 2004, 2112). Falls die Vermutungstatsachen genügend Anlass für eine unzulässige unterschiedliche Behandlung bieten, muss der Benachteiligende in vollem Umfang beweisen, dass kein Verstoß gegen das Benachteiligungsverbot vorliegt. Dabei geht es im Wesentlichen um Rechtfertigungsgründe. Dies wird allerdings nur die Fälle der unmittelbaren und mittelbaren Benachteiligung betreffen, weil bei einer Belästigung oder sexuellen Belästigung eine Rechtfertigung nicht in Betracht kommt.

4. Die Beweislast auf Seiten des Arbeitgebers (Benachteiligender) bringt es mit sich, dass dem Arbeitgeber anzuraten ist, sich um die **Dokumentation** der genauen Umstände zu bemühen. Dies gilt für **alle Phasen** des beruflichen Werdeganges, von der Einstellung bis zum Ruhestand.

5. Mit dieser **Beweislastverteilung** hat der Gesetzgeber eine Regelung getroffen, deren **Praktikabilität** sich allerdings erst in der Zukunft erweisen wird.

§ 23 Unterstützung durch Antidiskriminierungsverbände

(1) Antidiskriminierungsverbände sind Personenzusammenschlüsse, die nicht gewerbsmäßig und nicht nur vorübergehend entsprechend ihrer Satzung die besonderen Interessen von benachteiligten Personen oder Personengruppen nach Maßgabe von § 1 wahrnehmen. Die Befugnisse nach den Absätzen 2 bis 4 stehen ihnen zu, wenn sie mindestens 75 Mitglieder haben oder einen Zusammenschluss aus mindestens sieben Verbänden bilden.

(2) Antidiskriminierungsverbände sind befugt, im Rahmen ihres Satzungszwecks in gerichtlichen Verfahren, in denen eine Vertretung durch Anwälte und Anwältinnen nicht gesetzlich vorgeschrieben ist, als Beistände Benachteiligter in der Verhandlung aufzutreten. Im Übrigen bleiben die Vorschriften der Verfahrensordnungen, insbesondere diejenigen, nach denen Beiständen weiterer Vortrag untersagt werden kann, unberührt.

(3) Antidiskriminierungsverbänden ist im Rahmen ihres Satzungszwecks die Besorgung von Rechtsangelegenheiten Benachteiligter gestattet.

(4) Besondere Klagerechte und Vertretungsbefugnisse von Verbänden zu Gunsten von behinderten Menschen bleiben unberührt.

Bei der Vorschrift geht es um die **Mitwirkung** von Antidiskriminierungsverbänden. Die Vorschrift gehört zu den **umstrittenen Regelungen** des AGG. Insbesondere auf Arbeitgeberseite wird vermutet, dass die verstärkte Beteiligung der Antidiskriminierungsverbände zur Professionalisierung der entsprechenden Rechtsstreitigkeiten führen wird und dass die Gefahr der Kommerzialisierung nicht auszuschließen ist. 1

Dabei ist schon von der **Legaldefinition** des Begriffs »Antidiskriminierungsverband« versucht worden, Missbräuche von vornherein zu verhindern. Vor allem ist die gewerbsmäßige Ausübung verboten. Gleiches gilt für die nur vorübergehende Bildung eines solchen Verbandes. 2

Hinsichtlich der Personenzahl ist in § 23 Abs. 1 S. 2 AGG ein **Quorum** von mindestens 75 Mitgliedern oder ein Zusammenschluss von mindestens 7 Verbänden gefordert. 3

Die Ausprägung der **Rechte** der Antidiskriminierungsverbände war von Anfang an problematisch. Dabei wurde in der Fassung des AGG ein **Kompromiss** erzielt. Der Verzicht auf ein zentrales Anerkennungsverfahren wird durch die Größe des Personalzusammenschlusses kompensiert. 4

Die **Befugnisse** der Antidiskriminierungsverbände gelten nur dort, wo eine Vertretung durch die Anwaltschaft nicht gesetzlich vorgeschrieben ist. Damit ist der von der Anwaltschaft befürchtete Einbruch in das Vertretungsprivileg nicht vorgenommen worden. Ein weiterer Prüfungsmaßstab ist der **Satzungszweck** des Antidiskriminierungsverbands. Nur bei entsprechender Formulierung kommt eine Interessenswahrnehmung in Betracht. Die Verbände sind berechtigt, als **Beistand** der Benachteiligten in der Verhandlung aufzutreten. 5

Allerdings sind Antidiskriminierungsverbände vom Verbot der außergerichtlichen und gerichtlichen **Rechtsberatung** und der »Besorgung von Rechtsangelegenheiten« freigestellt (§ 22 Abs. 3 AGG). Insgesamt wird die zurzeit heftig geführte Diskussion um die Stellung der Anwaltschaft und ihr monopolartiges Vertretungsrecht in Rechtsstreitigkeiten auch an der Stellung der Antidiskriminierungsverbände nicht vorbeigehen.

Klargestellt wird auch, dass zugunsten von **behinderten Menschen** bestehende Klagerechte und Vertretungsbefugnisse durch das AGG nicht berührt werden.

Unbeschadet der besonderen Regelungen der Interessensvertretung in § 23 AGG haben die Verbände die Möglichkeit, **organisationell** für die möglichst beste **Interessensvertretung** ihres Klientel zu sorgen. Hierzu gehört die Zusammenarbeit mit spezialisierten Anwälten, durch die eine faktische Mitwirkung der Antidiskriminierungsverbände in der konkreten Rechtssache gesichert wird.

Einschlägig ist auch das Unterlassungsklagengesetz (**UKlaG**) oder das Gesetz gegen den unlauteren Wettbewerb (**UWG**). Diese zusätzlichen Klage- und Vertretungsrechte werden durch das AGG nicht berührt; dortige Standards werden nicht abgesenkt.

Abschnitt 5
Sonderregelungen für öffentlich-rechtliche
Dienstverhältnisse

§ 24 Sonderregelung für öffentlich-rechtliche Dienstverhältnisse

Die Vorschriften dieses Gesetzes gelten unter Berücksichtigung ihrer besonderen Rechtsstellung entsprechend für
1. **Beamtinnen und Beamte des Bundes, der Länder, der Gemeinden, der Gemeindeverbände sowie der sonstigen der Aufsicht des Bundes oder eines Landes unterstehenden Körperschaften, Anstalten und Stiftungen des öffentlichen Rechts,**
2. **Richterinnen und Richter des Bundes und der Länder,**
3. **Zivildienstleistende sowie anerkannte Kriegsdienstverweigerer, soweit ihre Heranziehung zum Zivildienst betroffen ist.**

I. Allgemeines

1 Die Vorschrift stellt einerseits eine gewisse Reverenz vor dem **deutschen** nationalen **Recht** dar, andererseits respektiert sie die **europarechtlichen Vorgaben**. Das deutsche Recht differenziert entsprechend einer langen Tradition zwischen Arbeitsverhältnissen und Beschäftigungsverhältnissen öffentlich-rechtlicher Art. Zu letzteren gehören insbesondere die **Beamten**. Der öffentlich-rechtliche Aspekt unterwirft den Personenkreis der Beschäftigten spezifischen Rechtsregeln. Diese sind

§ 24 AGG

einerseits dadurch gekennzeichnet, dass öffentlich-rechtliche Dienstverhältnisse, soweit sie Beamtenverhältnisse sind, als besondere **Dienst- und Treueverhältnisse** verstanden werden (Art. 33 Abs. 4 GG), die sich von »normalen« Arbeitsverhältnissen unterscheiden. Hieraus wird allgemein eine größere Einschränkungsmöglichkeit von Rechten und Freiheiten gefolgert, wobei insbesondere die »**hergebrachten Grundsätze** des Berufsbeamtentums« (Art. 33 Abs. 5 GG) als Legitimationsbasis herangezogen werden.

Europarechtlich greift diese Differenzierung allerdings nicht weit. Dies rührt vor allem daher, dass in Europa besondere Dienstverhältnisse kaum anerkannt werden. Ähnliche Konstrukte wie im deutschen Recht finden sich nur im österreichischen. Der Bereich der »civil servants« ist in anderen Rechtsordnungen entweder nicht existent oder deutlich enger gefasst. Aus diesem Grunde werden die »normalen« Beamten europarechtlich als Arbeitnehmer anzusehen sein. Da im deutschen Recht der Begriff Arbeitnehmer auf privatrechtlich organisierte Rechtsverhältnisse konzentriert ist, wird der Arbeitnehmerbegriff im AGG konsequenterweise durch den Begriff »Beschäftigte« ersetzt. Zu den Beschäftigten i. d. S. zählen auch Beamte. 2

Insofern stellt § 24 AGG klar, dass die **Regelungen** des AGG **auch** für **öffentlich-rechtliche Dienstverhältnisse** gelten. Damit entspricht das AGG den europarechtlichen Vorgaben. Zugleich hat der Gesetzgeber eine völlige Einbeziehung der besonderen Personengruppen (Beamte, Richter, Zivildienstleistende) unter den Beschäftigtenbegriff i. S. d. § 6 AGG nicht vornehmen wollen. Dies sollte augenscheinlich der besonderen **verfassungsrechtlichen Lage** (Art. 33 Abs. 5 GG: »Berücksichtigung der hergebrachten Grundsätze des Berufsbeamtentums«) dienen. 3

Zu fragen ist allerdings, inwieweit eine entsprechende **Einschränkung** durch das AGG gegebenen Rechte oder der dem Arbeitgeber/Dienstherrn auferlegten Pflichten aus dem Gesichtspunkt der hergebrachten Grundsätze des Berufsbeamtentums ein entsprechender Raum eingerichtet werden muss. 4

Die Herausnahme der genannten Personengruppen kann sich nach der Intention der europäischen Richtlinien und ihre Umsetzung durch das AGG nur auf **Ausnahmefälle** beschränken. Diese müssen im Einzelnen und im konkreten Fall legitimiert sein. Eine ganz grundsätzliche Herausnahme etwa der Beamten aus dem Geltungsbereich des AGG und damit die Verweigerung der im AGG eingeräumten Schutzpositionen und Rechte für die betroffenen Beschäftigten wäre indessen unzulässig. 5

Nach hier vertretener Auffassung hat darüber hinaus das AGG im Bereich des öffentlichen Dienstes, d. h. im Wesentlichen im Bereich der durch § 24 AGG besonders geschützten Personengruppen Auswirkungen in doppelter Hinsicht (»**Doppelwirkung**«). Wie bei übrigen Beschäftigten gelten die Vorschriften des AGG – evtl. mit der aus Art. 33 Abs. 5 GG etc. legitimierten Ausnahme – für den gesamten **Innenbereich**. Dies bedeutet, dass Pflichten und Rechte, institutionelle Einrichtungen und die allgemeinen Grundsätze auch im Bereich der in einem öffentlich-rechtlichen Dienstverhältnis Beschäftigten Geltung besitzen müssen. 6

§ 24 AGG

7   Darüber hinaus hat jedoch das AGG **direkte Auswirkungen** auch für die Behandlung des »**Außenbereichs**«, d. h. des Umgangs der Beschäftigten des öffentlichen Dienstes mit ihren jeweiligen »Kunden«. Dies ist an anderer Stelle ausführlich erläutert worden (vgl. Einführung e) Rn. 38 ff.). In diesem Bereich gelten nach hier vertretener Auffassung nicht nur die Richtlinien der EU unmittelbar; vielmehr finden infolge der Gesetzesbindung des gesamten öffentlichen Dienstes die Vorschriften auch des AGG direkte Anwendung für den Kontakt des öffentlichen Dienstes mit den betroffenen Bürgern. Der in § 2 AGG angeführte Katalog der sachlichen Anwendungsbereiche verdeutlicht dies dadurch, dass u. a. das Bildungswesen, die Berufsberatung, soziale Vergünstigungen etc. unter den sachlichen Anwendungsbereich des AGG explizit gerechnet werden.

II. Einzelheiten

1. Grundsätzliche Geltung des AGG

8   Aus dem vorher Gesagten wird deutlich, dass im Prinzip die Vorschriften des AGG nicht nur im **Innenbereich**, d. h. im Rechtsverhältnis des öffentlichen Arbeitgebers/Dienstherr zu seinen Beschäftigten, sondern auch im »**Außenbereich**«, d. h. im Kundenkontakt, unmittelbar Anwendung finden.

9   Ob Letzteres den Intentionen der Gesetzgebungsinitiatoren entspricht, kann angesichts der klaren Rechtssystematik und des Wortlauts der jeweiligen Vorschriften dahingestellt bleiben. Die innere **Legitimation** spricht ohnehin für die hier vertretene Rechtsauffassung.

2. Ausnahmen

10 **Einschränkungen** und Ausnahmen von dem soeben genannten Grundsatz müssen besonders auf ihre sachliche und formale Legitimation abgeprüft werden. Dabei ist im Übrigen nach den in den Nr. 1 – 3 genannten Beschäftigtengruppen zu differenzieren. Eine ausdrückliche Änderung erfährt § 8 Abs. 1 BBG (vgl. Art. 3 [5]) hinsichtlich des Bewerbungsverfahrens.

11 Die Auffassung, das **Leistungsverweigerungsrecht** gelte für Beschäftigte des öffentlichen Dienstes nicht, wie sie in der amtlichen Begründung geäußert wurde, ist auch im Hinblick auf die dort gewählte Einschränkung »soweit im Einzelfall dienstliche Belange entgegenstehen« nicht überzeugend. Gerade das Leistungsverweigerungsrecht (§ 14 AGG) ist ein wichtiges **Gestaltungsmittel** der Beschäftigten, auf ein diskriminierungsfreies Verhalten der Vorgesetzten zu reagieren und damit ein diskriminierungsfreies Umfeld herzustellen. Eine Einschränkung im Hinblick auf Arbeitnehmer des öffentlichen Dienstes erscheint deswegen auch dogmatisch nicht gerechtfertigt. Das Entgegenstehen von dienstlichen Belangen verfängt nicht. Der **öffentliche Dienst** ist zum großen Teil bereits zum »**Dienstleister**« geworden; er unterscheidet sich insofern kaum noch von der Privatwirtschaft. In kollektiver Hinsicht haben die Beschäftigten des öffentlichen Dienstes, soweit sie Arbeitnehmer sind, die gleichen Rechte wie die Arbeitnehmer der Privatwirt-

schaft. Dies gilt auch im Hinblick auf das Streikrecht. Gleiches hat im Individualbereich zu gelten. Ein Verstoß des Arbeitgebers im öffentlichen Dienst kann ebenso wenig unsanktioniert bleiben wie in der Privatwirtschaft. Angesichts der weniger starken Profitorientierung des öffentlichen Dienstes ist eine maßstabsgleiche Anwendung nicht nur rechtspolitisch sinnvoll, sondern auch rechtsdogmatisch unausweichlich.

Etwas Anderes kann nur für die in § 24 Nrn. 1 – 3 AGG genannten **Personengruppen** gelten. Hierzu bedarf es allerdings auch einer inneren Legitimation. Ein Leistungsverweigerungsrecht könnte allenfalls bei Beamten in Frage gestellt werden, weil sich dort nach bislang h. L. das **Streikverbot** für **Beamte** durchgesetzt hat. Dies betrifft allerdings nur kollektive Aktionen und die Teilnahme Einzelner an solchen vom Kollektiv organisierten Handlungen. Im individuellen Bereich gelten die hergebrachten Grundsätze des Berufsbeamtentums – hier die gesteigerte Dienst- und Treueverpflichtung – zwar auch, allerdings ist jedoch eine verfassungsrechtliche Überprüfung nötig. Wenn das AGG Einzelberechtigungen für Beschäftigte auswirft, so geschieht das im klaren Blick auf die bestehende Rechtslage. Außerhalb der Einschränkung des § 24 AGG »unter Berücksichtigung ihrer besonderen Rechtsstellung« liegende **Beschränkungen** sind damit **unzulässig**. Der grundsätzliche Ausschluss eines Leistungsverweigerungsrechts wäre ein klarer Gesetzesverstoß. Ein Abweichen hiervon unter dem Blickwinkel des § 24 AGG bedarf also besonderer sachlicher Legitimation, ansonsten erscheint sie wenig zielführend.

12

3. Betroffener Personenkreis

In Nr. 1 werden Beamtinnen und Beamten des Bundes, der Länder, der Gemeinde, der Gemeindeverbände sowie der sonstigen der Aufsicht des Bundes oder eines Landes unterstehenden Körperschaften, Anstalten und Stiftungen des öffentlichen Rechts verstanden. Hierbei gibt es kaum Abgrenzungsprobleme. Der **Beamtenbegriff** ist relativ eindeutig im statusrechtlichen Sinne zu konturieren.

13

Von der beruflichen Definition her ähnlich einfach ist die Umschreibung des Begriffes »**Richter**«. Dabei ist allenfalls zu fragen, ob unter dem Begriff nur Richterinnen und Richter im engeren begrifflichen Sinn gemeint sind, d. h. Berufsrichter oder ob sich die Umschreibung des Begriffes auch auf **ehrenamtliche Richter**, wie Schöffen etc. erstreckt. Letzteres wird im Hinblick auf eine teleologische Auslegung des AGG befürwortet.

14

Die in Nr. 3 betroffenen **Kriegsdienstverweigerer** und **Zivildienstleistenden** sind ebenfalls begrifflich leicht eingrenzbar. Etwas fraglich ist die Formulierung in § 24 Nr. 3 »soweit ihre Heranziehung zum Zivildienst betroffen ist«. Dies ist offenkundig ein – evtl. überflüssiges Detaillisieren; es stellt immerhin klar, dass die besondere Rechtsstellung des Kriegsdienstverweigerers oder Zivildienstleistenden dort gegeben ist, wo sie mit einer Verbindung zum Zivildienst besteht. Die Formulierung der Nr. 3 ist insgesamt nicht besonders glücklich und könnte zu Diskussionen beitragen.

15

Abschnitt 6
Antidiskriminierungsstelle

§ 25 Antidiskriminierungsstelle des Bundes

(1) Beim Bundesministerium für Familie, Senioren, Frauen und Jugend wird unbeschadet der Zuständigkeit der Beauftragten des Deutschen Bundestages oder der Bundesregierung die Stelle des Bundes zum Schutz vor Benachteiligungen wegen eines in § 1 genannten Grundes (Antidiskriminierungsstelle des Bundes) errichtet.

(2) Der Antidiskriminierungsstelle des Bundes ist die für die Erfüllung ihrer Aufgaben notwendige Personal- und Sachausstattung zur Verfügung zu stellen. Sie ist im Einzelplan des Bundesministeriums für Familie, Senioren, Frauen und Jugend in einem eigenen Kapitel auszuweisen.

1 Die §§ 25 – 30 AGG regeln die Einrichtung einer **Bundesbehörde** zur Verhinderung und Beseitigung von Benachteiligungen wegen der in § 1 AGG genannten Gründe im Geltungsbereich des AGG. Die **Institutionalisierung** von mit den Intentionen des Gesetzes beschäftigten Stellen gehört zu den als notwendig erkannten Reaktionen und Gestaltungen für gesetzliche Innovationen. Dies mag im Einzelnen kritisiert werden. Vor allem wird der **Vorwurf** der **Bürokratisierung** gemacht. Dies ist allerdings zu pauschal. Wo Institutionen geschaffen werden, die im Recht nicht bekannt sind, sollte damit ein Signal gesetzt werden. Die **personelle** und **sächliche Ausstattung** solcher Stellen dient nicht zuletzt dazu, dem hinter der Institutionalisierung stehenden Gedanken Nachdruck und Substanz zu verleihen. Ansonsten bleibt es häufig bei einem reinen Lippenbekenntnis. Allerdings hat die Institutionalisierung auch Nachteile: Sie vermehrt die Bürokratie und schafft bisweilen nur im verwaltungsinternen Bereich Zufriedenheit.

2 Die **europäischen Vorgaben** erfordern allerdings die Einrichtung einer solchen Stelle. Nach den Richtlinien soll »deren Aufgabe darin bestehen, die Verwirklichung der Gleichbehandlung aller Personen ohne Diskriminierung ... zu fördern, zu analysieren, zu beobachten und zu unterstützen«. Der deutsche Gesetzgeber hat die diesbezüglichen Richtlinien nicht nur umgesetzt, sondern ausgeweitet. Er hat damit Vorkehrungen getroffen, die geeignet sind, das Ziel eines diskriminierungsfreien Umfelds durch institutionelle Maßnahmen zu unterstützen.

3 Die **Antidiskriminierungsstelle** ist beim Bundesministerium für Familie, Senioren, Frauen und Jugendlichen (BMFSFJ) angesiedelt. Auf die Adressen etc. wird an anderer Stelle hingewiesen. Von einer Übererfüllung der Vorgaben des europäischen Rechts zu sprechen, erscheint nicht ganz zutreffend. Durch die Einrichtung einer solchen Stelle wird die notwendige Personal- und Sachausstattung gewährleistet. Die **Zuordnung** zum Bundesministerium für Familie, Senioren, Frauen und Jugendlichen trifft den Schwerpunkt der Tätigkeit einer solchen Stelle und die wesentlichen Kriterien des § 1 AGG. Dabei ist die **Beratung** ein avisierter Fokus der Tätigkeit. Es wird darum gehen, die Betroffenen hinsichtlich der neuen Rechte aufzuklären und bei der Geltendmachung ihrer Rechte zu **unterstützen**. Dabei

stellt die Neuregelung durch das AGG eine Veränderung der bisherigen Rechtslage dar, die der Transformation in das individuelle und kollektive Bewusstsein der Betroffenen bedarf.

Auf die Problematik der Überbürokratisierung durch Schaffung neuer Stellen ist hinzuweisen. Es ist deswegen zu fragen, ob die Zuordnung der Stelle zum entsprechenden Ministerium tatsächlich geeignet ist, »bürokratischer Mehraufwand, Aufgabenüberschneidungen und Doppelzuständigkeiten«. Die Zuweisung eines eigenen **Budgets** spricht für die **Unabhängigkeit** der mittlerweile errichteten Stellen. 4

§ 26 Rechtsstellung der Leitung der Antidiskriminierungsstelle des Bundes

(1) Die Bundesministerin oder der Bundesminister für Familie, Senioren, Frauen und Jugend ernennt auf Vorschlag der Bundesregierung eine Person zur Leitung der Antidiskriminierungsstelle des Bundes. Sie steht nach Maßgabe dieses Gesetzes in einem öffentlich-rechtlichen Amtsverhältnis zum Bund. Sie ist in Ausübung ihres Amtes unabhängig und nur dem Gesetz unterworfen.

(2) Das Amtsverhältnis beginnt mit der Aushändigung der Urkunde über die Ernennung durch die Bundesministerin oder den Bundesminister für Familie, Senioren, Frauen und Jugend.

(3) Das Amtsverhältnis endet außer durch Tod

1. mit dem Zusammentreten eines neuen Bundestages,
2. durch Ablauf der Amtszeit mit Erreichen der Altersgrenze nach § 41 Abs. 1 des Bundesbeamtengesetzes,
3. mit der Entlassung.

Die Bundesministerin oder der Bundesminister für Familie, Senioren, Frauen und Jugend entlässt die Leiterin oder den Leiter der Antidiskriminierungsstelle des Bundes auf deren Verlangen oder wenn Gründe vorliegen, die bei einer Richterin oder einem Richter auf Lebenszeit die Entlassung aus dem Dienst rechtfertigen. Im Falle der Beendigung des Amtsverhältnisses erhält die Leiterin oder der Leiter der Antidiskriminierungsstelle des Bundes eine von der Bundesministerin oder dem Bundesminister für Familie, Senioren, Frauen und Jugend vollzogene Urkunde. Die Entlassung wird mit der Aushändigung der Urkunde wirksam.

(4) Das Rechtsverhältnis der Leitung der Antidiskriminierungsstelle des Bundes gegenüber dem Bund wird durch Vertrag mit dem Bundesministerium für Familie, Senioren, Frauen und Jugend geregelt. Der Vertrag bedarf der Zustimmung der Bundesregierung.

(5) Wird eine Bundesbeamtin oder ein Bundesbeamter zur Leitung der Antidiskriminierungsstelle des Bundes bestellt, scheidet er oder sie mit Beginn des Amtsverhältnisses aus dem bisherigen Amt aus. Für die Dauer des Amtsverhältnisses ruhen die aus dem Beamtenverhältnis begründeten Rechte und Pflichten mit Ausnahme der Pflicht zur Amtsverschwiegenheit und des Verbots der Annahme von Belohnungen oder Geschenken. Bei unfallverletzten Beamtinnen oder Beamten bleiben die gesetzlichen Ansprüche auf das Heilverfahren und einen Unfallausgleich unberührt.

1 Die Vorschrift betrifft die **Rechtsstellung** der Leiterin/des Leiters der Antidiskriminierungsstelle. Die Person befindet sich in einem besonderen Amtsverhältnis öffentlich-rechtlicher Art. Dieses Amtsverhältnis **besteht** zum Bund.

2 Entsprechend den europarechtlichen Vorgaben ist die Rechtsstellung durch **Unabhängigkeit** gekennzeichnet, zu der auch die Weisungsunabhängigkeit gehört. Die vom Gesetz ausdrücklich betonte Gesetzesunterworfenheit des Amtswalters dient der eigenständigen und autonomen Wahrnehmung der Person übertragenen Aufgaben sowie der Akzeptanz der Betroffenen.

3 Vorschlagsberechtigt ist die Bundesregierung, die Ernennung erfolgt durch das **BMFSFJ**.

4 Die **Regelungen** der Absätze des § 26 AGG sind erstaunlich **detailliert**. So ist die Ernennung durch Aushändigung einer entsprechenden Urkunde nahezu am Beamtenverhältnis angelehnt. Die in § 26 Abs. 3 genannten Beendigungsgründe machen in Nr. 1 den engen Zusammenhang mit der **Legislaturperiode** deutlich. Die dabei indizierte gewisse politische Abhängigkeit ist kritisiert worden. Dieser Vorwurf ist jedenfalls nicht ganz von der Hand zu weisen. Die Aufgabenübernahme im Rahmen des AGG sollte nicht von der politischen Einbindung der betroffenen Personen in tagespolitische Entscheidungen gekennzeichnet sein; vielmehr sollte sich die Person möglichst unabhängig der Verwirklichung der durch das Gesetz avisierten Ziele widmen können. Die Koppelung mit der jeweiligen Legislaturperiode schließt die Möglichkeit eines entsprechenden taktischen Verhaltens nicht aus.

5 Der Beendigungsgrund »**Erreichen der Altersgrenze**« steht als solches in gewissem Widerspruch zum verpönten Merkmal »Alter«, ist aber aus Gründen der Praktikabilität gerechtfertigt. Der Beendigungsgrund »Entlassung« ist – abgesehen vom Verlangen der betreffenden Person – an **Gründe geknüpft**, die im Richteramt die Entlassung aus dem Dienst rechtfertigen würden. Damit ist einer willkürlichen Entlassung Einhalt geboten.

6 Die Einzelheiten des **formalen Verfahrens** regeln die Sätze 2 und 3 des § 26 Abs. 3. Hierbei kann es sich eigentlich nur um einen öffentlich-rechtlichen Vertrag handeln, da es um ein öffentlich-rechtliches Amtsverhältnis geht. Der Vertrag beinhaltet ein Zustimmungserfordernis durch den Bundestag. § 26 Abs. 5 bestimmt im Einzelnen die Rechtsregeln für den Fall, dass eine Bundesbeamtin oder ein Bundesbeamter die Leitung der Antidiskriminierungsstelle übernimmt.

§ 27 Aufgaben

(1) Wer der Ansicht ist, wegen eines in § 1 genannten Grundes benachteiligt worden zu sein, kann sich an die Antidiskriminierungsstelle des Bundes wenden.

(2) Die Antidiskriminierungsstelle des Bundes unterstützt auf unabhängige Weise Personen, die sich nach Absatz 1 an sie wenden, bei der Durchsetzung ihrer Rechte zum Schutz vor Benachteiligungen. Hierbei kann sie insbesondere
1. über Ansprüche und die Möglichkeiten des rechtlichen Vorgehens im Rahmen gesetzlicher Regelungen zum Schutz vor Benachteiligungen informieren,
2. Beratung durch andere Stellen vermitteln,
3. eine gütliche Beilegung zwischen den Beteiligten anstreben.

Soweit Beauftragte des Deutschen Bundestages oder der Bundesregierung zuständig sind, leitet die Antidiskriminierungsstelle des Bundes die Anliegen der in Absatz 1 genannten Personen mit deren Einverständnis unverzüglich an diese weiter.

(3) Die Antidiskriminierungsstelle des Bundes nimmt auf unabhängige Weise folgende Aufgaben wahr, soweit nicht die Zuständigkeit der Beauftragten der Bundesregierung oder des Deutschen Bundestages berührt ist:
1. Öffentlichkeitsarbeit,
2. Maßnahmen zur Verhinderung von Benachteiligungen aus den in § 1 genannten Gründen,
3. Durchführung wissenschaftlicher Untersuchungen zu diesen Benachteiligungen.

(4) Die Antidiskriminierungsstelle des Bundes und die in ihrem Zuständigkeitsbereich betroffenen Beauftragten der Bundesregierung und des Deutschen Bundestages legen gemeinsam dem Deutschen Bundestag alle vier Jahre Berichte über Benachteiligungen aus den in § 1 genannten Gründen vor und geben Empfehlungen zur Beseitigung und Vermeidung dieser Benachteiligungen. Sie können gemeinsam wissenschaftliche Untersuchungen zu Benachteiligungen durchführen.

(5) Die Antidiskriminierungsstelle des Bundes und die in ihrem Zuständigkeitsbereich betroffenen Beauftragten der Bundesregierung und des Deutschen Bundestages sollen bei Benachteiligungen aus mehreren der in § 1 genannten Gründe zusammenarbeiten.

1. Betroffener Personenkreis

Die Vorschrift betrifft die **Funktionen** und **Aufgaben** der Antidiskriminierungsstelle. Im Hinblick auf die Zielsetzung der Aufgaben ist der »Kundenkreis« der Antidiskriminierungsstelle breit gefächert. Adressat der Norm ist jede »**Person**«. Im Hinblick auf den sachlichen Anwendungsbereich des § 2 AGG sind dabei nicht

1

§ 27 AGG

nur die in § 6 ff. AGG genannten und geschützten Personenkreise angesprochen; vielmehr kann der Personenkreis sich auf alle Menschen erstrecken, die von Diskriminierungen im sachlichen Anwendungsbereich betroffen sind. Problematisch ist dabei, dass durch den Gesetzeswortlaut keine Einschränkung bezüglich der **rechtlichen Fähigkeiten** (Geschäftsfähigkeit o. ä.) getroffen wurde. Zu diesem Zwecke empfiehlt sich die zumindest **analoge** Heranziehung ähnlicher rechtlicher Grundlagen, wie zum Beispiel die Geschäftsfähigkeits-Regelungen des Zivilrechts oder die Handlungsfähigkeitsregelungen im Sozialrecht.

2. Aufgaben

2   Bei den Aufgaben ist zu differenzieren zwischen solchen gegenüber den Benachteiligten (§ 27 Abs. 2 AGG). Gegenüber diesen Personen hat sie **Unterstützungsfunktionen** bei der Durchsetzung der Rechte zum Schutz vor Benachteiligungen (§ 27 Abs. 2 Satz 1 AGG). Regelbeispiele werden in § 27 Abs. 2 Satz 2 aufgeführt; sie sind jedoch nicht abschließend. Die Antidiskriminierungsstelle kann insbesondere über Ansprüche und die Möglichkeiten des Rechtsschutzes **informieren**. Sie hat darüber hinaus die Möglichkeit eine **Beratung** durch andere Stellen zu **vermitteln**. Schließlich kann sie eine **gütliche Beilegung** der Streitigkeiten zwischen den Beteiligten anstreben. Damit wird deutlich, dass die Antidiskriminierungsstelle nicht die Aufgabe hat, die eventuell bestehenden Streitigkeiten selbst zu entscheiden. Diese Funktion lässt sich als »Mediation« beschreiben. Die Kooperation mit Beauftragten des Deutschen Bundestages oder der Bundesregierung regelt § 27 Abs. 2 Satz 3 AGG.

3   Auf diesen Personenkreis (Beauftragte des Deutschen Bundestages und der Bundesregierung) nimmt die Regelung Bezug, indem sie die **Aufgaben** gegenüber der **Öffentlichkeit** und **Allgemeinheit** daran koppelt, dass eine Zuständigkeit der Beauftragten der Bundesregierung oder des Deutschen Bundestages nicht gegeben ist. Für diesen Fall bestehen die Aufgaben in **Öffentlichkeitsarbeit**, Maßnahmen zur **Verhinderung** von **Benachteiligung** und die Durchführung **wissenschaftlicher Untersuchungen**.

4   Die **Berichterstattungspflicht** der Antidiskriminierungsstelle ist in § 27 Abs. 4 alle 4 Jahre vorgesehen. Sie gibt **Empfehlungen** zur Beseitigung und Verhinderung von Benachteiligungen ab. In Zusammenarbeit mit den Beauftragten von Bundestag und Bundesregierung können **wissenschaftliche Untersuchungen** durchgeführt werden.

5   Die implizite **Zusammenarbeitspflicht** als **Regelfall**, die bereits in den vorhergehenden Vorschriften deutlich wurde, ist in § 27 Abs. 5 AGG ausdrücklich niedergelegt. Sie ist allerdings als Regelfall normiert, bei dem Ausnahmen zulässig sind (»Soll«). Dabei wird der Zweck verfolgt, eine Konturierung als »**Ombudsstelle**« herauszuarbeiten. Die Vorschrift will Erleichterungen schaffen und auf Beschleunigung der entsprechenden Verfahren hinwirken. Hierzu ist die Antidiskriminierungsstelle vielfach auf Informationen der Beteiligten und auf Netzwerke angewiesen.

§ 28 Befugnisse

(1) Die Antidiskriminierungsstelle des Bundes kann in Fällen des § 27 Abs. 2 Satz 2 Nr. 3 Beteiligte um Stellungnahmen ersuchen, soweit die Person, die sich nach § 27 Abs. 1 an sie gewandt hat, hierzu ihr Einverständnis erklärt.

(2) Alle Bundesbehörden und sonstigen öffentlichen Stellen im Bereich des Bundes sind verpflichtet, die Antidiskriminierungsstelle des Bundes bei der Erfüllung ihrer Aufgaben zu unterstützen, insbesondere die erforderlichen Auskünfte zu erteilen. Die Bestimmungen zum Schutz personenbezogener Daten bleiben unberührt.

Der Gesetzgeber räumt der Antidiskriminierungsstelle das Recht ein, **Stellungnahmen** der Beteiligten einzuholen. Dabei bedarf es des Einverständnisses durch die benachteiligte Person. Eine echte durchsetzungsfähige Rechtsposition ist der Antidiskriminierungsstelle allerdings von Gesetzes wegen nicht eingeräumt. Dies ergibt sich schon aus der Formulierung »ersuchen«. Eine echte Verpflichtung zur Abgabe einer Stellungnahme besteht somit nicht. Allerdings verbindet sich mit der Begrifflichkeit »ersuchen« in der Behördensprache eine verstärkte Mitwirkungspflicht der angesprochenen Behörde. 1

In diese Richtung geht auch die **Unterstützungspflicht** (§ 28 Abs. 2 AGG), wonach alle Bundesbehörden und sonstigen öffentlichen Stellen des Bundes verpflichtet sind, die Antidiskriminierungsstelle bei der Erfüllung ihrer Aufgaben zu unterstützen. Dies bezieht sich insbesondere auf die erforderlichen **Auskünfte**. Insofern ist eine Annäherung der Rechtsstellung der Antidiskriminierungsstelle mit dem Amt der/des Beauftragten der Bundesregierung für die Belange behinderter Menschen erreicht. 2

Ein klarstellender Hinweis auf den **personenbezogenen Datenschutz** ergänzt die Vorschrift. Dabei wird es nicht nur um die Daten nach dem Bundesdatenschutzgesetz (BSDG) gehen; soweit andere Anwendungsbereiche betroffen sind, wird deren Spezialregelung zu beachten sein. Dies gilt beispielsweise für den Datenschutz nach dem SGB X. 3

§ 29 Zusammenarbeit mit Nichtregierungsorganisationen und anderen Einrichtungen

Die Antidiskriminierungsstelle des Bundes soll bei ihrer Tätigkeit Nichtregierungsorganisationen sowie Einrichtungen, die auf europäischer, Bundes-, Landes- oder regionaler Ebene zum Schutz vor Benachteiligungen wegen eines in § 1 genannten Grundes tätig sind, in geeigneter Form einbeziehen.

Die Vorschrift betrifft das **Netzwerk** des Antidiskriminierungsschutzes. Dabei geht es um die **Einbeziehung** und **Zusammenarbeit** staatlicher und nichtstaatlicher Stellen. Hierbei werden ausdrücklich die Nichtregierungsorganisationen (»NGO«) 1 erwähnt. Die Antidiskriminierungsstelle hat allerdings zu entscheiden, ob und in welcher Weise sie die vorhandenen Organisationen einbezieht. Wegen der Formulierung »Soll« ist ausnahmsweise auch ein Verzicht auf Zusammenarbeit möglich. Durch das Merkmal »in geeigneter Form« wird der Antidiskriminierungsstelle ein gewisser **Beurteilungs-** und **Handlungsspielraum** eingeräumt. Die Überprüfung ihrer Entscheidungen richtet sich nach den Grundsätzen über die Überprüfung von **unbestimmten Rechtsbegriffen**.

2   Die **geographische Ausweitung** (von regionaler bis europäischer Ebene) verdeutlicht, dass der Diskriminierungsschutz in **sämtlichen Gebietskörperschaften** eine bedeutende Rolle zu spielen hat.

3   Für den **öffentlichen Dienst** kann dies durchaus bedeuten, dass in regelmäßigen Abständen und durch entsprechende Programme **Informationsaustausche** zwischen den regionalen, nationalen und europäischen Einrichtungen und unter Einschluss der Nichtregierungsorganisationen stattfinden sollen, um dabei die Erkenntnisse untereinander zu **publizieren** und zu **kommunizieren**.

§ 30 Beirat

(1) Zur Förderung des Dialogs mit gesellschaftlichen Gruppen und Organisationen, die sich den Schutz vor Benachteiligungen wegen eines in § 1 genannten Grundes zum Ziel gesetzt haben, wird der Antidiskriminierungsstelle des Bundes ein Beirat beigeordnet. Der Beirat berät die Antidiskriminierungsstelle des Bundes bei der Vorlage von Berichten und Empfehlungen an den Deutschen Bundestag nach § 27 Abs. 4 und kann hierzu sowie zu wissenschaftlichen Untersuchungen nach § 27 Abs. 3 Nr. 3 eigene Vorschläge unterbreiten.

(2) Das Bundesministerium für Familie, Senioren, Frauen und Jugend beruft im Einvernehmen mit der Leitung der Antidiskriminierungsstelle des Bundes sowie den entsprechend zuständigen Beauftragten der Bundesregierung oder des Deutschen Bundestages die Mitglieder dieses Beirats und für jedes Mitglied eine Stellvertretung. In den Beirat sollen Vertreterinnen und Vertreter gesellschaftlicher Gruppen und Organisationen sowie Expertinnen und Experten in Benachteiligungsfragen berufen werden. Die Gesamtzahl der Mitglieder des Beirats soll 16 Personen nicht überschreiten. Der Beirat soll zu gleichen Teilen mit Frauen und Männern besetzt sein.

(3) Der Beirat gibt sich eine Geschäftsordnung, die der Zustimmung des Bundesministeriums für Familie, Senioren, Frauen und Jugend bedarf.

(4) Die Mitglieder des Beirats üben die Tätigkeit nach diesem Gesetz ehrenamtlich aus. Sie haben Anspruch auf Aufwandsentschädigung sowie Reisekostenvergütung, Tagegelder und Übernachtungsgelder. Näheres regelt die Geschäftsordnung.

Die Vorschrift betrifft einen »Beirat« als **Institution**. Dieser wird der Antidiskriminierungsstelle beigeordnet (§ 30 Abs. 1 Satz 1 AGG). Der Zweck dieser Institutionalisierung ist die **Förderung** der **Kommunikation** mit gesellschaftlichen Gruppen und Organisationen des Diskriminierungsschutzes. Der Beirat hat im Wesentlichen **beratende Funktion** bei der Vorlage von Berichten und Empfehlungen an den Deutschen Bundestag zu wissenschaftlichen Untersuchungen. 1

Konsequenterweise wird die beratende Funktion des Beirats durch seine rechtliche Möglichkeit zum Unterbreiten von **Empfehlungen** konkretisiert. 2

Die **Mitglieder** des Beirats und ihre Stellvertreter werden vom Bundesministerium für Familie, Senioren, Frauen und Jugend (BMFSFJ) **berufen**. Dabei ist **Einvernehmen** mit der Leitung der Antidiskriminierungsstelle sowie den entsprechenden Beauftragten der Bundesregierung oder des Deutschen Bundestages herzustellen. Die Gesamtzahl soll 16 Personen nicht überschreiten. Dabei sollen Frauen und Männer mit gleichen Anteilen vertreten sein. Ein bestimmtes Verfahren zur Berufung in den Beirat sieht das Gesetz nicht vor. Allerdings sind die gesellschaftlichen Gruppen und Organisationen sowie Experten in Benachteiligungsfragen ausdrücklich genannt. Bei den **gesellschaftlichen Gruppen** wird es in der Regel um die auch in anderen Zusammenhängen bekannten Gruppierungen (Arbeitgebervereinigungen, Gewerkschaften, Kirchen etc.) gehen. Interessant wird sein, was unter »Experten in Benachteiligungsfragen« zu verstehen sein wird. Es ist zu prognostizieren, dass hierzu vor allem auch Repräsentanten der Gruppierungen, die den in § 1 AGG genannten Merkmalen nahestehen, zum Zuge kommen. Indessen wären auch Persönlichkeiten mit Rechtskenntnissen und solche, die übergeordneten Überlegungen jenseits der Interessensvertretung zugänglich sind, wünschenswert. 3

Der Beirat wird sich eine **Verfahrensordnung (Geschäftsordnung)** geben, die der Zustimmung durch das Ministerium bedarf. Die Tätigkeit der Mitglieder des Beirats ist ehrenamtlich, kommerzielle Interessen scheiden damit aus. Die finanziellen Ansprüche bewegen sich in anderen Zusammenhängen in dem bekannten Rahmen (Aufwandsentschädigung). Dabei kann die Geschäftsordnung Einzelheiten regeln. 4

Abschnitt 7
Schlussvorschriften

§ 31 Unabdingbarkeit

Von den Vorschriften dieses Gesetzes kann nicht zu Ungunsten der geschützten Personen abgewichen werden.

Die Regelung verdeutlicht den Charakter des AGG als **Mindeststandard** für den Diskriminierungsschutz. Ein verschlechterndes **Abweichen** von den Vorschriften des AGG zu Lasten der geschützten Personen ist **nicht zulässig**. Dies gilt für **sämtliche** Arten von **Regelungen**, auch kollektivrechtlicher Art. Die Vorschriften des 1

§ 31 AGG

AGG sind damit **einseitig zwingend**. Allerdings nimmt der Gesetzestext auf die Vorschriften des AGG ausdrücklich Bezug. Dies bedeutet, dass, wo diese eine Abweichung zulassen (wie etwa bei § 15 Abs. 4 AGG für eine andere Regelung der Geltendmachungsfrist), der Gesetzgeber selbst einen Handlungsspielraum auch in verschlechternder Hinsicht eingeräumt hat.

2 Mit der Einführung der Regelung des § 31 AGG wollte der Gesetzgeber **Auflagen europarechtlicher Art** erfüllen. Dahingestellt kann bleiben, ob auch hier eine gewisse Übererfüllung eingetreten ist.

3 § 31 AGG wird ergänzt in den **zivilrechtlichen Vorschriften** (§ 21 Abs. 4 AGG). Die Gegenauffassung, wie sie der amtlichen Begründung zugrunde liegt, ist nur schwer mit Wortlaut und Regelungszweck des § 31 AGG zu vereinbaren. Danach kann sich der Benachteiligte nicht auf eine von den Standards des AGG abweichende »Vereinbarung« berufen.

4 Insgesamt verwirklicht § 31 AGG für die Vorschriften dieses Gesetzes das im Arbeitsrecht allgemein bekannte **Günstigkeitsprinzip**. Regelungen kollektiver oder individueller Art, die den Schutzbereich der Vorschriften des AGG zu Gunsten der geschützten Personen erweitern oder ausdehnen, sind damit zulässig.

5 Das **Abweichungsverbot** bezieht sich nur auf die **Vorschriften** des **AGG**. Vorschriften anderer Gesetze sind hierbei unmittelbar nicht berührt; die Unzulässigkeit einer benachteiligenden Abweichung kann sich aber aus **allgemeinen Rechtsgrundsätzen** (Günstigkeitsprinzip) ergeben.

6 Abzuwarten bleibt, ob sich angesichts der durch das AGG insoweit geschaffenen klaren Rechtslage überhaupt eine Diskussion um die Frage stellt, inwieweit der Inhalt einer Abweichung für seine Zulässigkeit herangezogen werden muss.

7 Gleiches gilt für die Möglichkeit der Arbeitsvertragsparteien in **Vergleichsabsprachen** Auseinandersetzungen beizulegen, die die Unvereinbarkeitsklausel des § 31 AGG betreffen.

8 Bei dem für die Vergleichsregelung unerlässlichen **Günstigkeitsvergleich** sind die allgemeinen zum Günstigkeitsprinzip entwickelten Regeln anzuwenden. Dabei ist im Einzelnen zu fragen, ob die vereinbarte Regelung günstiger ist. Allenfalls ist die Bildung von bestimmten **Sachgruppen** beim Vergleich zulässig.

9 Der Verstoß gegen das Abweichungsverbot des § 31 AGG hat die **Nichtigkeit** der Vereinbarung zur Folge. § 31 AGG beinhaltet insoweit ein **gesetzliches Verbot** im Sinne des § 134 BGB. Für die Frage, inwieweit eine Gesamtnichtigkeit oder Teilnichtigkeit der Vereinbarung anzunehmen ist, sind die **allgemeinen Regeln** des **Arbeitsrechts** anzuwenden. Soweit die Vereinbarung ohne den nichtigen Teil ihren Sinn beibehält und im Übrigen den entsprechenden Schutz gewährt, bleibt sie bestehen.

§ 32 Schlussbestimmungen

Soweit in diesem Gesetz nicht Abweichendes bestimmt ist, gelten die allgemeinen Bestimmungen.

Die Vorschrift betont einerseits den Charakter des AGG als eine **lex specialis**. Dieses Prinzip gilt freilich nur insoweit, als das AGG von den Allgemeingesetzen abweichende Regelungen enthält. Denkbar ist allerdings **auch** ein **Nebeneinander** von Regelungen des AGG zu allgemeinen Bestimmungen. Anwendungsfälle hierfür wären beispielsweise die Anspruchsgrundlagen des Deliktsrechts des BGB. Sie stellt andererseits klar, dass im Übrigen die **allgemeinen Bestimmungen** gelten. Unter diesen allgemeinen Bestimmungen sind selbstverständlich nur die einschlägigen Vorschriften gemeint. 1

Soweit bestimmte Themen aus dem Geltungsbereich des AGG ausdrücklich ausgenommen sind (z. B. das Kündigungsschutzrecht), gelten die Regelungen des AGG überhaupt nicht; sie können allenfalls als **Auslegungsstütze** herangezogen werden. 2

§ 33 Übergangsbestimmungen

(1) Bei Benachteiligungen nach den §§ 611a, 611b und 612 Abs. 3 des Bürgerlichen Gesetzbuchs oder sexuellen Belästigungen nach dem Beschäftigtenschutzgesetz ist das vor dem 18. August 2006 maßgebliche Recht anzuwenden.

(2) Bei Benachteiligungen aus Gründen der Rasse oder wegen der ethnischen Herkunft sind die §§ 19 bis 21 nicht auf Schuldverhältnisse anzuwenden, die vor dem 18. August 2006 begründet worden sind. Satz 1 gilt nicht für spätere Änderungen von Dauerschuldverhältnissen.

(3) Bei Benachteiligungen wegen des Geschlechts, der Religion, einer Behinderung, des Alters oder der sexuellen Identität sind die §§ 19 bis 21 nicht auf Schuldverhältnisse anzuwenden, die vor dem 1. Dezember 2006 begründet worden sind. Satz 1 gilt nicht für spätere Änderungen von Dauerschuldverhältnissen.

(4) Auf Schuldverhältnisse, die eine privatrechtliche Versicherung zum Gegenstand haben, ist § 19 Abs. 1 nicht anzuwenden, wenn diese vor dem 22. Dezember 2007 begründet worden sind. Satz 1 gilt nicht für spätere Änderungen solcher Schuldverhältnisse.

Die Vorschrift hat den **Zweck** die neue durch das AGG geschaffene Rechtslage teilweise erst allmählich zum Zuge kommen zu lassen. Dabei geht es in § 33 Abs. 1 um die einschlägigen Regelungen des BGB (§§ 611a, 611b und 612 Abs. 3) oder des Beschäftigtenschutzgesetzes (BeschG). Dabei ist das vor dem 18.08.2006 maßgebliche Recht anzuwenden, sofern die Benachteiligung vor dem Inkrafttreten des AGG liegt. Der **Wortlaut** des § 33 Abs. 1 AGG lässt allerdings die diesbezügliche 1

Klarheit vermissen. § 81 Abs. 2 SGB IX wird im Gesetz nicht erwähnt; die amtliche Begründung nimmt allerdings auf ihn Bezug. Offenkundig handelt es sich um ein Redaktionsversehen des Gesetzgebers.

2   Die zivilrechtlichen Vorschriften des AGG sind nicht auf Schuldverhältnisse anzuwenden, die vor dem 18.08.2006 gegründet worden sind. Dies bezieht sich nach § 33 Abs. 2 auf Benachteiligungen aus Gründen der **Rasse** oder **ethnischer Herkunft**, nach § 33 Abs. 3 AGG auf Benachteiligungen wegen des **Geschlechts**, der **Religion**, einer **Behinderung**, des **Alters** oder der **sexuellen Identität**. So sind die zivilrechtlichen Vorschriften des AGG nicht auf Schuldverhältnisse anzuwenden, die vor dem 01.12.2006 begründet worden sind. Bei beiden Vorschriften bleiben spätere Änderungen von **Dauerschuldverhältnissen** durch die Übergangsvorschrift unberührt, d. h. sie unterliegen den Regelungen der §§ 19 – 21 AGG. Nur eine solche Auslegung macht letztlich Sinn, andere Interpretationen würden die Anwendung der neuen Vorschriften des AGG auf Dauer verhindern. Die neuen Vorschriften gelangen jedoch nur dann zur Anwendung, wenn es sich um spätere, d. h. nach dem jeweiligen im Gesetz genannten Zeitpunkt **eintretende Änderungen** handelt.

3   § 33 Abs. 4 AGG enthält eine **Sonderregelung** für privatrechtliche Versicherungsverträge. Dabei ist eine Übergangsfrist bis zum 22.12.2007 gewährt worden. Der Gesetzgeber wollte hiermit auf die Bedürfnisse der **Wohnungswirtschaft** eingehen, der daran gelegen ist, sich in einer gewissen Übergangszeit auf die **neue Situation** im Hinblick auf ökonomische Kalkulation, aber auch Vertragsmuster und Versicherungsbedingungen einzustellen.

Gesetz über die Gleichbehandlung der Soldatinnen und Soldaten (Soldatinnen- und Soldaten-Gleichbehandlungsgesetz – SoldGG)

vom 14. 10. 2006 (BGBl. I S. 1897), geändert durch Gesetz
vom 2. 12. 2006 (BGBl. I S. 2742)

Einführung

Das SoldGG beinhaltet eine **Sonderregelung** für die **Streitkräfte** der **Bundeswehr**. Auch für sie sollen die Zielsetzungen des Diskriminierungsschutzes umgesetzt werden. Neben den **Soldatinnen** und **Soldaten** betrifft das Gesetz auch »**Anbahnungsverhältnisse**«. Der Gesetzgeber hat sich dafür entschieden, wegen der von ihm für nötig gehaltenen Differenzierung insbesondere im Bereich der Merkmale Behinderung und Alter eine **eigenständige Regelung** zu schaffen und insoweit das Wehrpersonal aus dem AGG auszunehmen. 1

Inhaltlich entspricht das SoldGG **weitgehend** dem **AGG**. Abweichungen finden sich dort, wo sie aus Gründen der **besonderen Aufgabenstellung** der **Streitkräfte** nötig erschienen. 2

Abschnitt 1
Allgemeiner Teil

§ 1 Ziel des Gesetzes

(1) Ziel des Gesetzes ist es, Benachteiligungen aus Gründen der Rasse, der ethnischen Herkunft, der Religion, der Weltanschauung oder der sexuellen Identität für den Dienst als Soldatin oder Soldat zu verhindern oder zu beseitigen.

(2) Ziel des Gesetzes ist es auch, Soldatinnen und Soldaten vor Benachteiligungen auf Grund des Geschlechts in Form von Belästigung und sexueller Belästigung im Dienstbetrieb zu schützen. Der Schutz schwerbehinderter Soldatinnen und Soldaten vor Benachteiligungen wegen ihrer Behinderung wird nach Maßgabe des § 18 gewährleistet.

(3) Alle Soldatinnen und Soldaten, insbesondere solche mit Vorgesetzten- und Führungsaufgaben, sind in ihrem Aufgabenbereich aufgefordert, an der Verwirklichung dieser Ziele mitzuwirken. Dies gilt auch für den Dienstherrn, für Personen und Gremien, die Beteiligungsrechte nach dem Soldatenbeteiligungsgesetz wahrnehmen, und für Gleichstellungsbeauftragte und deren Stellvertreterinnen.

§ 2 SoldGG

1   Bei den Zielen nach § 1 Abs. 1 SoldGG fällt auf, dass das Merkmal **Geschlecht herausgenommen** ist. Dabei bleibt es im Bereich des Bundes bei der Geltung des Soldatengleichstellungsgesetzes (SGleiG).

2   Ebenfalls herausgenommen sind die Merkmale »**Behinderung**« und »**Alter**«. Die Herausnahme der beiden Merkmale hat den **Zweck**, auf die unterschiedliche Situation der Streitkräfte, bei denen gelegentlich ein **hoher physischer Einsatz** verlangt wird, **differenziert** eingehen zu können. Allerdings werden die Benachteiligungen wegen einer **Schwerbehinderung** gesondert erfasst (§ 18 SoldGG). Zu den **Zielen** des SoldGG zählt auch der Schutz von Soldatinnen und Soldaten vor Benachteiligung aufgrund des Geschlechts durch **Belästigung** und **sexuelle Belästigung** im Dienstbetrieb. Diese Vorschrift hat offenkundig auch **Präventionscharakter**.

3   § 1 Abs. 3 SoldGG hat **appellatorischen Charakter** und wendet sich an Vorgesetze und Personen mit Führungsaufgaben. Sie werden aufgefordert, an der Verwirklichung der Ziele des SoldGG mitzuwirken.

§ 2 Anwendungsbereich

(1) Dieses Gesetz findet Anwendung auf

1. Maßnahmen bei der Begründung, Ausgestaltung und Beendigung eines Dienstverhältnisses und beim beruflichen Aufstieg sowie auf den Dienstbetrieb; hierzu zählen insbesondere Auswahlkriterien und Einstellungsbedingungen sowie die Ausgestaltung des Dienstes,

2. den Zugang zu allen Formen und Ebenen der soldatischen Ausbildung, Fort- und Weiterbildung und beruflicher Förderungsmaßnahmen einschließlich der praktischen Berufserfahrung,

3. die Mitgliedschaft und Mitwirkung in einem Berufsverband oder in einer sonstigen Interessenvertretung von Soldatinnen und Soldaten, einschließlich der Inanspruchnahme der Leistungen solcher Organisationen.

(2) Die Geltung sonstiger Benachteiligungsverbote oder Gebote der Gleichbehandlung wird durch dieses Gesetz nicht berührt. Dies gilt auch für öffentlich-rechtliche Vorschriften, die dem Schutz bestimmter Personengruppen dienen.

1   Im Vergleich zu den Regelungen des AGG (§ 2 AGG) ist der Anwendungsbereich des SoldGG in **sachlicher Hinsicht** limitiert. Die für den Bereich des AGG ausführlich erörterten Auswirkungen im sog. **Außenbereich** spricht das SoldGG nicht an. Fraglich ist allerdings, ob hierfür die Regelungen des **AGG Anwendung** finden (so Bauer/Göpfert/Krieger a. a. O., Art. 2 Rn. 9). Dies ist vom Ergebnis her jedenfalls zu **bejahen**.

§ 3 Begriffsbestimmungen

(1) Eine unmittelbare Benachteiligung liegt vor, wenn eine Person wegen eines in § 1 Abs. 1 genannten Grundes eine weniger günstige Behandlung erfährt, als eine andere Person in einer vergleichbaren Situation erfährt, erfahren hat oder erfahren würde.

(2) Eine mittelbare Benachteiligung liegt vor, wenn dem Anschein nach neutrale Vorschriften, Kriterien oder Verfahren Personen wegen eines in § 1 Abs. 1 genannten Grundes in besonderer Weise gegenüber anderen Personen benachteiligen können, es sei denn, die betreffenden Vorschriften, Kriterien oder Verfahren sind durch ein rechtmäßiges Ziel sachlich gerechtfertigt und die Mittel sind zur Erreichung dieses Ziels angemessen und erforderlich.

(3) Eine Belästigung als Form der Benachteiligung liegt vor, wenn unerwünschte Verhaltensweisen, die mit einem in § 1 Abs. 1 oder 2 genannten Grund in Zusammenhang stehen, bezwecken oder bewirken, dass die Würde der betreffenden Person verletzt und ein von Einschüchterungen, Anfeindungen, Erniedrigungen, Entwürdigungen oder Beleidigungen gekennzeichnetes Umfeld geschaffen wird.

(4) Eine sexuelle Belästigung als Form der Benachteiligung liegt vor, wenn ein unerwünschtes, sexuell bestimmtes Verhalten, wozu auch unerwünschte sexuelle Handlungen und Aufforderungen zu diesen, sexuell bestimmte körperliche Berührungen, Bemerkungen sexuellen Inhalts sowie unerwünschtes Zeigen und sichtbares Anbringen von pornographischen Darstellungen gehören, bezweckt oder bewirkt, dass die Würde der betreffenden Person verletzt wird, insbesondere wenn ein von Einschüchterungen, Anfeindungen, Erniedrigungen, Entwürdigungen oder Beleidigungen gekennzeichnetes Umfeld geschaffen wird.

(5) Die Anweisung zur Benachteiligung einer Person aus einem in § 1 Abs. 1 genannten Grund gilt als Benachteiligung. Eine solche Anweisung liegt in Bezug auf § 2 Abs. 1 Nr. 1 bis 3 insbesondere vor, wenn jemand eine Person zu einem Verhalten bestimmt, das eine der in § 6 genannten Personen wegen eines in § 1 Abs. 1 genannten Grundes benachteiligt oder benachteiligen kann.

Die Vorschrift entspricht der Regelung des AGG (§ 3 AGG). Auf die dortigen Ausführungen wird verwiesen. 1

§ 4 Unterschiedliche Behandlung wegen mehrerer Gründe

Erfolgt eine unterschiedliche Behandlung wegen mehrerer der in § 1 Abs. 1 genannten Gründe, so kann diese unterschiedliche Behandlung gemäß § 8 nur gerechtfertigt werden, wenn sich die Rechtfertigung auf alle diese Gründe erstreckt, derentwegen die unterschiedliche Behandlung erfolgt.

1   Die Vorschrift entspricht § 4 AGG. Auf die dortigen Ausführungen wird verwiesen.

§ 5 Positive Maßnahmen

Ungeachtet des § 8 ist eine unterschiedliche Behandlung auch zulässig, wenn durch geeignete und angemessene Maßnahmen tatsächliche Nachteile wegen eines in § 1 Abs. 1 genannten Grundes verhindert oder ausgeglichen werden sollen.

1   Die Vorschrift entspricht der entsprechenden Regelung im AGG (§ 5 AGG). Auf die dortigen Ausführungen wird verwiesen.

Abschnitt 2
Schutz vor Benachteiligung

Unterabschnitt 1
Verbot der Benachteiligung

§ 6 Persönlicher Anwendungsbereich

Dieses Gesetz dient dem Schutz von
1. Soldatinnen und Soldaten,
2. Personen, die zu einer Einberufung zum Wehrdienst nach Maßgabe des Wehrpflichtgesetzes heranstehen oder die sich um die Begründung eines Wehrdienstverhältnisses auf Grund freiwilliger Verpflichtung bewerben.

1   Hinsichtlich des **persönlichen Anwendungsbereichs** wendet sich das Gesetz unmittelbar an die **Soldatinnen** und **Soldaten**. Darüber hinaus werden auch Personen (derzeit ausschließlich Männer) geschützt, die zu einer Einberufung zum **Wehrdienst** heranstehen oder die sich hierzu aufgrund **freiwilliger Verpflichtung** bewerben.

§ 7 Benachteiligungsverbot

(1) Die in § 6 genannten Personen dürfen nicht wegen eines in § 1 Abs. 1 genannten Grundes benachteiligt werden. Dies gilt auch, wenn die Soldatin oder der Soldat, die oder der die Benachteiligung begeht, das Vorliegen eines in § 1 Abs. 1 genannten Grundes bei der Benachteiligung nur annimmt.

(2) Jede Belästigung, sexuelle Belästigung und Anweisung zu einer solchen Handlungsweise ist eine Verletzung dienstlicher Pflichten und Soldatinnen und Soldaten untersagt. § 8 Zulässige unterschiedliche Behandlung wegen beruflicher Anforderungen Eine unterschiedliche Behandlung wegen eines in § 1 Abs. 1 genannten Grundes ist zulässig, wenn dieser Grund wegen der Art der dienstlichen Tätigkeit oder der Bedingungen ihrer Ausübung eine wesentliche und entscheidende berufliche Anforderung darstellt, sofern der Zweck rechtmäßig und die Anforderung angemessen ist.

Die Vorschriften entspricht zunächst der Regelung des AGG (§ 7 AGG). Sie stellt darüber hinaus klar, dass **jede Belästigung, sexuelle Belästigung** und **Anweisung** hierzu eine **Dienstpflichtverletzung** darstellt. Entgegen dem einschränkenden Wortlaut sollen auch Benachteiligungen in den Anwendungsbereich des § 7 Abs. 2 SoldGG fallen. Dies ist nicht unproblematisch. 1

Unberührt bleiben allerdings andere Regelungen, wie z. B. die des Soldatengesetzes (**SoldG**), die einen Diskriminierungsschutz beinhalten. 2

Offenkundig bewusst sieht das SoldGG **keine Regelung** der **Unwirksamkeit** einer benachteiligenden Regelung vor. Damit bleiben diese bis zum Inkrafttreten einer neuen Regelung wirksam. 3

§ 8 Zulässige unterschiedliche Behandlung wegen beruflicher Anforderungen

Eine unterschiedliche Behandlung wegen eines in § 1 Abs. 1 genannten Grundes ist zulässig, wenn dieser Grund wegen der Art der dienstlichen Tätigkeit oder der Bedingungen ihrer Ausübung eine wesentliche und entscheidende berufliche Anforderung darstellt, sofern der Zweck rechtmäßig und die Anforderung angemessen ist.

Die Vorschrift entspricht der des AGG (§ 8 GG). Auf die dortigen Ausführungen wird verwiesen. 1

Unterabschnitt 2
Organisationspflichten des Dienstherrn

§ 9 Personalwerbung; Dienstpostenbekanntgabe

Anzeigen der Personalwerbung sowie Dienstposten für Soldatinnen und Soldaten dürfen nicht unter Verstoß gegen § 7 Abs. 1 bekannt gegeben werden.

1 Der Diskriminierungsschutz des SoldGG wird durch die Vorschrift ausdrücklich auf Anzeigen der **Personalwerbung** sowie **Dienstposten** für Soldatinnen und Soldaten bezogen. Dabei sind die Prinzipien des § 7 Abs. 1 SoldGG, also i. S. einer Bezugnahme auf die in § 1 Abs. 1 SoldGG genannten Merkmale eingeräumt werden.

§ 10 Maßnahmen und Pflichten des Dienstherrn

(1) Der Dienstherr ist verpflichtet, die erforderlichen Maßnahmen zum Schutz vor Benachteiligungen wegen eines in § 1 Abs. 1 genannten Grundes und zum Schutz vor den in § 1 Abs. 2 genannten Handlungen zu treffen. Dieser Schutz umfasst auch vorbeugende Maßnahmen.

(2) Der Dienstherr soll in geeigneter Art und Weise, insbesondere im Rahmen der Fortbildung, auf die Unzulässigkeit solcher Benachteiligungen und Handlungen hinweisen und darauf hinwirken, dass diese unterbleiben. Hat der Dienstherr sein Personal in geeigneter Weise zum Zwecke der Verhinderung von Benachteiligungen geschult, gilt dies als Erfüllung seiner Pflichten nach Absatz 1.

(3) Bei Verstößen gegen die Verbote des § 7 hat der Dienstherr die im Einzelfall geeigneten, erforderlichen und angemessenen dienstrechtlichen Maßnahmen zur Unterbindung der Benachteiligung zu ergreifen.

(4) Werden in § 6 genannte Personen bei der Ausübung ihrer Tätigkeit durch Dritte nach § 7 benachteiligt, so hat der Dienstherr die im Einzelfall geeigneten, erforderlichen und angemessenen Maßnahmen zu ihrem Schutz zu ergreifen.

(5) Die Vorschriften dieses Gesetzes sowie die Vorschriften des Abschnitts 6 des Allgemeinen Gleichbehandlungsgesetzes sind in den Dienststellen und Truppenteilen der Streitkräfte bekannt zu machen. Die Bekanntmachung kann durch Aushang oder Auslegung an geeigneter Stelle oder durch den Einsatz der in den Dienststellen und Truppenteilen üblichen Informations- und Kommunikationstechnik erfolgen.

1 Die Vorschrift entspricht § 12 AGG. Sie verweist bei den **Bekanntmachungspflichten** des Dienstherrn auch auf die **Truppenteile** der Streitkräfte.

Unterabschnitt 3
Rechte der in § 6 genannten Personen

§ 11 Beschwerderecht

(1) Soldatinnen und Soldaten, die sich von Dienststellen der Bundeswehr, von Vorgesetzten oder von Kameradinnen oder Kameraden wegen eines in § 1 Abs. 1 oder 2 genannten Grundes benachteiligt fühlen, können sich beschweren. Das Nähere regelt die Wehrbeschwerdeordnung.

(2) Die in § 6 Nr. 2 genannten Personen können sich wegen einer in § 1 Abs. 1 oder 2 genannten Benachteiligung bei der für ihre Einberufung oder Bewerbung zuständigen Stelle der Bundeswehr beschweren. Diese hat die Beschwerde zu prüfen und das Ergebnis der beschwerdeführenden Person mitzuteilen.

Soldatinnen und Soldaten ist ein **eingeschränktes Beschwerderecht** eingeräumt worden. Eine wörtliche Übernahme des entsprechenden Regelung des AGG (§ 13) fand nicht statt. Die Vorschrift verweist im Übrigen auf die **Beschwerdeordnung**. Für Personen im Anstellungsverfahren gibt es ein eigenes Beschwerderecht bei den zuständigen Stellen der Bundeswehr. Zugleich ist eine **Prüfungs-** und hinsichtlich des Ergebnisses eine **Mitteilungspflicht** normiert. 1

§ 12 Entschädigung und Schadensersatz

(1) Bei einem Verstoß gegen das Benachteiligungsverbot ist der Dienstherr verpflichtet, den hierdurch entstandenen Schaden zu ersetzen. Dies gilt nicht, wenn der Dienstherr die Pflichtverletzung nicht zu vertreten hat.

(2) Wegen eines Schadens, der nicht Vermögensschaden ist, kann eine in § 6 genannte, geschädigte Person eine angemessene Entschädigung in Geld verlangen. Die Entschädigung darf bei Begründung eines Dienstverhältnisses drei Monatsgehälter nicht übersteigen, wenn für die geschädigte Person auch bei benachteiligungsfreier Auswahl kein Dienstverhältnis begründet worden wäre.

(3) Ein Anspruch nach Absatz 1 oder 2 muss innerhalb einer Frist von zwei Monaten schriftlich geltend gemacht werden. Die Frist beginnt im Falle einer Bewerbung oder eines beruflichen Aufstiegs mit dem Zugang der Ablehnung, in den sonstigen Fällen einer Benachteiligung zu dem Zeitpunkt, zu dem die in § 6 genannte Person von der Benachteiligung Kenntnis erlangt.

(4) Im Übrigen bleiben Ansprüche gegen den Dienstherrn, die sich aus anderen Rechtsvorschriften ergeben, unberührt.

(5) Ein Verstoß des Dienstherrn gegen das Benachteiligungsverbot des § 7 begründet keinen Anspruch auf Begründung eines Dienstverhältnisses, auf eine Maßnahme der Ausbildung oder einen beruflichen Aufstieg, es sei denn, ein solcher ergibt sich aus einem anderen Rechtsgrund.

1   Die Vorschrift entspricht § 15 Abs. 1 und 2 AGG. Auf die dortigen Ausführungen wird verwiesen.

§ 13 Maßregelungsverbot

(1) Der Dienstherr darf eine in § 6 genannte Person nicht wegen der Inanspruchnahme von Rechten nach diesem Abschnitt oder wegen der Weigerung, eine gegen diesen Abschnitt verstoßende Weisung auszuführen, benachteiligen. Gleiches gilt für Personen, die eine in § 6 genannte Person hierbei unterstützen oder als Zeuginnen oder Zeugen aussagen.

(2) Die Zurückweisung oder Duldung benachteiligender Verhaltensweisen durch betroffene, in § 6 genannte Personen darf nicht als Grundlage für eine Entscheidung herangezogen werden, die diese Personen berührt. Absatz 1 Satz 2 gilt entsprechend.

(3) § 15 gilt entsprechend.

1   Die Vorschrift entspricht § 16 AGG. Auf die dortigen Ausführungen wird verwiesen.

§ 14 Mitgliedschaft in Vereinigungen

(1) Die Vorschriften dieses Abschnitts gelten entsprechend für die Mitgliedschaft oder die Mitwirkung in
1. einem Berufsverband der Soldatinnen und Soldaten,
2. einer sonstigen Interessenvertretung von Soldatinnen und Soldaten, insbesondere wenn deren Mitglieder einer bestimmten Verwendungsgruppe angehören, wenn ein grundlegendes Interesse am Erwerb der Mitgliedschaft besteht, sowie deren jeweiligen Zusammenschlüssen.

(2) Wenn die Ablehnung einen Verstoß gegen das Benachteiligungsverbot des § 7 Abs. 1 darstellt, besteht ein Anspruch auf Mitgliedschaft oder Mitwirkung in den in Absatz 1 genannten Vereinigungen.

1   Die Vorschrift enthält einige auf die **Besonderheit** der **Rechtsstellung** von Soldatinnen und Soldaten bezogene Inhalte. Dabei werden die besonderen **Berufsverbände** und **Interessensvertretungen** von Soldatinnen und Soldaten erwähnt. Im Übrigen entspricht die Regelung § 18 AGG.

Abschnitt 3
Rechtsschutz

§ 15 Beweislast

Wenn im Streitfall die eine Partei Indizien beweist, die eine Benachteiligung wegen eines in § 1 Abs. 1 und 2 Satz 1 genannten Grundes vermuten lassen, trägt die andere Partei die Beweislast dafür, dass kein Verstoß gegen die Bestimmungen zum Schutz vor Benachteiligung vorgelegen hat.

Die Regelung der **Beweislast** entspricht der Regelung des § 22 AGG. Auf die dortigen Ausführungen wird deshalb verwiesen. 1

§ 16 Unterstützung durch Antidiskriminierungsverbände

(1) Antidiskriminierungsverbände sind Personenzusammenschlüsse, die nicht gewerbsmäßig und nicht nur vorübergehend entsprechend ihrer Satzung die besonderen Interessen der in § 6 genannten Personen im Rahmen einer Benachteiligung nach § 1 Abs. 1 oder 2 wahrnehmen. Die Befugnisse nach den Absätzen 2 bis 4 stehen ihnen zu, wenn sie mindestens 75 Mitglieder haben oder einen Zusammenschluss aus mindestens sieben Verbänden bilden.

(2) Antidiskriminierungsverbände sind befugt, im Rahmen ihres Satzungszwecks in gerichtlichen Verfahren, in denen eine Vertretung durch Anwälte und Anwältinnen nicht gesetzlich vorgeschrieben ist, als Beistände der in § 6 genannten Personen in der Verhandlung aufzutreten. Im Übrigen bleiben die Vorschriften der Verfahrensordnungen, insbesondere diejenigen, nach denen Beiständen weiterer Vortrag untersagt werden kann, unberührt.

(3) Antidiskriminierungsverbänden ist im Rahmen ihres Satzungszwecks die Besorgung von Rechtsangelegenheiten der in § 6 genannten Personen gestattet.

(4) Besondere Klagerechte und Vertretungsbefugnisse von Verbänden zu Gunsten von behinderten Menschen bleiben unberührt.

Die Vorschrift entspricht § 23 AGG. Auf die dortigen Ausführungen wird verwiesen. 1

Abschnitt 4
Ergänzende Vorschriften

§ 17 Antidiskriminierungsstelle des Bundes

Abschnitt 6 des Allgemeinen Gleichbehandlungsgesetzes über die Antidiskriminierungsstelle des Bundes findet im Rahmen dieses Gesetzes Anwendung.

1   Die Vorschriften der §§ 25 – 30 AGG zur Antidiskriminierungsstelle des Bundes finden entsprechend Anwendung. Hinzuzufügen ist, dass auch der **Wehrbeauftragte** des deutschen Bundestages zu den **Kooperationspartnern** in Angelegenheiten der Soldatinnen und Soldaten gehört.

§ 18 Schwerbehinderte Soldatinnen und Soldaten

(1) Schwerbehinderte Soldatinnen und Soldaten dürfen bei einer Maßnahme, insbesondere beim beruflichen Aufstieg oder bei einem Befehl, nicht wegen ihrer Behinderung benachteiligt werden. Eine unterschiedliche Behandlung wegen der Behinderung ist jedoch zulässig, soweit eine Maßnahme die Art der von der schwerbehinderten Soldatin oder dem schwerbehinderten Soldaten auszuübenden Tätigkeit zum Gegenstand hat und eine bestimmte körperliche Funktion, geistige Fähigkeit oder seelische Gesundheit wesentliche und entscheidende berufliche Anforderung für diese Tätigkeit ist. Wenn im Streitfall die schwerbehinderte Soldatin oder der schwerbehinderte Soldat Indizien beweist, die eine Benachteiligung wegen der Behinderung vermuten lassen, trägt der Dienstherr die Beweislast dafür, dass nicht auf die Behinderung bezogene, sachliche Gründe eine unterschiedliche Behandlung rechtfertigen oder eine bestimmte körperliche Funktion, geistige Fähigkeit oder seelische Gesundheit wesentliche und entscheidende berufliche Anforderung für diese Tätigkeit ist.

(2) Wird gegen das in Absatz 1 geregelte Benachteiligungsverbot beim beruflichen Aufstieg verstoßen, können hierdurch benachteiligte schwerbehinderte Soldatinnen oder Soldaten eine angemessene Entschädigung in Geld verlangen; ein Anspruch auf den beruflichen Aufstieg besteht nicht. Ein Anspruch auf Entschädigung muss innerhalb von zwei Monaten, nachdem die schwerbehinderte Soldatin oder der schwerbehinderte Soldat von dem Nichtzustandekommen des beruflichen Aufstiegs Kenntnis erhalten hat, geltend gemacht werden. § 19 Unabdingbarkeit Von den Vorschriften dieses Gesetzes kann nicht zu Ungunsten der Soldatinnen und Soldaten abgewichen werden. § 20 Übergangsvorschrift Erfolgen Benachteiligungen in Form sexueller Belästigungen nach dem Beschäftigtenschutzgesetz vor dem 18. August 2006, ist das zu diesem Zeitpunkt geltende Recht anzuwenden.

(3) Wenn im Streitfall die schwerbehinderte Soldatin oder der schwerbehinderte Soldat Indizien beweist, die eine Benachteiligung wegen der Behinderung vermuten lassen, trägt der Dienstherr die Beweislast dafür, dass nicht auf die

Behinderung bezogene, sachliche Gründe eine unterschiedliche Behandlung rechtfertigen oder eine bestimmte körperliche Funktion, geistige Fähigkeit oder seelische Gesundheit wesentliche und entscheidende berufliche Anforderung für diese Tätigkeit ist.

Die Vorschrift enthält das Verbot der Benachteiligung von Soldatinnen und Soldaten wegen einer **Schwerbehinderung**. Bei einer Maßnahme, insbesondere beim beruflichen Aufstieg oder einem militärischen Befehl. Ob sich eine Schwerbehinderung im Zusammenhang mit der Ausübung des Berufs des Wehrpersonals ergeben haben muss, wird jedenfalls aus dem Wortlaut der Vorschrift nicht deutlich. 1

§ 22 Abs. 1 S. 2 SoldGG enthält allerdings einen **Rechtfertigungsgrund** für eine unterschiedliche Behandlung von Behinderten, wenn eine bestimmte körperliche Funktion, geistige Fähigkeit oder seelische Gesundheit wesentliche und entscheidende berufliche Anforderung für die **konkrete Tätigkeit** ist. 2

Dabei trifft § 18 Abs. 1 S. 3 Sold GG eine Regelung der **Beweislast**. Der Schwerbehinderte muss Tatsachen glaubhaft machen, die eine Benachteiligung wegen der Behinderung vermuten lassen, so dann trägt der Dienstherr die Beweislast dafür, dass nicht auf die Behinderung bezogene, sachliche Gründe eine unterschiedliche Behandlung rechtfertigen. Das Gleiche gilt, wenn eine bestimmte körperliche Funktion, geistige Fähigkeit oder seelische Gesundheit zur Debatte steht. Auffällig ist auch, dass die Regelung des SoldGG im Gegensatz zu den Vergleichsregelungen in §§ 15 und 22 AGG von einer »**Glaubhaftmachung**« ausgeht. § 18 Abs. 2 SoldGG regelt die Entschädigungspflicht. Ein **Anspruch** auf beruflichen Aufstieg besteht indessen nicht. Als Frist weist die Vorschrift 2 Monate, nach dem das Nichtzustandekommen des beruflichen Aufstiegs zur Kenntnis gelangt ist. 3

§ 19 Unabdingbarkeit

Von den Vorschriften dieses Gesetzes kann nicht zu Ungunsten der Soldatinnen und Soldaten abgewichen werden.

Die Vorschrift entspricht § 31 AGG. Auf die dortigen Ausführungen wird Bezug genommen. 1

§ 20 Übergangsvorschrift

Erfolgen Benachteiligungen in Form sexueller Belästigungen nach dem Beschäftigtengesetz vor dem 18. August 2006, ist das zu diesem Zeitpunkt geltende Recht anzuwenden.

1   Die Vorschrift enthält die Feststellung, dass Benachteiligungen zulasten von Soldatinnen und Soldaten in Form von sexuellen Belästigungen, die zum Zeitpunkt der Geltung des Beschäftigtenschutzgesetzes stattgefunden hatten, aber zum **Zeitpunkt der Aufhebung** dieses Gesetzes noch nicht zu den nach diesem Gesetz möglichen Folgen geführt haben, weiterhin nach der alten Rechtslage zu beurteilen sind.

Arbeitshilfen

I. Antidiskriminierungsstelle des Bundes

Hausadresse:
Alexanderstr. 3
10178 Berlin

Postadresse:
11018 Berlin

Tel.: 03018/555-1865
Fax: 03018/555-41865

E-Mail: ADS@bmfsfj.bund.de

Arbeitshilfen

II. Checkliste zu § 1 AGG

Benachteiligung	erlaubt	u. U. gerechtfertigt	bedenklich	verboten
Ethnische Herkunft				
Deutsche Staatsangehörigkeit	X	X		
Sinti/Roma				X
Ossi/Wessi		X	X	
Deutsche Sprachkenntnisse		X		
Muttersprache		X	X	
Geschlecht				
»nur Männer«		X		X
Schwangerschaft				X
Teilzeitbeschäftigung		X		X
»Flexibilität«		X	X	
Religion/Weltanschauung				
Scientology			X	X
Konfession		X		
Marxismus			X	
Kopftuch		X		
Kreuz		X		
Behinderung				
Krankheit	X			
Sucht		X		
Drogenscreening	X			
Frage nach Schwerbehinderung				X
Lichtbild			X	
Religion		X		
Flexibilität			X	
Alter				
Geburtsdatum	X		X	
»Junges Team«			X	
Sexuelle Identität				
Ehe			X	

III. Checkliste zu § 3 AGG (Benachteiligung)

Sachverhalt	unmittelbare Benachteiligung	mittelbare Belästigung	Belästigung	sexuelle Belästigung
Teilzeitbeschäftigung		X		
Schwangerschaft	X			
Pin-up's				(X)
Stalking			X	
Witze			X	
»keine Raucher«				
Bevorzugung von Wehrdienst	X			
Körpergröße		X		
Sprachtest		(X)		
Mobbing			X	
Bossing			X	
»sexy outfit«				X

IV. Sachlicher Anwendungsbereich (§ 2 Beamte 1 AGG)

- Bewerbung, Ausschreibung (u. a. Auswahlkriterien, Einstellungsbedingungen, beruflicher Aufstieg) [§ 2 Abs. 1 Nr. 1 AGG]
- Beschäftigungs- und Arbeitsbedingungen und beruflicher Aufstieg (u. a. Arbeitsentgelt, Beendigung) [§ 2 Abs. 1 Nr. 2 AGG]
- Berufsberatung, Berufsbildung (u. a. Berufsausbildung, berufliche Weiterbildung, Umschulung) [§ 2 Abs. 1 Nr. 3 AGG]
- Mitgliedschaft und Mitwirkung (Beschäftigten- oder Arbeitgebervereinigungen, Berufsgruppenvereinigungen) [§ 2 Abs. 1 Nr. 4 AGG]
- Sozialschutz, soziale Vergünstigungen, Bildung [§ 2 Abs. 1 Nr, 5 – 7 AGG]
- Zugang und Versorgung (öffentliche Güter oder Dienstleistungen) [§ 2 Abs. 1 Nr. 8 AGG]

V. Persönlicher Anwendungsbereich (§ 6 AGG)

- Arbeitnehmer, Azubis, arbeitnehmerähnliche Personen, Heimarbeiter, Bewerber, Beamte, Richter, Zivildienstleistende (geschützter Personenkreis)
- Arbeitgeber, auch Entleiher, Dienstherrn (mögliche »Verletzer«)
- Selbständige, Organmitglieder [Geschäftsführer, Vorstände], Behördenleiter (eingeschränkter Schutz)

VI. Rechte der Beschäftigten

- Beschwerde (§ 13 AGG)
- Leistungsverweigerung (§ 14 AGG)
- Entschädigung und Schadensersatz (§ 15 AGG)

VII. Pflichten der Arbeitgeber

- Ausschreibung (§ 11 AGG)
- Prävention und Maßnahmen (§ 12 Abs. 1 AGG)
- Hinweis, Hinwirkung, Schulung (§ 12 Abs. 2 AGG)
- (arbeits-)rechtliche Maßnahmen gegen (»Verletzer-«) Beschäftigte (§ 12 Abs. 3 AGG)
- Maßnahmen gegen Dritte als »Verletzer« (§ 12 Abs. 4 AGG)
- Bekanntmachung des AGG, Information über Beschwerdemöglichkeiten (Aushang, Intranet etc.); Beschwerdestelle

Vorschriften

Richtlinie 2000/43/EG des Rates
vom 29. 6. 2000 zur Anwendung des Gleichbehandlungsgrundsatzes ohne Unterschied der Rasse oder der ethnischen Herkunft
(ABl. Nr. L 180 vom 19. 7. 2000, S. 22)

Der Rat der Europäischen Union –

gestützt auf den Vertrag zur Gründung der Europäischen Gemeinschaft, insbesondere auf Artikel 13,

auf Vorschlag der Kommission[1],

nach Stellungnahme des Europäischen Parlaments[2],

nach Stellungnahme des Wirtschafts- und Sozialausschusses [3],

nach Stellungnahme des Ausschusses der Regionen [4],

in Erwägung nachstehender Gründe:

(1) Der Vertrag über die Europäische Union markiert den Beginn einer neuen Etappe im Prozess des immer engeren Zusammenwachsens der Völker Europas.

(2) Nach Artikel 6 des Vertrags über die Europäische Union beruht die Europäische Union auf den Grundsätzen der Freiheit, der Demokratie, der Achtung der Menschenrechte und Grundfreiheiten sowie der Rechtsstaatlichkeit; diese Grundsätze sind den Mitgliedstaaten gemeinsam. Nach Artikel 6 EU-Vertrag sollte die Union ferner die Grundrechte, wie sie in der Europäischen Konvention zum Schutze der Menschenrechte und Grundfreiheiten gewährleistet sind und wie sie sich aus den gemeinsamen Verfassungsüberlieferungen als allgemeine Grundsätze des Gemeinschaftsrechts ergeben, achten.

(3) Die Gleichheit vor dem Gesetz und der Schutz aller Menschen vor Diskriminierung ist ein allgemeines Menschenrecht. Dieses Recht wurde in der Allgemeinen Erklärung der Menschenrechte, im VN-Übereinkommen über die Beseitigung aller Formen der Diskriminierung von Frauen, im Internationalen Übereinkommen zur Beseitigung jeder Form von Rassendiskriminierung, im Internationalen Pakt der VN über bürgerliche und politische Rechte sowie im Internationalen Pakt der VN über wirtschaftliche, soziale und kulturelle Rechte und in der Europäischen

---

1 Amtlicher Hinweis: Noch nicht im Amtsblatt veröffentlicht.
2 Amtlicher Hinweis: Stellungnahme vom 18. Mai 2000.
3 Amtlicher Hinweis: Stellungnahme vom 12. April 2000.
4 Amtlicher Hinweis: Stellungnahme vom 31. Mai 2000.

Konvention zum Schutz der Menschenrechte und der Grundfreiheiten anerkannt, die von allen Mitgliedstaaten unterzeichnet wurden.

(4) Es ist wichtig, dass diese Grundrechte und Grundfreiheiten, einschließlich der Vereinigungsfreiheit, geachtet werden. Ferner ist es wichtig, dass im Zusammenhang mit dem Zugang zu und der Versorgung mit Gütern und Dienstleistungen der Schutz der Privatsphäre und des Familienlebens sowie der in diesem Kontext getätigten Geschäfte gewahrt bleibt.

(5) Das Europäische Parlament hat eine Reihe von Entschließungen zur Bekämpfung des Rassismus in der Europäischen Union angenommen.

(6) Die Europäische Union weist Theorien, mit denen versucht wird, die Existenz verschiedener menschlicher Rassen zu belegen, zurück. Die Verwendung des Begriffs »Rasse« in dieser Richtlinie impliziert nicht die Akzeptanz solcher Theorien.

(7) Auf seiner Tagung in Tampere vom 15. und 16. Oktober 1999 ersuchte der Europäische Rat die Kommission, so bald wie möglich Vorschläge zur Durchführung des Artikels 13 EG-Vertrag im Hinblick auf die Bekämpfung von Rassismus und Fremdenfeindlichkeit vorzulegen.

(8) In den vom Europäischen Rat auf seiner Tagung vom 10. und 11. Dezember 1999 in Helsinki vereinbarten beschäftigungspolitischen Leitlinien für das Jahr 2000 wird die Notwendigkeit unterstrichen, günstigere Bedingungen für die Entstehung eines Arbeitsmarktes zu schaffen, der soziale Integration fördert; dies soll durch ein Bündel aufeinander abgestimmter Maßnahmen geschehen, die darauf abstellen, Diskriminierungen bestimmter gesellschaftlicher Gruppen, wie ethnischer Minderheiten, zu bekämpfen.

(9) Diskriminierungen aus Gründen der Rasse oder der ethnischen Herkunft können die Verwirklichung der im EG-Vertrag festgelegten Ziele unterminieren, insbesondere die Erreichung eines hohen Beschäftigungsniveaus und eines hohen Maßes an sozialem Schutz, die Hebung des Lebensstandards und der Lebensqualität, den wirtschaftlichen und sozialen Zusammenhalt sowie die Solidarität. Ferner kann das Ziel der Weiterentwicklung der Europäischen Union zu einem Raum der Freiheit, der Sicherheit und des Rechts beeinträchtigt werden.

(10) Die Kommission legte im Dezember 1995 eine Mitteilung über Rassismus, Fremdenfeindlichkeit und Antisemitismus vor.

(11) Der Rat hat am 15. Juli 1996 die Gemeinsame Maßnahme 96/443/JI zur Bekämpfung von Rassismus und Fremdenfeindlichkeit[5] angenommen, mit der sich die Mitgliedstaaten verpflichten, eine wirksame justitielle Zusammenarbeit bei Vergehen, die auf rassistischen oder fremdenfeindlichen Verhaltensweisen beruhen, zu gewährleisten.

(12) Um die Entwicklung demokratischer und toleranter Gesellschaften zu gewährleisten, die allen Menschen – ohne Unterschied der Rasse oder der ethnischen Herkunft – eine Teilhabe ermöglichen, sollten spezifische Maßnahmen zur Bekämpfung von Diskriminierungen aus Gründen der Rasse oder der ethnischen Herkunft über die Gewährleistung des Zugangs zu unselbständiger und selbständiger Erwerbstätigkeit hinausgehen und auch Aspekte wie Bildung, Sozialschutz,

---

5   Amtlicher Hinweis: ABl. L 185 vom 24. 7. 1996, S. 5.

einschließlich sozialer Sicherheit und der Gesundheitsdienste, soziale Vergünstigungen, Zugang zu und Versorgung mit Gütern und Dienstleistungen, mit abdecken.

(13) Daher sollte jede unmittelbare oder mittelbare Diskriminierung aus Gründen der Rasse oder der ethnischen Herkunft in den von der Richtlinie abgedeckten Bereichen gemeinschaftsweit untersagt werden. Dieses Diskriminierungsverbot sollte auch hinsichtlich Drittstaatsangehörigen angewandt werden, betrifft jedoch keine Ungleichbehandlungen auf Grund der Staatsangehörigkeit und lässt die Vorschriften über die Einreise und den Aufenthalt von Drittstaatsangehörigen und ihren Zugang zu Beschäftigung und Beruf unberührt.

(14) Bei der Anwendung des Grundsatzes der Gleichbehandlung ohne Ansehen der Rasse oder der ethnischen Herkunft sollte die Gemeinschaft im Einklang mit Artikel 3 Absatz 2 EG-Vertrag bemüht sein, Ungleichheiten zu beseitigen und die Gleichstellung von Männern und Frauen zu fördern, zumal Frauen häufig Opfer mehrfacher Diskriminierungen sind.

(15) Die Beurteilung von Tatbeständen, die auf eine unmittelbare oder mittelbare Diskriminierung schließen lassen, obliegt den einzelstaatlichen gerichtlichen Instanzen oder anderen zuständigen Stellen nach den nationalen Rechtsvorschriften oder Gepflogenheiten. In diesen einzelstaatlichen Vorschriften kann insbesondere vorgesehen sein, dass mittelbare Diskriminierung mit allen Mitteln, einschließlich statistischer Beweise, festzustellen ist.

(16) Es ist wichtig, alle natürlichen Personen gegen Diskriminierung aus Gründen der Rasse oder der ethnischen Herkunft zu schützen. Die Mitgliedstaaten sollten auch, soweit es angemessen ist und im Einklang mit ihren nationalen Gepflogenheiten und Verfahren steht, den Schutz juristischer Personen vorsehen, wenn diese auf Grund der Rasse oder der ethnischen Herkunft ihrer Mitglieder Diskriminierungen erleiden.

(17) Das Diskriminierungsverbot sollte nicht der Beibehaltung oder dem Erlass von Maßnahmen entgegenstehen, mit denen bezweckt wird, Benachteiligungen von Angehörigen einer bestimmten Rasse oder ethnischen Gruppe zu verhindern oder auszugleichen, und diese Maßnahmen können Organisation von Personen einer bestimmten Rasse oder ethnischen Herkunft gestatten, wenn deren Zweck hauptsächlich darin besteht, für die besonderen Bedürfnisse dieser Personen einzutreten.

(18) Unter sehr begrenzten Bedingungen kann eine unterschiedliche Behandlung gerechtfertigt sein, wenn ein Merkmal, das mit der Rasse oder ethnischen Herkunft zusammenhängt, eine wesentliche und entscheidende berufliche Anforderung darstellt, sofern es sich um einen legitimen Zweck und eine angemessene Anforderung handelt. Diese Bedingungen sollten in die Informationen aufgenommen werden, die die Mitgliedstaaten der Kommission übermitteln.

(19) Opfer von Diskriminierungen aus Gründen der Rasse oder der ethnischen Herkunft sollten über einen angemessenen Rechtsschutz verfügen. Um einen effektiveren Schutz zu gewährleisten, sollte auch die Möglichkeit bestehen, dass sich Verbände oder andere juristische Personen unbeschadet der nationalen Verfahrens-

ordnung bezüglich der Vertretung und Verteidigung vor Gericht bei einem entsprechenden Beschluss der Mitgliedstaaten im Namen eines Opfers oder zu seiner Unterstützung an einem Verfahren beteiligen.

(20) Voraussetzungen für eine effektive Anwendung des Gleichheitsgrundsatzes sind ein angemessener Schutz vor Viktimisierung.

(21) Eine Änderung der Regeln für die Beweislastverteilung ist geboten, wenn ein glaubhafter Anschein einer Diskriminierung besteht. Zur wirksamen Anwendung des Gleichbehandlungsgrundsatzes ist eine Verlagerung der Beweislast auf die beklagte Partei erforderlich, wenn eine solche Diskriminierung nachgewiesen ist.

(22) Die Mitgliedstaaten können davon absehen, die Regeln für die Beweislastverteilung auf Verfahren anzuwenden, in denen die Ermittlung des Sachverhalts dem Gericht oder der zuständigen Stelle obliegt. Dies betrifft Verfahren, in denen die klagende Partei den Beweis des Sachverhalts, dessen Ermittlung dem Gericht oder der zuständigen Stelle obliegt, nicht anzutreten braucht.

(23) Die Mitgliedstaaten sollten den Dialog zwischen den Sozialpartnern und mit Nichtregierungsorganisationen fördern, mit dem Ziel, gegen die verschiedenen Formen von Diskriminierung anzugehen und diese zu bekämpfen.

(24) Der Schutz vor Diskriminierung aus Gründen der Rasse oder der ethnischen Herkunft würde verstärkt, wenn es in jedem Mitgliedstaat eine Stelle bzw. Stellen gäbe, die für die Analyse der mit Diskriminierungen verbundenen Probleme, die Prüfung möglicher Lösungen und die Bereitstellung konkreter Hilfsangebote an die Opfer zuständig wäre.

(25) In dieser Richtlinie werden Mindestanforderungen festgelegt; den Mitgliedstaaten steht es somit frei, günstigere Vorschriften beizubehalten oder einzuführen. Die Umsetzung der Richtlinie darf nicht als Rechtfertigung für eine Absenkung des in den Mitgliedstaaten bereits bestehenden Schutzniveaus benutzt werden.

(26) Die Mitgliedstaaten sollten wirksame, verhältnismäßige und abschreckende Sanktionen für den Fall vorsehen, dass gegen die aus der Richtlinie erwachsenden Verpflichtungen verstoßen wird.

(27) Die Mitgliedstaaten können den Sozialpartnern auf deren gemeinsamen Antrag die Durchführung der Bestimmungen dieser Richtlinie übertragen, die in den Anwendungsbereich von Tarifverträgen fallen, sofern sie alle erforderlichen Maßnahmen treffen, um jederzeit gewährleisten zu können, dass die durch diese Richtlinie vorgeschriebenen Ergebnisse erzielt werden.

(28) Entsprechend dem in Artikel 5 EG-Vertrag niedergelegten Subsidiaritäts- und Verhältnismäßigkeitsprinzip kann das Ziel dieser Richtlinie, nämlich ein einheitliches, hohes Niveau des Schutzes vor Diskriminierungen in allen Mitgliedstaaten zu gewährleisten, auf der Ebene der Mitgliedstaaten nicht ausreichend erreicht werden; es kann daher wegen des Umfangs und der Wirkung der vorgeschlagenen Maßnahme besser auf Gemeinschaftsebene verwirklicht werden. Diese Richtlinie geht nicht über das für die Erreichung dieser Ziele erforderliche Maß hinaus
—

hat folgende Richtlinien erlassen:

Kapitel I
Allgemeine Bestimmungen
Artikel 1
Zweck

Zweck dieser Richtlinie ist die Schaffung eines Rahmens zur Bekämpfung der Diskriminierung auf Grund der Rasse oder der ethnischen Herkunft im Hinblick auf die Verwirklichung des Grundsatzes der Gleichbehandlung in den Mitgliedstaaten.

Artikel 2
Der Begriff »Diskriminierung«

(1) Im Sinne dieser Richtlinie bedeutet »Gleichbehandlungsgrundsatz«, dass es keine unmittelbare oder mittelbare Diskriminierung aus Gründen der Rasse oder der ethnischen Herkunft geben darf.

(2) Im Sinne von Absatz 1
a) liegt eine unmittelbare Diskriminierung vor, wenn eine Person auf Grund ihrer Rasse oder ethnischen Herkunft in einer vergleichbaren Situation eine weniger günstige Behandlung als eine andere Person erfährt, erfahren hat oder erfahren würde;
b) liegt eine mittelbare Diskriminierung vor, wenn dem Anschein nach neutrale Vorschriften, Kriterien oder Verfahren Personen, die einer Rasse oder ethnischen Gruppe angehören, in besonderer Weise benachteiligen können, es sei denn, die betreffenden Vorschriften, Kriterien oder Verfahren sind durch ein rechtmäßiges Ziel sachlich gerechtfertigt, und die Mittel sind zur Erreichung dieses Ziels angemessen und erforderlich.

(3) Unerwünschte Verhaltensweisen, die im Zusammenhang mit der Rasse oder der ethnischen Herkunft einer Person stehen und bezwecken oder bewirken, dass die Würde der betreffenden Person verletzt und ein von Einschüchterungen, Anfeindungen, Erniedrigungen, Entwürdigungen oder Beleidigungen gekennzeichnetes Umfeld geschaffen wird, sind Belästigungen, die als Diskriminierung im Sinne von Absatz 1 gelten. In diesem Zusammenhang können die Mitgliedstaaten den Begriff »Belästigung« im Einklang mit den einzelstaatlichen Rechtsvorschriften und Gepflogenheiten definieren.

(4) Die Anweisung zur Diskriminierung einer Person aus Gründen der Rasse oder der ethnischen Herkunft gilt als Diskriminierung im Sinne von Absatz 1.

Artikel 3
Geltungsbereich

(1) Im Rahmen der auf die Gemeinschaft übertragenen Zuständigkeiten gilt diese Richtlinie für alle Personen in öffentlichen und privaten Bereichen, einschließlich öffentlicher Stellen, in Bezug auf:

a) die Bedingungen – einschließlich Auswahlkriterien und Einstellungsbedingungen – für den Zugang zu unselbständiger und selbständiger Erwerbstätigkeit, unabhängig von Tätigkeitsfeld und beruflicher Position, sowie für den beruflichen Aufstieg;

b) den Zugang zu allen Formen und allen Ebenen der Berufsberatung, der Berufsausbildung, der beruflichen Weiterbildung und der Umschulung einschließlich der praktischen Berufserfahrung;

c) die Beschäftigungs- und Arbeitsbedingungen, einschließlich Entlassungsbedingungen und Arbeitsentgelt;

d) die Mitgliedschaft und Mitwirkung in einer Arbeitnehmer- oder Arbeitgeberorganisation oder einer Organisation, deren Mitglieder einer bestimmten Berufsgruppe angehören, einschließlich der Inanspruchnahme der Leistungen solcher Organisationen;

e) den Sozialschutz, einschließlich der sozialen Sicherheit und der Gesundheitsdienste;

f) die sozialen Vergünstigungen;

g) die Bildung;

h) den Zugang zu und die Versorgung mit Gütern und Dienstleistungen, die der Öffentlichkeit zur Verfügung stehen, einschließlich von Wohnraum.

(2) Diese Richtlinie betrifft nicht unterschiedliche Behandlungen aus Gründen der Staatsangehörigkeit und berührt nicht die Vorschriften und Bedingungen für die Einreise von Staatsangehörigen dritter Staaten oder staatenlosen Personen in das Hoheitsgebiet der Mitgliedstaaten oder deren Aufenthalt in diesem Hoheitsgebiet sowie eine Behandlung, die sich aus der Rechtsstellung von Staatsangehörigen dritter Staaten oder staatenlosen Personen ergibt.

Artikel 4 Wesentliche und entscheidende berufliche Anforderungen

Ungeachtet des Artikels 2 Absätze 1 und 2 können die Mitgliedstaaten vorsehen, dass eine Ungleichbehandlung auf Grund eines mit der Rasse oder der ethnischen Herkunft zusammenhängenden Merkmals keine Diskriminierung darstellt, wenn das betreffende Merkmal auf Grund der Art einer bestimmten beruflichen Tätigkeit oder der Rahmenbedingungen ihrer Ausübung eine wesentliche und entscheidende berufliche Voraussetzung darstellt und sofern es sich um einen rechtmäßigen Zweck und eine angemessene Anforderung handelt.

Artikel 5 Positive Maßnahmen

Der Gleichbehandlungsgrundsatz hindert die Mitgliedstaaten nicht daran, zur Gewährleistung der vollen Gleichstellung in der Praxis spezifische Maßnahmen, mit denen Benachteiligungen auf Grund der Rasse oder ethnischen Herkunft verhindert oder ausgeglichen werden, beizubehalten oder zu beschließen.

Artikel 6
Mindestanforderungen

(1) Es bleibt den Mitgliedstaaten unbenommen, Vorschriften einzuführen oder beizubehalten, die im Hinblick auf die Wahrung des Gleichbehandlungsgrundsatzes günstiger als die in dieser Richtlinie vorgesehenen Vorschriften sind.

(2) Die Umsetzung dieser Richtlinie darf keinesfalls als Rechtfertigung für eine Absenkung des von den Mitgliedstaaten bereits garantierten Schutzniveaus in Bezug auf Diskriminierungen in den von der Richtlinie abgedeckten Bereichen benutzt werden.

Kapitel II
Rechtsbehelfe und Rechtsdurchsetzung

Artikel 7
Rechtsschutz

(1) Die Mitgliedstaaten stellen sicher, dass alle Personen, die sich durch die Nichtanwendung des Gleichbehandlungsgrundsatzes in ihren Rechten für verletzt halten, ihre Ansprüche aus dieser Richtlinie auf dem Gerichts- und/oder Verwaltungsweg sowie, wenn die Mitgliedstaaten es für angezeigt halten, in Schlichtungsverfahren geltend machen können, selbst wenn das Verhältnis, während dessen die Diskriminierung vorgekommen sein soll, bereits beendet ist.

(2) Die Mitgliedstaaten stellen sicher, dass Verbände, Organisationen oder andere juristische Personen, die gemäß den in ihrem einzelstaatlichen Recht festgelegten Kriterien ein rechtmäßiges Interesse daran haben, für die Einhaltung der Bestimmungen dieser Richtlinie zu sorgen, sich entweder im Namen der beschwerten Person oder zu deren Unterstützung und mit deren Einwilligung an den in dieser Richtlinie zur Durchsetzung der Ansprüche vorgesehenen Gerichts- und/oder Verwaltungsverfahren beteiligen können.

(3) Die Absätze 1 und 2 lassen einzelstaatliche Regelungen über Fristen für die Rechtsverfolgung betreffend den Gleichbehandlungsgrundsatz unberührt.

Artikel 8
Beweislast

(1) Die Mitgliedstaaten ergreifen im Einklang mit ihrem nationalen Gerichtswesen die erforderlichen Maßnahmen, um zu gewährleisten, dass immer dann, wenn Personen, die sich durch die Nichtanwendung des Gleichbehandlungsgrundsatzes für verletzt halten und bei einem Gericht oder einer anderen zuständigen Stelle Tatsachen glaubhaft machen, die das Vorliegen einer unmittelbaren oder mittelbaren Diskriminierung vermuten lassen, es dem Beklagten obliegt zu beweisen, dass keine Verletzung des Gleichbehandlungsgrundsatzes vorgelegen hat.

(2) Absatz 1 lässt das Recht der Mitgliedstaaten, eine für den Kläger günstigere Beweislastregelung vorzusehen, unberührt.

(3) Absatz 1 gilt nicht für Strafverfahren.

(4) Die Absätze 1, 2 und 3 gelten auch für Verfahren gemäß Artikel 7 Absatz 2.

(5) Die Mitgliedstaaten können davon absehen, Absatz 1 auf Verfahren anzuwenden, in denen die Ermittlung des Sachverhalts dem Gericht oder der zuständigen Stelle obliegt.

Artikel 9
Viktimisierung

Die Mitgliedstaaten treffen im Rahmen ihrer nationalen Rechtsordnung die erforderlichen Maßnahmen, um den Einzelnen vor Benachteiligungen zu schützen, die als Reaktion auf eine Beschwerde oder auf die Einleitung eines Verfahrens zur Durchsetzung des Gleichbehandlungsgrundsatzes erfolgen.

Artikel 10
Unterrichtung

Die Mitgliedstaaten tragen dafür Sorge, dass die gemäß dieser Richtlinie getroffenen Maßnahmen sowie die bereits geltenden einschlägigen Vorschriften allen Betroffenen in geeigneter Form in ihrem Hoheitsgebiet bekannt gemacht werden.

Artikel 11
Sozialer Dialog

(1) Die Mitgliedstaaten treffen im Einklang mit den nationalen Gepflogenheiten und Verfahren geeignete Maßnahmen zur Förderung des sozialen Dialogs zwischen Arbeitgebern und Arbeitnehmern, mit dem Ziel, die Verwirklichung des Gleichbehandlungsgrundsatzes durch Überwachung der betrieblichen Praxis, durch Tarifverträge, Verhaltenskodizes, Forschungsarbeiten oder durch einen Austausch von Erfahrungen und bewährten Lösungen voranzubringen.

(2) Soweit vereinbar mit den nationalen Gepflogenheiten und Verfahren, fordern die Mitgliedstaaten Arbeitgeber und Arbeitnehmer ohne Eingriff in deren Autonomie auf, auf geeigneter Ebene Antidiskriminierungsvereinbarungen zu schließen, die die in Artikel 3 genannten Bereiche betreffen, soweit diese in den Verantwortungsbereich der Tarifparteien fallen. Die Vereinbarungen müssen den in dieser Richtlinie festgelegten Mindestanforderungen sowie den einschlägigen nationalen Durchführungsbestimmungen entsprechen.

Artikel 12
Dialog mit Nichtregierungsorganisationen

Die Mitgliedstaaten fördern den Dialog mit geeigneten Nichtregierungsorganisationen, die gemäß ihren nationalen Rechtsvorschriften und Gepflogenheiten ein rechtmäßiges Interesse daran haben, sich an der Bekämpfung von Diskriminierung aus Gründen der Rasse oder der ethnischen Herkunft zu beteiligen, um den Grundsatz der Gleichbehandlung zu fördern.

Kapitel III
Mit der Förderung der Gleichbehandlung befasste Stellen

Artikel 13

(1) Jeder Mitgliedstaat bezeichnet eine oder mehrere Stellen, deren Aufgabe darin besteht, die Verwirklichung des Grundsatzes der Gleichbehandlung aller Personen ohne Diskriminierung auf Grund der Rasse oder der ethnischen Herkunft zu fördern. Diese Stellen können Teil einer Einrichtung sein, die auf nationaler Ebene für den Schutz der Menschenrechte oder der Rechte des einzelnen zuständig ist.

(2) Die Mitgliedstaaten stellen sicher, dass es zu den Zuständigkeiten dieser Stellen gehört,
- unbeschadet der Rechte der Opfer und der Verbände, der Organisationen oder anderer juristischer Personen nach Artikel 7 Absatz 2 die Opfer von Diskriminierungen auf unabhängige Weise dabei zu unterstützen, ihrer Beschwerde wegen Diskriminierung nachzugehen;
- unabhängige Untersuchungen zum Thema der Diskriminierung durchzuführen;
- unabhängige Berichte zu veröffentlichen und Empfehlungen zu allen Aspekten vorzulegen, die mit diesen Diskriminierungen in Zusammenhang stehen.

Kapitel IV
Schlussbestimmungen

Artikel 14
Einhaltung

Die Mitgliedstaaten treffen die erforderlichen Maßnahmen, um sicherzustellen,
a) dass sämtliche Rechts- und Verwaltungsvorschriften, die dem Gleichbehandlungsgrundsatz zuwiderlaufen, aufgehoben werden;
b) dass sämtliche mit dem Gleichbehandlungsgrundsatz nicht zu vereinbarenden Bestimmungen in Einzel- oder Kollektivverträgen oder -vereinbarungen, Betriebsordnungen, Statuten von Vereinigungen mit oder ohne Erwerbszweck sowie Statuten der freien Berufe und der Arbeitnehmer- und Arbeitgeberorganisationen für nichtig erklärt werden oder erklärt werden können oder geändert werden.

Artikel 15
Sanktionen

Die Mitgliedstaaten legen die Sanktionen fest, die bei einem Verstoß gegen die einzelstaatlichen Vorschriften zur Anwendung dieser Richtlinie zu verhängen sind, und treffen alle geeigneten Maßnahmen, um deren Durchsetzung zu gewährleisten. Die Sanktionen, die auch Schadenersatzleistungen an die Opfer umfassen können, müssen wirksam, verhältnismäßig und abschreckend sein. Die Mitgliedstaaten teilen der Kommission diese Bestimmungen bis zum 19. Juli 2003 mit und melden alle sie betreffenden Änderungen unverzüglich.

Artikel 16
Umsetzung

Die Mitgliedstaaten erlassen die erforderlichen Rechts- und Verwaltungsvorschriften, um dieser Richtlinie bis zum 19. Juli 2003 nachzukommen, oder können den Sozialpartnern auf deren gemeinsamen Antrag die Durchführung der Bestimmungen dieser Richtlinie übertragen, die in den Anwendungsbereich von Tarifverträgen fallen. In diesem Fall gewährleisten die Mitgliedstaaten, dass die Sozialpartner bis zum 19. Juli 2003 im Wege einer Vereinbarung die erforderlichen Maßnahmen getroffen haben; dabei haben die Mitgliedstaaten alle erforderlichen Maßnahmen zu treffen, um jederzeit gewährleisten zu können, dass die durch diese Richtlinie vorgeschriebenen Ergebnisse erzielt werden. Sie setzen die Kommission unverzüglich davon in Kenntnis.

Wenn die Mitgliedstaaten derartige Vorschriften erlassen, nehmen sie in den Vorschriften selbst oder durch einen Hinweis bei der amtlichen Veröffentlichung auf diese Richtlinie Bezug. Die Mitgliedstaaten regeln die Einzelheiten der Bezugnahme.

Artikel 17
Bericht

(1) Bis zum 19. Juli 2005 und in der Folge alle fünf Jahre übermitteln die Mitgliedstaaten der Kommission sämtliche Informationen, die diese für die Erstellung eines dem Europäischen Parlament und dem Rat vorzulegenden Berichts über die Anwendung dieser Richtlinie benötigt.

(2) Die Kommission berücksichtigt in ihrem Bericht in angemessener Weise die Ansichten der Europäischen Stelle zur Beobachtung von Rassismus und Fremdenfeindlichkeit sowie die Standpunkte der Sozialpartner und der einschlägigen Nichtregierungsorganisationen. Im Einklang mit dem Grundsatz der Berücksichtigung geschlechterspezifischer Fragen wird ferner in dem Bericht die Auswirkung der Maßnahmen auf Frauen und Männer bewertet. Unter Berücksichtigung der übermittelten Informationen enthält der Bericht gegebenenfalls auch Vorschläge für eine Änderung und Aktualisierung dieser Richtlinie.

Artikel 18
Inkrafttreten

Diese Richtlinie tritt am Tag ihrer Veröffentlichung im Amtsblatt der Europäischen Gemeinschaften in Kraft.

Artikel 19
Adressaten

Diese Richtlinie ist an die Mitgliedstaaten gerichtet.

Richtlinie 2000/78/EG des Rates

vom 27. 11. 2000 zur Festlegung eines allgemeinen Rahmens für die Verwirklichung der Gleichbehandlung in Beschäftigung und Beruf

(ABl. Nr. L 303 vom 2. 12. 2000, S. 16)

Der Rat der Europäischen Union –

gestützt auf den Vertrag zur Gründung der Europäischen Gemeinschaft, insbesondere auf Artikel 13,

auf Vorschlag der Kommission [1],

nach Stellungnahme des Europäischen Parlaments [2],

nach Stellungnahme des Wirtschafts- und Sozialausschusses [3],

nach Stellungnahme des Ausschusses der Regionen [4],

in Erwägung nachstehender Gründe:

(1) Nach Artikel 6 Absatz 2 des Vertrags über die Europäische Union beruht die Europäische Union auf den Grundsätzen der Freiheit, der Demokratie, der Achtung der Menschenrechte und Grundfreiheiten sowie der Rechtsstaatlichkeit; diese Grundsätze sind allen Mitgliedstaaten gemeinsam. Die Union achtet die Grundrechte, wie sie in der Europäischen Konvention zum Schutze der Menschenrechte und Grundfreiheiten gewährleistet sind und wie sie sich aus den gemeinsamen Verfassungsüberlieferungen der Mitgliedstaaten als allgemeine Grundsätze des Gemeinschaftsrechts ergeben.

(2) Der Grundsatz der Gleichbehandlung von Männern und Frauen wurde in zahlreichen Rechtsakten der Gemeinschaft fest verankert, insbesondere in der Richtlinie 76/207/EWG des Rates vom 9. Februar 1976 zur Verwirklichung des Grundsatzes der Gleichbehandlung von Männern und Frauen hinsichtlich des Zugangs zur Beschäftigung, zur Berufsbildung und zum beruflichen Aufstieg sowie in Bezug auf die Arbeitsbedingungen[5].

(3) Bei der Anwendung des Grundsatzes der Gleichbehandlung ist die Gemeinschaft gemäß Artikel 3 Absatz 2 des EG-Vertrags bemüht, Ungleichheiten zu beseitigen und die Gleichstellung von Männern und Frauen zu fördern, zumal Frauen häufig Opfer mehrfacher Diskriminierung sind.

(4) Die Gleichheit aller Menschen vor dem Gesetz und der Schutz vor Diskriminierung ist ein allgemeines Menschenrecht; dieses Recht wurde in der Allgemeinen

---

1 Amtlicher Hinweis: ABl. C 177 E vom 27.6.2000, S. 42.
2 Amtlicher Hinweis: Stellungnahme vom 12. Oktober 2000.
3 Amtlicher Hinweis: ABl. C 204 vom 18.7.2000, S. 82.
4 Amtlicher Hinweis: ABl. C 226 vom 8.8.2000, S. 1.
5 Amtlicher Hinweis: ABl. L 39 vom 14.2.1976, S. 40.

Erklärung der Menschenrechte, im VN-Übereinkommen zur Beseitigung aller Formen der Diskriminierung von Frauen, im Internationalen Pakt der VN über bürgerliche und politische Rechte, im Internationalen Pakt der VN über wirtschaftliche, soziale und kulturelle Rechte sowie in der Europäischen Konvention zum Schutze der Menschenrechte und Grundfreiheiten anerkannt, die von allen Mitgliedstaaten unterzeichnet wurden. Das Übereinkommen 111 der Internationalen Arbeitsorganisation untersagt Diskriminierungen in Beschäftigung und Beruf.

(5) Es ist wichtig, dass diese Grundrechte und Grundfreiheiten geachtet werden. Diese Richtlinie berührt nicht die Vereinigungsfreiheit, was das Recht jeder Person umfasst, zum Schutze ihrer Interessen Gewerkschaften zu gründen und Gewerkschaften beizutreten.

(6) In der Gemeinschaftscharta der sozialen Grundrechte der Arbeitnehmer wird anerkannt, wie wichtig die Bekämpfung jeder Art von Diskriminierung und geeignete Maßnahmen zur sozialen und wirtschaftlichen Eingliederung älterer Menschen und von Menschen mit Behinderung sind.

(7) Der EG-Vertrag nennt als eines der Ziele der Gemeinschaft die Förderung der Koordinierung der Beschäftigungspolitiken der Mitgliedstaaten. Zu diesem Zweck wurde in den EG-Vertrag ein neues Beschäftigungskapitel eingefügt, das die Grundlage bildet für die Entwicklung einer koordinierten Beschäftigungsstrategie und für die Förderung der Qualifizierung, Ausbildung und Anpassungsfähigkeit der Arbeitnehmer.

(8) In den vom Europäischen Rat auf seiner Tagung am 10. und 11. Dezember 1999 in Helsinki vereinbarten beschäftigungspolitischen Leitlinien für 2000 wird die Notwendigkeit unterstrichen, einen Arbeitsmarkt zu schaffen, der die soziale Eingliederung fördert, indem ein ganzes Bündel aufeinander abgestimmter Maßnahmen getroffen wird, die darauf abstellen, die Diskriminierung von benachteiligten Gruppen, wie den Menschen mit Behinderung, zu bekämpfen. Ferner wird betont, dass der Unterstützung älterer Arbeitnehmer mit dem Ziel der Erhöhung ihres Anteils an der Erwerbsbevölkerung besondere Aufmerksamkeit gebührt.

(9) Beschäftigung und Beruf sind Bereiche, die für die Gewährleistung gleicher Chancen für alle und für eine volle Teilhabe der Bürger am wirtschaftlichen, kulturellen und sozialen Leben sowie für die individuelle Entfaltung von entscheidender Bedeutung sind.

(10) Der Rat hat am 29. Juni 2000 die Richtlinie 2000/43/EG[6] zur Anwendung des Gleichbehandlungsgrundsatzes ohne Unterschied der Rasse oder der ethnischen Herkunft angenommen, die bereits einen Schutz vor solchen Diskriminierungen in Beschäftigung und Beruf gewährleistet.

(11) Diskriminierungen wegen der Religion oder der Weltanschauung, einer Behinderung, des Alters oder der sexuellen Ausrichtung können die Verwirklichung der im EG-Vertrag festgelegten Ziele unterminieren, insbesondere die Erreichung eines hohen Beschäftigungsniveaus und eines hohen Maßes an sozialem Schutz,

---

6 Amtlicher Hinweis: ABl. L 180 vom 19.7.2000, S. 22.

die Hebung des Lebensstandards und der Lebensqualität, den wirtschaftlichen und sozialen Zusammenhalt, die Solidarität sowie die Freizügigkeit.

(12) Daher sollte jede unmittelbare oder mittelbare Diskriminierung wegen der Religion oder der Weltanschauung, einer Behinderung, des Alters oder der sexuellen Ausrichtung in den von der Richtlinie abgedeckten Bereichen gemeinschaftsweit untersagt werden. Dieses Diskriminierungsverbot sollte auch für Staatsangehörige dritter Länder gelten, betrifft jedoch nicht die Ungleichbehandlungen aus Gründen der Staatsangehörigkeit und lässt die Vorschriften über die Einreise und den Aufenthalt von Staatsangehörigen dritter Länder und ihren Zugang zu Beschäftigung und Beruf unberührt.

(13) Diese Richtlinie findet weder Anwendung auf die Sozialversicherungs- und Sozialschutzsysteme, deren Leistungen nicht einem Arbeitsentgelt in dem Sinne gleichgestellt werden, der diesem Begriff für die Anwendung des Artikels 141 des EG-Vertrags gegeben wurde, noch auf Vergütungen jeder Art seitens des Staates, die den Zugang zu einer Beschäftigung oder die Aufrechterhaltung eines Beschäftigungsverhältnisses zum Ziel haben.

(14) Diese Richtlinie berührt nicht die einzelstaatlichen Bestimmungen über die Festsetzung der Altersgrenzen für den Eintritt in den Ruhestand.

(15) Die Beurteilung von Tatbeständen, die auf eine unmittelbare oder mittelbare Diskriminierung schließen lassen, obliegt den einzelstaatlichen gerichtlichen Instanzen oder anderen zuständigen Stellen nach den einzelstaatlichen Rechtsvorschriften oder Gepflogenheiten; in diesen einzelstaatlichen Vorschriften kann insbesondere vorgesehen sein, dass mittelbare Diskriminierung mit allen Mitteln, einschließlich statistischer Beweise, festzustellen ist.

(16) Maßnahmen, die darauf abstellen, den Bedürfnissen von Menschen mit Behinderung am Arbeitsplatz Rechnung zu tragen, spielen eine wichtige Rolle bei der Bekämpfung von Diskriminierungen wegen einer Behinderung.

(17) Mit dieser Richtlinie wird unbeschadet der Verpflichtung, für Menschen mit Behinderung angemessene Vorkehrungen zu treffen, nicht die Einstellung, der berufliche Aufstieg, die Weiterbeschäftigung oder die Teilnahme an Aus- und Weiterbildungsmaßnahmen einer Person vorgeschrieben, wenn diese Person für die Erfüllung der wesentlichen Funktionen des Arbeitsplatzes oder zur Absolvierung einer bestimmten Ausbildung nicht kompetent, fähig oder verfügbar ist.

(18) Insbesondere darf mit dieser Richtlinie den Streitkräften sowie der Polizei, den Haftanstalten oder den Notfalldiensten unter Berücksichtigung des rechtmäßigen Ziels, die Einsatzbereitschaft dieser Dienste zu wahren, nicht zur Auflage gemacht werden, Personen einzustellen oder weiter zu beschäftigen, die nicht den jeweiligen Anforderungen entsprechen, um sämtliche Aufgaben zu erfüllen, die ihnen übertragen werden können.

(19) Ferner können die Mitgliedstaaten zur Sicherung der Schlagkraft ihrer Streitkräfte sich dafür entscheiden, dass die eine Behinderung und das Alter betreffenden Bestimmungen dieser Richtlinie auf alle Streitkräfte oder einen Teil ihrer Streitkräfte keine Anwendung finden. Die Mitgliedstaaten, die eine derartige Entschei-

dung treffen, müssen den Anwendungsbereich dieser Ausnahmeregelung festlegen.

(20) Es sollten geeignete Maßnahmen vorgesehen werden, d. h. wirksame und praktikable Maßnahmen, um den Arbeitsplatz der Behinderung entsprechend einzurichten, z. B. durch eine entsprechende Gestaltung der Räumlichkeiten oder eine Anpassung des Arbeitsgeräts, des Arbeitsrhythmus, der Aufgabenverteilung oder des Angebots an Ausbildungs- und Einarbeitungsmaßnahmen.

(21) Bei der Prüfung der Frage, ob diese Maßnahmen zu übermäßigen Belastungen führen, sollten insbesondere der mit ihnen verbundene finanzielle und sonstige Aufwand sowie die Größe, die finanziellen Ressourcen und der Gesamtumsatz der Organisation oder des Unternehmens und die Verfügbarkeit von öffentlichen Mitteln oder anderen Unterstützungsmöglichkeiten berücksichtigt werden.

(22) Diese Richtlinie lässt die einzelstaatlichen Rechtsvorschriften über den Familienstand und davon abhängige Leistungen unberührt.

(23) Unter sehr begrenzten Bedingungen kann eine unterschiedliche Behandlung gerechtfertigt sein, wenn ein Merkmal, das mit der Religion oder Weltanschauung, einer Behinderung, dem Alter oder der sexuellen Ausrichtung zusammenhängt, eine wesentliche und entscheidende berufliche Anforderung darstellt, sofern es sich um einen rechtmäßigen Zweck und eine angemessene Anforderung handelt. Diese Bedingungen sollten in die Informationen aufgenommen werden, die die Mitgliedstaaten der Kommission übermitteln.

(24) Die Europäische Union hat in ihrer der Schlussakte zum Vertrag von Amsterdam beigefügten Erklärung Nr. 11 zum Status der Kirchen und weltanschaulichen Gemeinschaften ausdrücklich anerkannt, dass sie den Status, den Kirchen und religiöse Vereinigungen oder Gemeinschaften in den Mitgliedstaaten nach deren Rechtsvorschriften genießen, achtet und ihn nicht beeinträchtigt und dass dies in gleicher Weise für den Status von weltanschaulichen Gemeinschaften gilt. Die Mitgliedstaaten können in dieser Hinsicht spezifische Bestimmungen über die wesentlichen, rechtmäßigen und gerechtfertigten beruflichen Anforderungen beibehalten oder vorsehen, die Voraussetzung für die Ausübung einer diesbezüglichen beruflichen Tätigkeit sein können.

(25) Das Verbot der Diskriminierung wegen des Alters stellt ein wesentliches Element zur Erreichung der Ziele der beschäftigungspolitischen Leitlinien und zur Förderung der Vielfalt im Bereich der Beschäftigung dar. Ungleichbehandlungen wegen des Alters können unter bestimmten Umständen jedoch gerechtfertigt sein und erfordern daher besondere Bestimmungen, die je nach der Situation der Mitgliedstaaten unterschiedlich sein können. Es ist daher unbedingt zu unterscheiden zwischen einer Ungleichbehandlung, die insbesondere durch rechtmäßige Ziele im Bereich der Beschäftigungspolitik, des Arbeitsmarktes und der beruflichen Bildung gerechtfertigt ist, und einer Diskriminierung, die zu verbieten ist.

(26) Das Diskriminierungsverbot sollte nicht der Beibehaltung oder dem Erlass von Maßnahmen entgegenstehen, mit denen bezweckt wird, Benachteiligungen von Personen mit einer bestimmten Religion oder Weltanschauung, einer bestimmten Behinderung, einem bestimmten Alter oder einer bestimmten sexuellen Aus-

richtung zu verhindern oder auszugleichen, und diese Maßnahmen können die Einrichtung und Beibehaltung von Organisationen von Personen mit einer bestimmten Religion oder Weltanschauung, einer bestimmten Behinderung, einem bestimmten Alter oder einer bestimmten sexuellen Ausrichtung zulassen, wenn deren Zweck hauptsächlich darin besteht, die besonderen Bedürfnisse dieser Personen zu fördern.

(27) Der Rat hat in seiner Empfehlung 86/379/EWG vom 24. Juli 1986[7] zur Beschäftigung von Behinderten in der Gemeinschaft einen Orientierungsrahmen festgelegt, der Beispiele für positive Aktionen für die Beschäftigung und Berufsbildung von Menschen mit Behinderung anführt; in seiner Entschließung vom 17. Juni 1999 betreffend gleiche Beschäftigungschancen für behinderte Menschen[8] hat er bekräftigt, dass es wichtig ist, insbesondere der Einstellung, der Aufrechterhaltung des Beschäftigungsverhältnisses sowie der beruflichen Bildung und dem lebensbegleitenden Lernen von Menschen mit Behinderung besondere Aufmerksamkeit zu widmen.

(28) In dieser Richtlinie werden Mindestanforderungen festgelegt; es steht den Mitgliedstaaten somit frei, günstigere Vorschriften einzuführen oder beizubehalten. Die Umsetzung dieser Richtlinie darf nicht eine Absenkung des in den Mitgliedstaaten bereits bestehenden Schutzniveaus rechtfertigen.

(29) Opfer von Diskriminierungen wegen der Religion oder Weltanschauung, einer Behinderung, des Alters oder der sexuellen Ausrichtung sollten über einen angemessenen Rechtsschutz verfügen. Um einen effektiveren Schutz zu gewährleisten, sollte auch die Möglichkeit bestehen, dass sich Verbände oder andere juristische Personen unbeschadet der nationalen Verfahrensordnung bezüglich der Vertretung und Verteidigung vor Gericht bei einem entsprechenden Beschluss der Mitgliedstaaten im Namen eines Opfers oder zu seiner Unterstützung an einem Verfahren beteiligen.

(30) Die effektive Anwendung des Gleichheitsgrundsatzes erfordert einen angemessenen Schutz vor Viktimisierung.

(31) Eine Änderung der Regeln für die Beweislast ist geboten, wenn ein glaubhafter Anschein einer Diskriminierung besteht. Zur wirksamen Anwendung des Gleichbehandlungsgrundsatzes ist eine Verlagerung der Beweislast auf die beklagte Partei erforderlich, wenn eine solche Diskriminierung nachgewiesen ist. Allerdings obliegt es dem Beklagten nicht, nachzuweisen, dass der Kläger einer bestimmten Religion angehört, eine bestimmte Weltanschauung hat, eine bestimmte Behinderung aufweist, ein bestimmtes Alter oder eine bestimmte sexuelle Ausrichtung hat.

(32) Die Mitgliedstaaten können davon absehen, die Regeln für die Beweislastverteilung auf Verfahren anzuwenden, in denen die Ermittlung des Sachverhalts dem Gericht oder der zuständigen Stelle obliegt. Dies betrifft Verfahren, in denen die klagende Partei den Beweis des Sachverhalts, dessen Ermittlung dem Gericht oder der zuständigen Stelle obliegt, nicht anzutreten braucht.

---

7 Amtlicher Hinweis: ABl. L 225 vom 12.8.1986, S. 43.
8 Amtlicher Hinweis: ABl. C 186 vom 2.7.1999, S. 3.

(33) Die Mitgliedstaaten sollten den Dialog zwischen den Sozialpartnern und im Rahmen der einzelstaatlichen Gepflogenheiten mit Nichtregierungsorganisationen mit dem Ziel fördern, gegen die verschiedenen Formen von Diskriminierung am Arbeitsplatz anzugehen und diese zu bekämpfen.

(34) In Anbetracht der Notwendigkeit, den Frieden und die Aussöhnung zwischen den wichtigsten Gemeinschaften in Nordirland zu fördern, sollten in diese Richtlinie besondere Bestimmungen aufgenommen werden.

(35) Die Mitgliedstaaten sollten wirksame, verhältnismäßige und abschreckende Sanktionen für den Fall vorsehen, dass gegen die aus dieser Richtlinie erwachsenden Verpflichtungen verstoßen wird.

(36) Die Mitgliedstaaten können den Sozialpartnern auf deren gemeinsamen Antrag die Durchführung der Bestimmungen dieser Richtlinie übertragen, die in den Anwendungsbereich von Tarifverträgen fallen, sofern sie alle erforderlichen Maßnahmen treffen, um jederzeit gewährleisten zu können, dass die durch diese Richtlinie vorgeschriebenen Ergebnisse erzielt werden.

(37) Im Einklang mit dem Subsidiaritätsprinzip nach Artikel 5 des EG-Vertrags kann das Ziel dieser Richtlinie, nämlich die Schaffung gleicher Ausgangsbedingungen in der Gemeinschaft bezüglich der Gleichbehandlung in Beschäftigung und Beruf, auf der Ebene der Mitgliedstaaten nicht ausreichend erreicht werden und kann daher wegen des Umfangs und der Wirkung der Maßnahme besser auf Gemeinschaftsebene verwirklicht werden. Im Einklang mit dem Verhältnismäßigkeitsprinzip nach jenem Artikel geht diese Richtlinie nicht über das für die Erreichung dieses Ziels erforderliche Maß hinaus –

hat folgende Richtlinie erlassen:

Kapitel I
Allgemeine Bestimmungen

Artikel 1
Zweck

Zweck dieser Richtlinie ist die Schaffung eines allgemeinen Rahmens zur Bekämpfung der Diskriminierung wegen der Religion oder der Weltanschauung, einer Behinderung, des Alters oder der sexuellen Ausrichtung in Beschäftigung und Beruf im Hinblick auf die Verwirklichung des Grundsatzes der Gleichbehandlung in den Mitgliedstaaten.

Artikel 2
Der Begriff »Diskriminierung«

(1) Im Sinne dieser Richtlinie bedeutet »Gleichbehandlungsgrundsatz«, dass es keine unmittelbare oder mittelbare Diskriminierung wegen eines der in Artikel 1 genannten Gründe geben darf.

(2) Im Sinne des Absatzes 1

a) liegt eine unmittelbare Diskriminierung vor, wenn eine Person wegen eines der in Artikel 1 genannten Gründe in einer vergleichbaren Situation eine weniger günstige Behandlung erfährt, als eine andere Person erfährt, erfahren hat oder erfahren würde;

b) liegt eine mittelbare Diskriminierung vor, wenn dem Anschein nach neutrale Vorschriften, Kriterien oder Verfahren Personen mit einer bestimmten Religion oder Weltanschauung, einer bestimmten Behinderung, eines bestimmten Alters oder mit einer bestimmten sexuellen Ausrichtung gegenüber anderen Personen in besonderer Weise benachteiligen können, es sei denn:

   i) diese Vorschriften, Kriterien oder Verfahren sind durch ein rechtmäßiges Ziel sachlich gerechtfertigt, und die Mittel sind zur Erreichung dieses Ziels angemessen und erforderlich, oder

   ii) der Arbeitgeber oder jede Person oder Organisation, auf die diese Richtlinie Anwendung findet, ist im Falle von Personen mit einer bestimmten Behinderung auf Grund des einzelstaatlichen Rechts verpflichtet, geeignete Maßnahmen entsprechend den in Artikel 5 enthaltenen Grundsätzen vorzusehen, um die sich durch diese Vorschrift, dieses Kriterium oder dieses Verfahren ergebenden Nachteile zu beseitigen.

(3) Unerwünschte Verhaltensweisen, die mit einem der Gründe nach Artikel 1 in Zusammenhang stehen und bezwecken oder bewirken, dass die Würde der betreffenden Person verletzt und ein von Einschüchterungen, Anfeindungen, Erniedrigungen, Entwürdigungen oder Beleidigungen gekennzeichnetes Umfeld geschaffen wird, sind Belästigungen, die als Diskriminierung im Sinne von Absatz 1 gelten. In diesem Zusammenhang können die Mitgliedstaaten den Begriff »Belästigung« im Einklang mit den einzelstaatlichen Rechtsvorschriften und Gepflogenheiten definieren.

(4) Die Anweisung zur Diskriminierung einer Person wegen eines der Gründe nach Artikel 1 gilt als Diskriminierung im Sinne des Absatzes 1.

(5) Diese Richtlinie berührt nicht die im einzelstaatlichen Recht vorgesehenen Maßnahmen, die in einer demokratischen Gesellschaft für die Gewährleistung der öffentlichen Sicherheit, die Verteidigung der Ordnung und die Verhütung von Straftaten, zum Schutz der Gesundheit und zum Schutz der Rechte und Freiheiten anderer notwendig sind.

Artikel 3
Geltungsbereich

(1) Im Rahmen der auf die Gemeinschaft übertragenen Zuständigkeiten gilt diese Richtlinie für alle Personen in öffentlichen und privaten Bereichen, einschließlich öffentlicher Stellen, in Bezug auf

   a) die Bedingungen – einschließlich Auswahlkriterien und Einstellungsbedingungen – für den Zugang zu unselbständiger und selbständiger Erwerbstätigkeit, unabhängig von Tätigkeitsfeld und beruflicher Position, einschließlich des beruflichen Aufstiegs;

b) den Zugang zu allen Formen und allen Ebenen der Berufsberatung, der Berufsausbildung, der beruflichen Weiterbildung und der Umschulung, einschließlich der praktischen Berufserfahrung;

c) die Beschäftigungs- und Arbeitsbedingungen, einschließlich der Entlassungsbedingungen und des Arbeitsentgelts;

d) die Mitgliedschaft und Mitwirkung in einer Arbeitnehmer- oder Arbeitgeberorganisation oder einer Organisation, deren Mitglieder einer bestimmten Berufsgruppe angehören, einschließlich der Inanspruchnahme der Leistungen solcher Organisationen.

(2) Diese Richtlinie betrifft nicht unterschiedliche Behandlungen aus Gründen der Staatsangehörigkeit und berührt nicht die Vorschriften und Bedingungen für die Einreise von Staatsangehörigen dritter Länder oder staatenlosen Personen in das Hoheitsgebiet der Mitgliedstaaten oder deren Aufenthalt in diesem Hoheitsgebiet sowie eine Behandlung, die sich aus der Rechtsstellung von Staatsangehörigen dritter Länder oder staatenlosen Personen ergibt.

(3) Diese Richtlinie gilt nicht für Leistungen jeder Art seitens der staatlichen Systeme oder der damit gleichgestellten Systeme einschließlich der staatlichen Systeme der sozialen Sicherheit oder des sozialen Schutzes.

(4) Die Mitgliedstaaten können vorsehen, dass diese Richtlinie hinsichtlich von Diskriminierungen wegen einer Behinderung und des Alters nicht für die Streitkräfte gilt.

Artikel 4
Berufliche Anforderungen

(1) Ungeachtet des Artikels 2 Absätze 1 und 2 können die Mitgliedstaaten vorsehen, dass eine Ungleichbehandlung wegen eines Merkmals, das im Zusammenhang mit einem der in Artikel 1 genannten Diskriminierungsgründe steht, keine Diskriminierung darstellt, wenn das betreffende Merkmal auf Grund der Art einer bestimmten beruflichen Tätigkeit oder der Bedingungen ihrer Ausübung eine wesentliche und entscheidende berufliche Anforderung darstellt, sofern es sich um einen rechtmäßigen Zweck und eine angemessene Anforderung handelt.

(2) Die Mitgliedstaaten können in Bezug auf berufliche Tätigkeiten innerhalb von Kirchen und anderen öffentlichen oder privaten Organisationen, deren Ethos auf religiösen Grundsätzen oder Weltanschauungen beruht, Bestimmungen in ihren zum Zeitpunkt der Annahme dieser Richtlinie geltenden Rechtsvorschriften beibehalten oder in künftigen Rechtsvorschriften Bestimmungen vorsehen, die zum Zeitpunkt der Annahme dieser Richtlinie bestehende einzelstaatliche Gepflogenheiten widerspiegeln und wonach eine Ungleichbehandlung wegen der Religion oder Weltanschauung einer Person keine Diskriminierung darstellt, wenn die Religion oder die Weltanschauung dieser Person nach der Art dieser Tätigkeiten oder der Umstände ihrer Ausübung eine wesentliche, rechtmäßige und gerechtfertigte berufliche Anforderung angesichts des Ethos der Organisation darstellt. Eine solche Ungleichbehandlung muss die verfassungsrechtlichen Bestimmungen und Grundsätze der Mitgliedstaaten sowie die allgemeinen Grundsätze des Gemein-

schaftsrechts beachten und rechtfertigt keine Diskriminierung aus einem anderen Grund.

Sofern die Bestimmungen dieser Richtlinie im Übrigen eingehalten werden, können die Kirchen und anderen öffentlichen oder privaten Organisationen, deren Ethos auf religiösen Grundsätzen oder Weltanschauungen beruht, im Einklang mit den einzelstaatlichen verfassungsrechtlichen Bestimmungen und Rechtsvorschriften von den für sie arbeitenden Personen verlangen, dass sie sich loyal und aufrichtig im Sinne des Ethos der Organisation verhalten.

Artikel 5
Angemessene Vorkehrungen für Menschen mit Behinderung

Um die Anwendung des Gleichbehandlungsgrundsatzes auf Menschen mit Behinderung zu gewährleisten, sind angemessene Vorkehrungen zu treffen. Das bedeutet, dass der Arbeitgeber die geeigneten und im konkreten Fall erforderlichen Maßnahmen ergreift, um den Menschen mit Behinderung den Zugang zur Beschäftigung, die Ausübung eines Berufes, den beruflichen Aufstieg und die Teilnahme an Aus- und Weiterbildungsmaßnahmen zu ermöglichen, es sei denn, diese Maßnahmen würden den Arbeitgeber unverhältnismäßig belasten. Diese Belastung ist nicht unverhältnismäßig, wenn sie durch geltende Maßnahmen im Rahmen der Behindertenpolitik des Mitgliedstaates ausreichend kompensiert wird.

Artikel 6
Gerechtfertigte Ungleichbehandlung wegen des Alters

(1) Ungeachtet des Artikels 2 Absatz 2 können die Mitgliedstaaten vorsehen, dass Ungleichbehandlungen wegen des Alters keine Diskriminierung darstellen, sofern sie objektiv und angemessen sind und im Rahmen des nationalen Rechts durch ein legitimes Ziel, worunter insbesondere rechtmäßige Ziele aus den Bereichen Beschäftigungspolitik, Arbeitsmarkt und berufliche Bildung zu verstehen sind, gerechtfertigt sind und die Mittel zur Erreichung dieses Ziels angemessen und erforderlich sind.

Derartige Ungleichbehandlungen können insbesondere Folgendes einschließen:

a) die Festlegung besonderer Bedingungen für den Zugang zur Beschäftigung und zur beruflichen Bildung sowie besonderer Beschäftigungs- und Arbeitsbedingungen, einschließlich der Bedingungen für Entlassung und Entlohnung, um die berufliche Eingliederung von Jugendlichen, älteren Arbeitnehmern und Personen mit Fürsorgepflichten zu fördern oder ihren Schutz sicherzustellen;

b) die Festlegung von Mindestanforderungen an das Alter, die Berufserfahrung oder das Dienstalter für den Zugang zur Beschäftigung oder für bestimmte mit der Beschäftigung verbundene Vorteile;

c) die Festsetzung eines Höchstalters für die Einstellung auf Grund der spezifischen Ausbildungsanforderungen eines bestimmten Arbeitsplatzes oder auf Grund der Notwendigkeit einer angemessenen Beschäftigungszeit vor dem Eintritt in den Ruhestand.

(2) Ungeachtet des Artikels 2 Absatz 2 können die Mitgliedstaaten vorsehen, dass bei den betrieblichen Systemen der sozialen Sicherheit die Festsetzung von Altersgrenzen als Voraussetzung für die Mitgliedschaft oder den Bezug von Altersrente oder von Leistungen bei Invalidität einschließlich der Festsetzung unterschiedlicher Altersgrenzen im Rahmen dieser Systeme für bestimmte Beschäftigte oder Gruppen bzw. Kategorien von Beschäftigten und die Verwendung im Rahmen dieser Systeme von Alterskriterien für versicherungsmathematische Berechnungen keine Diskriminierung wegen des Alters darstellt, solange dies nicht zu Diskriminierungen wegen des Geschlechts führt.

Artikel 7
Positive und spezifische Maßnahmen

(1) Der Gleichbehandlungsgrundsatz hindert die Mitgliedstaaten nicht daran, zur Gewährleistung der völligen Gleichstellung im Berufsleben spezifische Maßnahmen beizubehalten oder einzuführen, mit denen Benachteiligungen wegen eines in Artikel 1 genannten Diskriminierungsgrunds verhindert oder ausgeglichen werden.

(2) Im Falle von Menschen mit Behinderung steht der Gleichbehandlungsgrundsatz weder dem Recht der Mitgliedstaaten entgegen, Bestimmungen zum Schutz der Gesundheit und der Sicherheit am Arbeitsplatz beizubehalten oder zu erlassen, noch steht er Maßnahmen entgegen, mit denen Bestimmungen oder Vorkehrungen eingeführt oder beibehalten werden sollen, die einer Eingliederung von Menschen mit Behinderung in die Arbeitswelt dienen oder diese Eingliederung fördern.

Artikel 8
Mindestanforderungen

(1) Die Mitgliedstaaten können Vorschriften einführen oder beibehalten, die im Hinblick auf die Wahrung des Gleichbehandlungsgrundsatzes günstiger als die in dieser Richtlinie vorgesehenen Vorschriften sind.

(2) Die Umsetzung dieser Richtlinie darf keinesfalls als Rechtfertigung für eine Absenkung des von den Mitgliedstaaten bereits garantierten allgemeinen Schutzniveaus in Bezug auf Diskriminierungen in den von der Richtlinie abgedeckten Bereichen benutzt werden.

Kapitel II
Rechtsbehelfe und Rechtsdurchsetzung

Artikel 9
Rechtsschutz

(1) Die Mitgliedstaaten stellen sicher, dass alle Personen, die sich durch die Nichtanwendung des Gleichbehandlungsgrundsatzes in ihren Rechten für verletzt halten, ihre Ansprüche aus dieser Richtlinie auf dem Gerichts- und/oder Verwaltungsweg sowie, wenn die Mitgliedstaaten es für angezeigt halten, in Schlichtungsverfahren geltend machen können, selbst wenn das Verhältnis, während dessen die Diskriminierung vorgekommen sein soll, bereits beendet ist.

EU-Richtlinien

(2) Die Mitgliedstaaten stellen sicher, dass Verbände, Organisationen oder andere juristische Personen, die gemäß den in ihrem einzelstaatlichen Recht festgelegten Kriterien ein rechtmäßiges Interesse daran haben, für die Einhaltung der Bestimmungen dieser Richtlinie zu sorgen, sich entweder im Namen der beschwerten Person oder zu deren Unterstützung und mit deren Einwilligung an den in dieser Richtlinie zur Durchsetzung der Ansprüche vorgesehenen Gerichts- und/oder Verwaltungsverfahren beteiligen können.

(3) Die Absätze 1 und 2 lassen einzelstaatliche Regelungen über Fristen für die Rechtsverfolgung betreffend den Gleichbehandlungsgrundsatz unberührt.

Artikel 10
Beweislast

(1) Die Mitgliedstaaten ergreifen im Einklang mit ihrem nationalen Gerichtswesen die erforderlichen Maßnahmen, um zu gewährleisten, dass immer dann, wenn Personen, die sich durch die Nichtanwendung des Gleichbehandlungsgrundsatzes für verletzt halten und bei einem Gericht oder einer anderen zuständigen Stelle Tatsachen glaubhaft machen, die das Vorliegen einer unmittelbaren oder mittelbaren Diskriminierung vermuten lassen, es dem Beklagten obliegt zu beweisen, dass keine Verletzung des Gleichbehandlungsgrundsatzes vorgelegen hat.

(2) Absatz 1 lässt das Recht der Mitgliedstaaten, eine für den Kläger günstigere Beweislastregelung vorzusehen, unberührt.

(3) Absatz 1 gilt nicht für Strafverfahren.

(4) Die Absätze 1, 2 und 3 gelten auch für Verfahren gemäß Artikel 9 Absatz 2.

(5) Die Mitgliedstaaten können davon absehen, Absatz 1 auf Verfahren anzuwenden, in denen die Ermittlung des Sachverhalts dem Gericht oder der zuständigen Stelle obliegt.

Artikel 11
Viktimisierung

Die Mitgliedstaaten treffen im Rahmen ihrer nationalen Rechtsordnung die erforderlichen Maßnahmen, um die Arbeitnehmer vor Entlassung oder anderen Benachteiligungen durch den Arbeitgeber zu schützen, die als Reaktion auf eine Beschwerde innerhalb des betreffenden Unternehmens oder auf die Einleitung eines Verfahrens zur Durchsetzung des Gleichbehandlungsgrundsatzes erfolgen.

Artikel 12
Unterrichtung

Die Mitgliedstaaten tragen dafür Sorge, dass die gemäß dieser Richtlinie getroffenen Maßnahmen sowie die bereits geltenden einschlägigen Vorschriften allen Betroffenen in geeigneter Form, zum Beispiel am Arbeitsplatz, in ihrem Hoheitsgebiet bekannt gemacht werden.

Artikel 13
Sozialer Dialog

(1) Die Mitgliedstaaten treffen im Einklang mit den einzelstaatlichen Gepflogenheiten und Verfahren geeignete Maßnahmen zur Förderung des sozialen Dialogs zwischen Arbeitgebern und Arbeitnehmern mit dem Ziel, die Verwirklichung des Gleichbehandlungsgrundsatzes durch Überwachung der betrieblichen Praxis, durch Tarifverträge, Verhaltenskodizes, Forschungsarbeiten oder durch einen Austausch von Erfahrungen und bewährten Verfahren, voranzubringen.

(2) Soweit vereinbar mit den einzelstaatlichen Gepflogenheiten und Verfahren, fordern die Mitgliedstaaten Arbeitgeber und Arbeitnehmer ohne Eingriff in deren Autonomie auf, auf geeigneter Ebene Antidiskriminierungsvereinbarungen zu schließen, die die in Artikel 3 genannten Bereiche betreffen, soweit diese in den Verantwortungsbereich der Tarifparteien fallen. Die Vereinbarungen müssen den in dieser Richtlinie sowie den in den einschlägigen nationalen Durchführungsbestimmungen festgelegten Mindestanforderungen entsprechen.

Artikel 14
Dialog mit Nichtregierungsorganisationen

Die Mitgliedstaaten fördern den Dialog mit den jeweiligen Nichtregierungsorganisationen, die gemäß den einzelstaatlichen Rechtsvorschriften und Gepflogenheiten ein rechtmäßiges Interesse daran haben, sich an der Bekämpfung von Diskriminierung wegen eines der in Artikel 1 genannten Gründe zu beteiligen, um die Einhaltung des Grundsatzes der Gleichbehandlung zu fördern.

Kapitel III
Besondere Bestimmungen

Artikel 15
Nordirland

(1) Angesichts des Problems, dass eine der wichtigsten Religionsgemeinschaften Nordirlands im dortigen Polizeidienst unterrepräsentiert ist, gilt die unterschiedliche Behandlung bei der Einstellung der Bediensteten dieses Dienstes – auch von Hilfspersonal – nicht als Diskriminierung, sofern diese unterschiedliche Behandlung gemäß den einzelstaatlichen Rechtsvorschriften ausdrücklich gestattet ist.

(2) Um eine Ausgewogenheit der Beschäftigungsmöglichkeiten für Lehrkräfte in Nordirland zu gewährleisten und zugleich einen Beitrag zur Überwindung der historischen Gegensätze zwischen den wichtigsten Religionsgemeinschaften Nordirlands zu leisten, finden die Bestimmungen dieser Richtlinie über Religion oder Weltanschauung keine Anwendung auf die Einstellung von Lehrkräften in Schulen Nordirlands, sofern dies gemäß den einzelstaatlichen Rechtsvorschriften ausdrücklich gestattet ist.

Kapitel IV
Schlussbestimmungen

Artikel 16
Einhaltung

Die Mitgliedstaaten treffen die erforderlichen Maßnahmen, um sicherzustellen, dass

a) die Rechts- und Verwaltungsvorschriften, die dem Gleichbehandlungsgrundsatz zuwiderlaufen, aufgehoben werden;

b) die mit dem Gleichbehandlungsgrundsatz nicht zu vereinbarenden Bestimmungen in Arbeits- und Tarifverträgen, Betriebsordnungen und Statuten der freien Berufe und der Arbeitgeber- und Arbeitnehmerorganisationen für nichtig erklärt werden oder erklärt werden können oder geändert werden.

Artikel 17
Sanktionen

Die Mitgliedstaaten legen die Sanktionen fest, die bei einem Verstoß gegen die einzelstaatlichen Vorschriften zur Anwendung dieser Richtlinie zu verhängen sind, und treffen alle erforderlichen Maßnahmen, um deren Durchführung zu gewährleisten. Die Sanktionen, die auch Schadenersatzleistungen an die Opfer umfassen können, müssen wirksam, verhältnismäßig und abschreckend sein. Die Mitgliedstaaten teilen diese Bestimmungen der Kommission spätestens am 2. Dezember 2003 mit und melden alle sie betreffenden späteren Änderungen unverzüglich.

Artikel 18
Umsetzung der Richtlinie

Die Mitgliedstaaten erlassen die erforderlichen Rechts- und Verwaltungsvorschriften, um dieser Richtlinie spätestens zum 2. Dezember 2003 nachzukommen, oder können den Sozialpartnern auf deren gemeinsamen Antrag die Durchführung der Bestimmungen dieser Richtlinie übertragen, die in den Anwendungsbereich von Tarifverträgen fallen. In diesem Fall gewährleisten die Mitgliedstaaten, dass die Sozialpartner spätestens zum 2. Dezember 2003 im Weg einer Vereinbarung die erforderlichen Maßnahmen getroffen haben; dabei haben die Mitgliedstaaten alle erforderlichen Maßnahmen zu treffen, um jederzeit gewährleisten zu können, dass die durch diese Richtlinie vorgeschriebenen Ergebnisse erzielt werden. Sie setzen die Kommission unverzüglich davon in Kenntnis.

Um besonderen Bedingungen Rechnung zu tragen, können die Mitgliedstaaten erforderlichenfalls eine Zusatzfrist von drei Jahren ab dem 2. Dezember 2003, d. h. insgesamt sechs Jahre, in Anspruch nehmen, um die Bestimmungen dieser Richtlinie über die Diskriminierung wegen des Alters und einer Behinderung umzusetzen. In diesem Fall setzen sie die Kommission unverzüglich davon in Kenntnis. Ein Mitgliedstaat, der die Inanspruchnahme dieser Zusatzfrist beschließt, erstattet der Kommission jährlich Bericht über die von ihm ergriffenen Maßnahmen zur Bekämpfung der Diskriminierung wegen des Alters und einer Behinderung und über die Fortschritte, die bei der Umsetzung der Richtlinie erzielt werden konnten. Die Kommission erstattet dem Rat jährlich Bericht.

Wenn die Mitgliedstaaten derartige Vorschriften erlassen, nehmen sie in den Vorschriften selbst oder durch einen Hinweis bei der amtlichen Veröffentlichung auf diese Richtlinie Bezug. Die Mitgliedstaaten regeln die Einzelheiten der Bezugnahme.

Artikel 19
Bericht

(1) Bis zum 2. Dezember 2005 und in der Folge alle fünf Jahre übermitteln die Mitgliedstaaten der Kommission sämtliche Informationen, die diese für die Erstellung eines dem Europäischen Parlament und dem Rat vorzulegenden Berichts über die Anwendung dieser Richtlinie benötigt.

(2) Die Kommission berücksichtigt in ihrem Bericht in angemessener Weise die Standpunkte der Sozialpartner und der einschlägigen Nichtregierungsorganisationen. Im Einklang mit dem Grundsatz der systematischen Berücksichtigung geschlechterspezifischer Fragen wird ferner in dem Bericht die Auswirkung der Maßnahmen auf Frauen und Männer bewertet. Unter Berücksichtigung der übermittelten Informationen enthält der Bericht erforderlichenfalls auch Vorschläge für eine Änderung und Aktualisierung dieser Richtlinie.

Artikel 20
Inkrafttreten

Diese Richtlinie tritt am Tag ihrer Veröffentlichung im Amtsblatt der Europäischen Gemeinschaften in Kraft.

Artikel 21
Adressaten

Diese Richtlinie ist an die Mitgliedstaaten gerichtet.

Richtlinie des Rates 76/207/EWG[1]

vom 9. 2. 1976 zur Verwirklichung des Grundsatzes der Gleichbehandlung von Männern und Frauen hinsichtlich des Zugangs zur Beschäftigung, zur Berufsbildung und zum beruflichen Aufstieg sowie in Bezug auf die Arbeitsbedingungen (ABl. Nr. L 39 vom 14. 2. 1976, S. 40)

In der Fassung der Änderung durch die Richtlinie 2002/73 EG des Europäischen Parlaments und des Rates vom 23. 9. 2002 (ABl. Nr. L 269/15)

Der Rat der Europäischen Gemeinschaften –

gestützt auf den Vertrag zur Gründung der Europäischen Wirtschaftsgemeinschaft, insbesondere auf Artikel 235,

auf Vorschlag der Kommission,

nach Stellungnahme des Europäischen Parlaments [2],

nach Stellungnahme des Wirtschafts- und Sozialausschusses [3],

in Erwägung nachstehender Gründe:

Der Rat hat in seiner Entschließung vom 21. Januar 1974 über ein sozialpolitisches Aktionsprogramm[4] als eine der Prioritäten die Durchführung von Aktionen festgelegt, die zum Ziel haben, gleiche Bedingungen für Männer und Frauen hinsichtlich des Zugangs zur Beschäftigung, zur beruflichen Bildung und zum beruflichen Aufstieg sowie in Bezug auf die Arbeitsbedingungen einschließlich der Entlohnung zu schaffen.

In Bezug auf die Entlohnung hat der Rat am 10. Februar 1975 die Richtlinie 75/117/EWG zur Angleichung der Rechtsvorschriften der Mitgliedstaaten über die Anwendung des Grundsatzes des gleichen Entgelts für Männer und Frauen angenommen[5].

Ein Tätigwerden der Gemeinschaft erscheint auch notwendig, um den Grundsatz der Gleichbehandlung von Männern und Frauen hinsichtlich des Zugangs zur Beschäftigung, zur Berufsbildung und zum beruflichen Aufstieg sowie in Bezug auf die sonstigen Arbeitsbedingungen zu verwirklichen. Die Gleichbehandlung von männlichen und weiblichen Arbeitnehmern stellt eines der Ziele der Gemeinschaft dar, soweit es sich insbesondere darum handelt, auf dem Wege des Fort-

---

1 Die Richtlinie 76/207/EWG vom 09.02.1976 (ABl. Nr. L 39/40) wird durch Art. 34 der Richtlinie 2006/54/EG vom 05.07.2006 (ABl. Nr. L 204/23) mit Wirkung vom 15.08.2009 aufgehoben.
2 Amtlicher Hinweis: ABl. Nr. C 111 vom 20.5.1975, S. 14.
3 Amtlicher Hinweis: ABl. Nr. C 286 vom 15.12.1975, S. 8.
4 Amtlicher Hinweis: ABl. Nr. C 13 vom 12.2.1974, S. 1.
5 Amtlicher Hinweis: ABl. Nr. L 45 vom 19.2.1975, S. 19.

schritts die Angleichung der Lebens- und Arbeitsbedingungen der Arbeitskräfte zu fördern. Im Vertrag sind die besonderen, hierfür erforderlichen Befugnisse nicht vorgesehen.

Der Grundsatz der Gleichbehandlung im Bereich der sozialen Sicherheit ist durch spätere Rechtsakte zu definieren und schrittweise zu verwirklichen –

hat folgende Richtlinie erlassen:

Artikel 1[6]

(1) Diese Richtlinie hat zum Ziel, dass in den Mitgliedstaaten der Grundsatz der Gleichbehandlung von Männern und Frauen hinsichtlich des Zugangs zur Beschäftigung, einschließlich des Aufstiegs, und des Zugangs zur Berufsbildung sowie in Bezug auf die Arbeitsbedingungen und in Bezug auf die soziale Sicherheit unter den in Absatz 2 vorgesehenen Bedingungen verwirklicht wird. Dieser Grundsatz wird im Folgenden als »Grundsatz der Gleichbehandlung« bezeichnet.

(1a) Die Mitgliedstaaten berücksichtigen aktiv das Ziel der Gleichstellung von Frauen und Männern bei der Formulierung und Umsetzung der Rechts- und Verwaltungsvorschriften, Politiken und Tätigkeiten in den in Absatz 1 genannten Bereichen.

(2) Der Rat erlässt im Hinblick auf die schrittweise Verwirklichung des Grundsatzes der Gleichbehandlung im Bereich der sozialen Sicherheit auf Vorschlag der Kommission Bestimmungen, in denen dazu insbesondere der Inhalt, die Tragweite und die Anwendungsmodalitäten angegeben sind.

Artikel 2[7]

(1) Der Grundsatz der Gleichbehandlung im Sinne der nachstehenden Bestimmungen beinhaltet, dass keine unmittelbare oder mittelbare Diskriminierung auf Grund des Geschlechts – insbesondere unter Bezugnahme auf den Ehe- oder Familienstand – erfolgen darf.

(2) Im Sinne dieser Richtlinie bezeichnet der Ausdruck

– ›unmittelbare Diskriminierung‹: wenn eine Person auf Grund ihres Geschlechts in einer vergleichbaren Situation eine weniger günstige Behandlung erfährt, als eine andere Person erfährt, erfahren hat oder erfahren würde;
– ›mittelbare Diskriminierung‹: wenn dem Anschein nach neutrale Vorschriften, Kriterien oder Verfahren Personen, die einem Geschlecht angehören, in besonderer Weise gegenüber Personen des anderen Geschlechts benachteiligen können, es sei denn, die betreffenden Vorschriften, Kriterien oder Verfahren sind

---

6 Die Richtlinie 76/207/EWG vom 09.02.1976 (ABl. Nr. L 39/40) wird durch Art. 34 der Richtlinie 2006/54/EG vom 05.07.2006 (ABl. Nr. L 204/23) mit Wirkung vom 15.08.2009 aufgehoben.
7 Die Richtlinie 76/207/EWG vom 09.02.1976 (ABl. Nr. L 39/40) wird durch Art. 34 der Richtlinie 2006/54/EG vom 05.07.2006 (ABl. Nr. L 204/23) mit Wirkung vom 15.08.2009 aufgehoben.

durch ein rechtmäßiges Ziel sachlich gerechtfertigt und die Mittel sind zur Erreichung dieses Ziels angemessen und erforderlich;
- ›Belästigung‹: wenn unerwünschte geschlechtsbezogene Verhaltensweisen gegenüber einer Person erfolgen, die bezwecken oder bewirken, dass die Würde der betreffenden Person verletzt und ein von Einschüchterungen, Anfeindungen, Erniedrigungen, Entwürdigungen oder Beleidigungen gekennzeichnetes Umfeld geschaffen wird;
- ›sexuelle Belästigung‹: jede Form von unerwünschtem Verhalten sexueller Natur, das sich in unerwünschter verbaler, nicht-verbaler oder physischer Form äußert und das bezweckt oder bewirkt, dass die Würde der betreffenden Person verletzt wird, insbesondere wenn ein von Einschüchterungen, Anfeindungen, Erniedrigungen, Entwürdigungen und Beleidigungen gekennzeichnetes Umfeld geschaffen wird.

(3) Belästigung und sexuelle Belästigung im Sinne dieser Richtlinie gelten als Diskriminierung auf Grund des Geschlechts und sind daher verboten.

Die Zurückweisung oder Duldung solcher Verhaltensweisen durch die betreffende Person darf nicht als Grundlage für eine Entscheidung herangezogen werden, die diese Person berührt.

(4) Die Anweisung zur Diskriminierung einer Person auf Grund des Geschlechts gilt als Diskriminierung im Sinne dieser Richtlinie.

(5) Die Mitgliedstaaten ersuchen in Einklang mit ihren nationalen Rechtsvorschriften, Tarifverträgen oder tariflichen Praktiken die Arbeitgeber und die für Berufsbildung zuständigen Personen, Maßnahmen zu ergreifen, um allen Formen der Diskriminierung auf Grund des Geschlechts und insbesondere Belästigung und sexueller Belästigung am Arbeitsplatz vorzubeugen.

(6) Die Mitgliedstaaten können im Hinblick auf den Zugang zur Beschäftigung einschließlich der zu diesem Zweck erfolgenden Berufsbildung vorsehen, dass eine Ungleichbehandlung wegen eines geschlechtsbezogenen Merkmals keine Diskriminierung darstellt, wenn das betreffende Merkmal auf Grund der Art einer bestimmten beruflichen Tätigkeit oder der Bedingungen ihrer Ausübung eine wesentliche und entscheidende berufliche Anforderung darstellt, sofern es sich um einen rechtmäßigen Zweck und eine angemessene Anforderung handelt.

(7) Diese Richtlinie steht nicht den Vorschriften zum Schutz der Frau, insbesondere bei Schwangerschaft und Mutterschaft, entgegen.

Frauen im Mutterschaftsurlaub haben nach Ablauf des Mutterschaftsurlaubs Anspruch darauf, an ihren früheren Arbeitsplatz oder einen gleichwertigen Arbeitsplatz unter Bedingungen, die für sie nicht weniger günstig sind, zurückzukehren, und darauf, dass ihnen auch alle Verbesserungen der Arbeitsbedingungen, auf die sie während ihrer Abwesenheit Anspruch gehabt hätten, zugute kommen.

Die ungünstigere Behandlung einer Frau im Zusammenhang mit Schwangerschaft oder Mutterschaftsurlaub im Sinne der Richtlinie 92/85/EWG gilt als Diskriminierung im Sinne dieser Richtlinie.

Diese Richtlinie berührt nicht die Bestimmungen der Richtlinie 96/34/EG des Rates vom 3. Juni 1996 zu der von UNICE, CEEP und EGB geschlossenen Rahmenvereinbarung über Elternurlaub[8] und der Richtlinie 92/85/EWG des Rates vom 19. Oktober 1992 über die Durchführung von Maßnahmen zur Verbesserung der Sicherheit und des Gesundheitsschutzes von schwangeren Arbeitnehmerinnen, Wöchnerinnen und stillenden Arbeitnehmerinnen am Arbeitsplatz (zehnte Einzelrichtlinie im Sinne des Artikels 16 Absatz 1 der Richtlinie 89/391/EWG)[9]. Sie lässt ferner das Recht der Mitgliedstaaten unberührt, eigene Rechte auf Vaterschaftsurlaub und/oder Adoptionsurlaub anzuerkennen. Die Mitgliedstaaten, die derartige Rechte anerkennen, treffen die erforderlichen Maßnahmen, um Arbeitnehmer und Arbeitnehmerinnen vor Entlassung infolge der Inanspruchnahme dieser Rechte zu schützen, und gewährleisten, dass sie nach Ablauf des Urlaubs Anspruch darauf haben, an ihren früheren Arbeitsplatz oder einen gleichwertigen Arbeitsplatz zurückzukehren, und zwar unter Bedingungen, die für sie nicht weniger günstig sind, und darauf, dass ihnen auch alle Verbesserungen der Arbeitsbedingungen, auf die sie während ihrer Abwesenheit Anspruch gehabt hätten, zugute kommen.

(8) Die Mitgliedstaaten können im Hinblick auf die Gewährleistung der vollen Gleichstellung von Männern und Frauen Maßnahmen im Sinne von Artikel 141 Absatz 4 des Vertrags beibehalten oder beschließen.

Artikel 3[10]

(1) Die Anwendung des Grundsatzes der Gleichbehandlung bedeutet, dass es im öffentlichen und privaten Bereich einschließlich öffentlicher Stellen in Bezug auf folgende Punkte keinerlei unmittelbare oder mittelbare Diskriminierung auf Grund des Geschlechts geben darf:

a) die Bedingungen – einschließlich Auswahlkriterien und Einstellungsbedingungen – für den Zugang zu unselbständiger oder selbständiger Erwerbstätigkeit, unabhängig von Tätigkeitsfeld und beruflicher Position einschließlich des beruflichen Aufstiegs;

b) den Zugang zu allen Formen und allen Ebenen der Berufsberatung, der Berufsausbildung, der beruflichen Weiterbildung und der Umschulung einschließlich der praktischen Berufserfahrung;

c) die Beschäftigungs- und Arbeitsbedingungen einschließlich der Entlassungsbedingungen sowie das Arbeitsentgelt nach Maßgabe der Richtlinie 75/117/EWG;

d) die Mitgliedschaft und Mitwirkung in einer Arbeitnehmer- oder Arbeitgeberorganisation oder einer Organisation, deren Mitglieder einer bestimmten Berufsgruppe angehören, einschließlich der Inanspruchnahme der Leistungen solcher Organisationen.

---

8 amtlicher Hinweis: ABl. L 145 vom 19.06.1996, S. 4
9 amtlicher Hinweis: ABl. L 348 vom 28.11.1992, S. 1
10 Die Richtlinie 76/207/EWG vom 09.02.1976 (ABl. Nr. L 39/40) wird durch Art. 34 der Richtlinie 2006/54/EG vom 05.07.2006 (ABl. Nr. L 204/23) mit Wirkung vom 15.08.2009 aufgehoben.

(2) Zu diesem Zweck treffen die Mitgliedstaaten die erforderlichen Maßnahmen, um sicherzustellen, dass
a) die Rechts- und Verwaltungsvorschriften, die dem Gleichbehandlungsgrundsatz zuwiderlaufen, aufgehoben werden;
b) die mit dem Gleichbehandlungsgrundsatz nicht zu vereinbarenden Bestimmungen in Arbeits- und Tarifverträgen, Betriebsordnungen und Statuten der freien Berufe und der Arbeitgeber- und Arbeitnehmerorganisationen nichtig sind, für nichtig erklärt werden können oder geändert werden.

Artikel 4[11]

(Gestrichen)

Artikel 5[12]

(Gestrichen)

Artikel 6[13]

(1) Die Mitgliedstaaten stellen sicher, dass alle Personen, die sich durch die Nichtanwendung des Gleichbehandlungsgrundsatzes in ihren Rechten für verletzt halten, ihre Ansprüche aus dieser Richtlinie auf dem Gerichts- und/oder Verwaltungsweg sowie, wenn die Mitgliedstaaten es für angezeigt halten, in Schlichtungsverfahren geltend machen können, selbst wenn das Verhältnis, während dessen die Diskriminierung vorgekommen sein soll, bereits beendet ist.

(2) Die Mitgliedstaaten treffen im Rahmen ihrer nationalen Rechtsordnung die erforderlichen Maßnahmen um sicherzustellen, dass der einer Person durch eine Diskriminierung in Form eines Verstoßes gegen Artikel 3 entstandene Schaden – je nach den Rechtsvorschriften der Mitgliedstaaten – tatsächlich und wirksam ausgeglichen oder ersetzt wird, wobei dies auf eine abschreckende und dem erlittenen Schaden angemessene Art und Weise geschehen muss; dabei darf ein solcher Ausgleich oder eine solche Entschädigung nur in den Fällen durch eine im Voraus festgelegte Höchstgrenze begrenzt werden, in denen der Arbeitgeber nachweisen kann, dass der einem/einer Bewerber/in durch die Diskriminierung im Sinne dieser Richtlinie entstandene Schaden allein darin besteht, dass die Berücksichtigung seiner/ihrer Bewerbung verweigert wird.

---

11 Die Richtlinie 76/207/EWG vom 09.02.1976 (ABl. Nr. L 39/40) wird durch Art. 34 der Richtlinie 2006/54/EG vom 05.07.2006 (ABl. Nr. L 204/23) mit Wirkung vom 15.08.2009 aufgehoben.
12 Die Richtlinie 76/207/EWG vom 09.02.1976 (ABl. Nr. L 39/40) wird durch Art. 34 der Richtlinie 2006/54/EG vom 05.07.2006 (ABl. Nr. L 204/23) mit Wirkung vom 15.08.2009 aufgehoben.
13 Die Richtlinie 76/207/EWG vom 09.02.1976 (ABl. Nr. L 39/40) wird durch Art. 34 der Richtlinie 2006/54/EG vom 05.07.2006 (ABl. Nr. L 204/23) mit Wirkung vom 15.08.2009 aufgehoben.

(3) Die Mitgliedstaaten stellen sicher, dass Verbände, Organisationen oder andere juristische Personen, die gemäß den in ihrem einzelstaatlichen Recht festgelegten Kriterien ein rechtmäßiges Interesse daran haben, für die Einhaltung der Bestimmungen dieser Richtlinie zu sorgen, sich entweder im Namen der beschwerten Person oder zu deren Unterstützung und mit deren Einwilligung an den in dieser Richtlinie zur Durchsetzung der Ansprüche vorgesehenen Gerichts- und/oder Verwaltungsverfahren beteiligen können.

(4) Die Absätze 1 und 3 lassen einzelstaatliche Regelungen über Fristen für die Rechtsverfolgung betreffend den Grundsatz der Gleichbehandlung unberührt.

Artikel 7[14]

Die Mitgliedstaaten treffen im Rahmen ihrer nationalen Rechtsordnung die erforderlichen Maßnahmen, um die Arbeitnehmer sowie die auf Grund der innerstaatlichen Rechtsvorschriften und/oder Gepflogenheiten vorgesehenen Arbeitnehmervertreter vor Entlassung oder anderen Benachteiligungen durch den Arbeitgeber zu schützen, die als Reaktion auf eine Beschwerde innerhalb des betreffenden Unternehmens oder auf die Einleitung eines Verfahrens zur Durchsetzung des Gleichbehandlungsgrundsatzes erfolgen.

Artikel 8[15]

Die Mitgliedstaaten tragen dafür Sorge, dass die in Anwendung dieser Richtlinie ergehenden Maßnahmen sowie die bereits geltenden einschlägigen Vorschriften den Arbeitnehmern in jeder geeigneten Form bekannt gemacht werden, beispielsweise in den Betrieben.

Artikel 8 a[16]

(1) Jeder Mitgliedstaat bezeichnet eine oder mehrere Stellen, deren Aufgabe darin besteht, die Verwirklichung der Gleichbehandlung aller Personen ohne Diskriminierung auf Grund des Geschlechts zu fördern, zu analysieren, zu beobachten und zu unterstützen. Diese Stellen können Teil von Einrichtungen sein, die auf nationaler Ebene für den Schutz der Menschenrechte oder der Rechte des Einzelnen zuständig sind.

(2) Die Mitgliedstaaten stellen sicher, dass es zu den Zuständigkeiten dieser Stellen gehört,

---

14 Die Richtlinie 76/207/EWG vom 09.02.1976 (ABl. Nr. L 39/40) wird durch Art. 34 der Richtlinie 2006/54/EG vom 05.07.2006 (ABl. Nr. L 204/23) mit Wirkung vom 15.08.2009 aufgehoben.
15 Die Richtlinie 76/207/EWG vom 09.02.1976 (ABl. Nr. L 39/40) wird durch Art. 34 der Richtlinie 2006/54/EG vom 05.07.2006 (ABl. Nr. L 204/23) mit Wirkung vom 15.08.2009 aufgehoben.
16 Die Richtlinie 76/207/EWG vom 09.02.1976 (ABl. Nr. L 39/40) wird durch Art. 34 der Richtlinie 2006/54/EG vom 05.07.2006 (ABl. Nr. L 204/23) mit Wirkung vom 15.08.2009 aufgehoben.

a) unbeschadet der Rechte der Opfer und der Verbände, der Organisationen oder anderer juristischer Personen nach Artikel 6 Absatz 3 die Opfer von Diskriminierungen auf unabhängige Weise dabei zu unterstützen, ihrer Beschwerde wegen Diskriminierung nachzugehen;

b) unabhängige Untersuchungen zum Thema der Diskriminierung durchzuführen;

c) unabhängige Berichte zu veröffentlichen und Empfehlungen zu allen Aspekten vorzulegen, die mit diesen Diskriminierungen in Zusammenhang stehen.

Artikel 8 b[17]

(1) Die Mitgliedstaaten treffen im Einklang mit den nationalen Gepflogenheiten und Verfahren geeignete Maßnahmen zur Förderung des sozialen Dialogs zwischen den Sozialpartnern mit dem Ziel, die Verwirklichung der Gleichbehandlung, unter anderem durch Überwachung der betrieblichen Praxis, durch Tarifverträge, Verhaltenskodizes, Forschungsarbeiten oder durch einen Austausch von Erfahrungen und bewährten Verfahren, voranzubringen.

(2) Soweit mit den nationalen Gepflogenheiten und Verfahren vereinbar, ersuchen die Mitgliedstaaten die Sozialpartner ohne Eingriff in deren Autonomie, die Gleichstellung von Männern und Frauen zu fördern und auf geeigneter Ebene Antidiskriminierungsvereinbarungen zu schließen, die die in Artikel 1 genannten Bereiche betreffen, soweit diese in den Verantwortungsbereich der Tarifparteien fallen. Die Vereinbarungen müssen den in dieser Richtlinie festgelegten Mindestanforderungen sowie den einschlägigen nationalen Durchführungsbestimmungen entsprechen.

(3) Die Mitgliedstaaten ersuchen in Übereinstimmung mit den nationalen Gesetzen, Tarifverträgen oder Gepflogenheiten die Arbeitgeber, die Gleichbehandlung von Frauen und Männern am Arbeitsplatz in geplanter und systematischer Weise zu fördern.

(4) Zu diesem Zweck sollten die Arbeitgeber ersucht werden, den Arbeitnehmern und/oder den Arbeitnehmervertretern in regelmäßigen angemessenen Abständen Informationen über die Gleichbehandlung von Frauen und Männern in ihrem Betrieb zu geben.

Diese Informationen können Statistiken über den Anteil von Frauen und Männern auf den unterschiedlichen Ebenen des Betriebs sowie mögliche Maßnahmen zur Verbesserung der Situation in Zusammenarbeit mit den Arbeitnehmervertretern enthalten.

---

17 Die Richtlinie 76/207/EWG vom 09.02.1976 (ABl. Nr. L 39/40) wird durch Art. 34 der Richtlinie 2006/54/EG vom 05.07.2006 (ABl. Nr. L 204/23) mit Wirkung vom 15.08.2009 aufgehoben.

Artikel 8 c[18]

Die Mitgliedstaaten fördern den Dialog mit den jeweiligen Nichtregierungsorganisationen, die gemäß den einzelstaatlichen Rechtsvorschriften und Gepflogenheiten ein rechtmäßiges Interesse daran haben, sich an der Bekämpfung von Diskriminierung auf Grund des Geschlechts zu beteiligen, um die Einhaltung des Grundsatzes der Gleichbehandlung zu fördern.

Artikel 8 d[19]

Die Mitgliedstaaten legen die Regeln für die Sanktionen fest, die bei einem Verstoß gegen die einzelstaatlichen Vorschriften zur Umsetzung dieser Richtlinie zu verhängen sind, und treffen alle erforderlichen Maßnahmen, um deren Anwendung zu gewährleisten.

Die Sanktionen, die auch Schadenersatzleistungen an die Opfer umfassen können, müssen wirksam, verhältnismäßig und abschreckend sein. Die Mitgliedstaaten teilen diese Vorschriften der Kommission spätestens am 5. Oktober 2005 mit und unterrichten sie unverzüglich über alle späteren Änderungen dieser Vorschriften.

Artikel 8 e[20]

(1) Die Mitgliedstaaten können Vorschriften einführen oder beibehalten, die im Hinblick auf die Wahrung des Gleichbehandlungsgrundsatzes günstiger als die in dieser Richtlinie vorgesehenen Vorschriften sind.

(2) Die Umsetzung dieser Richtlinie darf keinesfalls als Rechtfertigung für eine Absenkung des von den Mitgliedstaaten bereits garantierten Schutzniveaus in Bezug auf Diskriminierungen in den von der Richtlinie abgedeckten Bereichen benutzt werden.

Artikel 9[21]

(1) Die Mitgliedstaaten setzen die erforderlichen Rechts- und Verwaltungsvorschriften in Kraft, um dieser Richtlinie binnen dreißig Monaten nach ihrer Bekanntgabe nachzukommen, und unterrichten hiervon unverzüglich die Kommission.

---

18 Die Richtlinie 76/207/EWG vom 09.02.1976 (ABl. Nr. L 39/40) wird durch Art. 34 der Richtlinie 2006/54/EG vom 05.07.2006 (ABl. Nr. L 204/23) mit Wirkung vom 15.08.2009 aufgehoben.
19 Die Richtlinie 76/207/EWG vom 09.02.1976 (ABl. Nr. L 39/40) wird durch Art. 34 der Richtlinie 2006/54/EG vom 05.07.2006 (ABl. Nr. L 204/23) mit Wirkung vom 15.08.2009 aufgehoben.
20 Die Richtlinie 76/207/EWG vom 09.02.1976 (ABl. Nr. L 39/40) wird durch Art. 34 der Richtlinie 2006/54/EG vom 05.07.2006 (ABl. Nr. L 204/23) mit Wirkung vom 15.08.2009 aufgehoben.
21 Die Richtlinie 76/207/EWG vom 09.02.1976 (ABl. Nr. L 39/40) wird durch Art. 34 der Richtlinie 2006/54/EG vom 05.07.2006 (ABl. Nr. L 204/23) mit Wirkung vom 15.08.2009 aufgehoben.

Eine erste Prüfung und gegebenenfalls eine erste Revision der Rechts- und Verwaltungsvorschriften im Sinne des Artikels 3 Absatz 2 Buchstabe c) erster Halbsatz und des Artikels 5 Absatz 2 Buchstabe c) erster Halbsatz nehmen die Mitgliedstaaten jedoch innerhalb von vier Jahren nach Bekanntgabe dieser Richtlinie vor.

(2) Die Mitgliedstaaten prüfen in regelmäßigen Abständen die unter Artikel 2 Absatz 2 fallenden beruflichen Tätigkeiten, um unter Berücksichtigung der sozialen Entwicklung festzustellen, ob es gerechtfertigt ist, die betreffenden Ausnahmen aufrechtzuerhalten. Sie übermitteln der Kommission das Ergebnis dieser Prüfung.

(3) Außerdem teilen die Mitgliedstaaten der Kommission den Wortlaut der Rechts- und Verwaltungsvorschriften mit, die sie im Anwendungsbereich dieser Richtlinie erlassen.

Artikel 10[22]

Binnen zwei Jahren nach Ablauf der in Artikel 9 Absatz 1 Unterabsatz 1 vorgesehenen Frist von dreißig Monaten übermitteln die Mitgliedstaaten der Kommission alle zweckdienlichen Angaben, damit diese für den Rat einen Bericht über die Anwendung dieser Richtlinie erstellen kann.

Artikel 11[23]

Diese Richtlinie ist an die Mitgliedstaaten gerichtet.

---

22 Die Richtlinie 76/207/EWG vom 09.02.1976 (ABl. Nr. L 39/40) wird durch Art. 34 der Richtlinie 2006/54/EG vom 05.07.2006 (ABl. Nr. L 204/23) mit Wirkung vom 15.08.2009 aufgehoben.
23 Die Richtlinie 76/207/EWG vom 09.02.1976 (ABl. Nr. L 39/40) wird durch Art. 34 der Richtlinie 2006/54/EG vom 05.07.2006 (ABl. Nr. L 204/23) mit Wirkung vom 15.08.2009 aufgehoben.

Richtlinie 2006/54/EG des Europäischen Parlaments und des Rates vom 5. 7. 2006 zur Verwirklichung des Grundsatzes der Chancengleichheit und Gleichbehandlung von Männern und Frauen in Arbeits- und Beschäftigungsfragen (Neufassung)

Das Europäische Parlament und der Rat der Europäischen Union –

gestützt auf den Vertrag zur Gründung der Europäischen Gemeinschaft, insbesondere auf Artikel 141 Absatz 3,

auf Vorschlag der Kommission,

nach Stellungnahme des Europäischen Wirtschafts- und Sozialausschusses[1],

gemäß dem Verfahren des Artikels 251 des Vertrags[2],

in Erwägung nachstehender Gründe:

(1) Die Richtlinie 76/207/EWG des Rates vom 9. Februar 1976 zur Verwirklichung des Grundsatzes der Gleichbehandlung von Männern und Frauen hinsichtlich des Zugangs zur Beschäftigung, zur Berufsbildung und zum beruflichen Aufstieg sowie in Bezug auf die Arbeitsbedingungen[3] und die Richtlinie 86/378/EWG des Rates vom 24. Juli 1986 zur Verwirklichung des Grundsatzes der Gleichbehandlung von Männern und Frauen bei den betrieblichen Systemen der sozialen Sicherheit[4] wurden erheblich geändert[5]. Die Richtlinie 75/117/EWG des Rates vom 10. Februar 1975 zur Angleichung der Rechtsvorschriften der Mitgliedstaaten über die Anwendung des Grundsatzes des gleichen Entgelts für Männer und Frauen[6] und die Richtlinie 97/80/EG des Rates vom 15. Dezember 1997 über die Beweislast bei Diskriminierung aufgrund des Geschlechts[7] enthalten ebenfalls Bestimmungen, deren Ziel die Verwirklichung des Grundsatzes der Gleichbehandlung von Männern und Frauen ist. Anlässlich neuerlicher Änderungen der genannten Richtlinien empfiehlt sich aus Gründen der Klarheit eine Neufassung sowie die Zusammenfassung der wichtigsten Bestimmungen auf diesem Gebiet mit verschiedenen Ent-

---

1 ABl. C 157 vom 28.6.2005, S. 83.
2 Stellungnahme des Europäischen Parlaments vom 6. Juli 2005 (noch nicht im Amtsblatt veröffentlicht), Gemeinsamer Standpunkt des Rates vom 10. März 2006 (ABl. C 126 E vom 30.5.2006, S. 33) und Standpunkt des Europäischen Parlaments vom 1. Juni 2006 (noch nicht im Amtsblatt veröffentlicht).
3 ABl. L 39 vom 14.2.1976, S. 40. Geändert durch die Richtlinie 2002/73/EG des Europäischen Parlaments und des Rates (ABl. L 269 vom 5.10.2002, S. 15).
4 ABl. L 225 vom 12.8.1986, S. 40. Geändert durch die Richtlinie 96/97/EG (ABl. L 46 vom 17.2.1997, S. 20).
5 Siehe Anhang I Teil A.
6 ABl. L 45 vom 19.2.1975, S. 19.
7 ABl. L 14 vom 20.1.1998, S. 6. Geändert durch die Richtlinie 98/52/EG (ABl. L 205 vom 22.7.1998, S. 66).

wicklungen aufgrund der Rechtsprechung des Gerichtshofs der Europäischen Gemeinschaften (im Folgenden »Gerichtshof«) in einem einzigen Text.

(2) Die Gleichstellung von Männern und Frauen stellt nach Artikel 2 und Artikel 3 Absatz 2 des Vertrags sowie nach der Rechtsprechung des Gerichtshofs ein grundlegendes Prinzip dar. In diesen Vertragsbestimmungen wird die Gleichstellung von Männern und Frauen als Aufgabe und Ziel der Gemeinschaft bezeichnet, und es wird eine positive Verpflichtung begründet, sie bei allen Tätigkeiten der Gemeinschaft zu fördern.

(3) Der Gerichtshof hat festgestellt, dass die Tragweite des Grundsatzes der Gleichbehandlung von Männern und Frauen nicht auf das Verbot der Diskriminierung aufgrund des natürlichen Geschlechts einer Person beschränkt werden kann. Angesichts seiner Zielsetzung und der Art der Rechte, die damit geschützt werden sollen, gilt er auch für Diskriminierungen aufgrund einer Geschlechtsumwandlung.

(4) Artikel 141 Absatz 3 des Vertrags bietet nunmehr eine spezifische Rechtsgrundlage für den Erlass von Gemeinschaftsmaßnahmen zur Sicherstellung des Grundsatzes der Chancengleichheit und der Gleichbehandlung in Arbeits- und Beschäftigungsfragen, einschließlich des gleichen Entgelts für gleiche oder gleichwertige Arbeit.

(5) Die Artikel 21 und 23 der Charta der Grundrechte der Europäischen Union verbieten ebenfalls jegliche Diskriminierung aufgrund des Geschlechts und verankern das Recht auf Gleichbehandlung von Männern und Frauen in allen Bereichen, einschließlich Beschäftigung, Arbeit und Entgelt.

(6) Die Belästigung einer Person und die sexuelle Belästigung stellen einen Verstoß gegen den Grundsatz der Gleichbehandlung von Männern und Frauen dar und sind somit als Diskriminierung aufgrund des Geschlechts im Sinne dieser Richtlinie anzusehen. Diese Formen der Diskriminierung kommen nicht nur am Arbeitsplatz vor, sondern auch im Zusammenhang mit dem Zugang zur Beschäftigung, zur Berufsbildung und zum beruflichen Aufstieg. Diese Formen der Diskriminierung sollten daher verboten werden, und es sollten wirksame, verhältnismäßige und abschreckende Sanktionen vorgesehen werden.

(7) In diesem Zusammenhang sollten die Arbeitgeber und die für Berufsbildung zuständigen Personen ersucht werden, Maßnahmen zu ergreifen, um im Einklang mit den innerstaatlichen Rechtsvorschriften und Gepflogenheiten gegen alle Formen der Diskriminierung aufgrund des Geschlechts vorzugehen und insbesondere präventive Maßnahmen zur Bekämpfung der Belästigung und der sexuellen Belästigung am Arbeitsplatz ebenso wie beim Zugang zur Beschäftigung, zur Berufsbildung und zum beruflichen Aufstieg zu treffen.

(8) Der Grundsatz des gleichen Entgelts für gleiche oder gleichwertige Arbeit, gemäß Artikel 141 des Vertrags, der vom Gerichtshof in ständiger Rechtsprechung bestätigt wurde, ist ein wichtiger Aspekt des Grundsatzes der Gleichbehandlung von Männern und Frauen und ein wesentlicher und unverzichtbarer Bestandteil sowohl des gemeinschaftlichen Besitzstands als auch der Rechtsprechung des Ge-

richtshofs im Bereich der Diskriminierung aufgrund des Geschlechts. Daher sollten weitere Bestimmungen zu seiner Verwirklichung festgelegt werden.

(9) Um festzustellen, ob Arbeitnehmer eine gleiche oder gleichwertige Arbeit verrichten, sollte gemäß der ständigen Rechtsprechung des Gerichtshofs geprüft werden, ob sich diese Arbeitnehmer in Bezug auf verschiedene Faktoren, zu denen unter anderem die Art der Arbeit und der Ausbildung und die Arbeitsbedingungen gehören, in einer vergleichbaren Lage befinden.

(10) Der Gerichtshof hat festgestellt, dass der Grundsatz des gleichen Entgelts unter bestimmten Umständen nicht nur für Situationen gilt, in denen Männer und Frauen für denselben Arbeitgeber arbeiten.

(11) Die Mitgliedstaaten sollten weiterhin gemeinsam mit den Sozialpartnern dem Problem des anhaltenden geschlechtsspezifischen Lohngefälles und der nach wie vor ausgeprägten Geschlechtertrennung auf dem Arbeitsmarkt beispielsweise durch flexible Arbeitszeitregelungen entgegenwirken, die es sowohl Männern als auch Frauen ermöglichen, Familie und Beruf besser miteinander in Einklang zu bringen. Dies könnte auch angemessene Regelungen für den Elternurlaub, die von beiden Elternteilen in Anspruch genommen werden könnten, sowie die Bereitstellung zugänglicher und erschwinglicher Einrichtungen für die Kinderbetreuung und die Betreuung pflegebedürftiger Personen einschließen.

(12) Es sollten spezifische Maßnahmen erlassen werden, um die Verwirklichung des Grundsatzes der Gleichbehandlung in den betrieblichen Systemen der sozialen Sicherheit zu gewährleisten und seinen Geltungsbereich klarer zu definieren.

(13) Mit seinem Urteil vom 17. Mai 1990 in der Rechtssache C-262/88[8] befand der Gerichtshof, dass alle Formen von Betriebsrenten Bestandteil des Entgelts im Sinne von Artikel 141 des Vertrags sind.

(14) Auch wenn sich der Begriff des Entgelts im Sinne des Artikels 141 des Vertrags nicht auf Sozialversicherungsleistungen erstreckt, steht nunmehr fest, dass ein Rentensystem für Beschäftigte im öffentlichen Dienst unter den Grundsatz des gleichen Entgelts fällt, wenn die aus einem solchen System zu zahlenden Leistungen dem Arbeitnehmer aufgrund seines Beschäftigungsverhältnisses mit dem öffentlichen Arbeitgeber gezahlt werden, ungeachtet der Tatsache, dass ein solches System Teil eines allgemeinen, durch Gesetz geregelten Systems ist. Nach den Urteilen des Gerichtshofs vom 28. August 1984 in der Rechtssache C-7/93[9] und vom 12. August in der Rechtssache C351/00[10] ist diese Bedingung erfüllt, wenn das Rentensystem eine bestimmte Gruppe von Arbeitnehmern betrifft und die Leistungen unmittelbar von der abgeleisteten Dienstzeit abhängig sind und ihre Höhe aufgrund der letzten Bezüge des Beamten berechnet wird. Um der Klarheit willen ist es daher angebracht, entsprechende spezifische Bestimmungen zu erlassen.

---

8 Rechtssache C-262/88: Barber gegen Guardian Royal Exchange Assurance Group, Slg. 1990, I-1889.
9 Rechtssache C-7/93: Bestuur van het Algemeen Burgerlijk Pensioensfonds gegen G. A. Beune, Slg. 1994, I-4471.
10 Rechtssache C-351/00: Pirkko Niemi, Slg. 2002, I-7007.

(15) Der Gerichtshof hat bestätigt, dass, auch wenn die Beiträge männlicher und weiblicher Arbeitnehmer zu einem Rentensystem mit Leistungszusage unter Artikel 141 des Vertrags fallen, Ungleichheiten bei den im Rahmen von durch Kapitalansammlung finanzierten Systemen mit Leistungszusage gezahlten Arbeitgeberbeiträgen, die sich aus der Verwendung je nach Geschlecht unterschiedlicher versicherungsmathematischer Faktoren ergeben, nicht im Lichte dieser Bestimmung beurteilt werden können.

(16) Beispielsweise ist bei durch Kapitalansammlung finanzierten Systemen mit Leistungszusage hinsichtlich einiger Punkte, wie der Umwandlung eines Teils der regelmäßigen Rentenzahlungen in Kapital, der Übertragung der Rentenansprüche, der Hinterbliebenenrente, die an einen Anspruchsberechtigten auszuzahlen ist, der im Gegenzug auf einen Teil der jährlichen Rentenbezüge verzichtet oder einer gekürzten Rente, wenn der Arbeitnehmer sich für den vorgezogenen Ruhestand entscheidet, eine Ungleichbehandlung gestattet, wenn die Ungleichheit der Beträge darauf zurückzuführen ist, dass bei der Durchführung der Finanzierung des Systems je nach Geschlecht unterschiedliche versicherungstechnische Berechnungsfaktoren angewendet worden sind.

(17) Es steht fest, dass Leistungen, die aufgrund eines betrieblichen Systems der sozialen Sicherheit zu zahlen sind, nicht als Entgelt gelten, insofern sie auf Beschäftigungszeiten vor dem 17. Mai 1990 zurückgeführt werden können, außer im Fall von Arbeitnehmern oder ihren anspruchsberechtigten Angehörigen, die vor diesem Zeitpunkt eine Klage bei Gericht oder ein gleichwertiges Verfahren nach geltendem einzelstaatlichen Recht angestrengt haben. Es ist daher notwendig, die Anwendung des Grundsatzes der Gleichbehandlung entsprechend einzuschränken.

(18) Nach der ständigen Rechtsprechung des Gerichtshofs hat das Barber-Protokoll[11] keine Auswirkung auf den Anspruch auf Anschluss an ein Betriebsrentensystem, und die zeitliche Beschränkung der Wirkungen des Urteils in der Rechtssache C-262/88 gilt nicht für den Anspruch auf Anschluss an ein Betriebsrentensystem. Der Gerichtshof hat auch für Recht erkannt, dass Arbeitnehmern, die ihren Anspruch auf Anschluss an ein Betriebsrentensystem geltend machen, die einzelstaatlichen Vorschriften über die Fristen für die Rechtsverfolgung entgegengehalten werden können, sofern sie für derartige Klagen nicht ungünstiger sind als für gleichartige Klagen, die das innerstaatliche Recht betreffen, und sofern sie die Ausübung der durch das Gemeinschaftsrecht gewährten Rechte nicht praktisch unmöglich machen. Der Gerichtshof hat zudem dargelegt, dass ein Arbeitnehmer, der Anspruch auf den rückwirkenden Anschluss an ein Betriebsrentensystem hat, sich der Zahlung der Beiträge für den betreffenden Anschlusszeitraum nicht entziehen kann.

---

11 Protokoll Nr. 17 zu Artikel 141 des Vertrags zur Gründung der Europäischen Gemeinschaft (1992).

(19) Die Sicherstellung des gleichen Zugangs zur Beschäftigung und zur entsprechenden Berufsbildung ist grundlegend für die Anwendung des Grundsatzes der Gleichbehandlung von Männern und Frauen in Arbeits- und Beschäftigungsfragen. Jede Einschränkung dieses Grundsatzes sollte daher auf diejenigen beruflichen Tätigkeiten beschränkt bleiben, die aufgrund ihrer Art oder der Bedingungen ihrer Ausübung die Beschäftigung einer Person eines bestimmten Geschlechts erfordern, sofern damit ein legitimes Ziel verfolgt und dem Grundsatz der Verhältnismäßigkeit entsprochen wird.

(20) Diese Richtlinie berührt nicht die Vereinigungsfreiheit, einschließlich des Rechts jeder Person, zum Schutz ihrer Interessen Gewerkschaften zu gründen und Gewerkschaften beizutreten. Maßnahmen im Sinne von Artikel 141 Absatz 4 des Vertrags können die Mitgliedschaft in oder die Fortsetzung der Tätigkeit von Organisationen oder Gewerkschaften einschließen, deren Hauptziel es ist, dem Grundsatz der Gleichbehandlung von Männern und Frauen in der Praxis Geltung zu verschaffen.

(21) Das Diskriminierungsverbot sollte nicht der Beibehaltung oder dem Erlass von Maßnahmen entgegenstehen, mit denen bezweckt wird, Benachteiligungen von Personen eines Geschlechts zu verhindern oder auszugleichen. Diese Maßnahmen lassen die Einrichtung und Beibehaltung von Organisationen von Personen desselben Geschlechts zu, wenn deren Hauptzweck darin besteht, die besonderen Bedürfnisse dieser Personen zu berücksichtigen und die Gleichstellung von Männern und Frauen zu fördern.

(22) In Übereinstimmung mit Artikel 141 Absatz 4 des Vertrags hindert der Grundsatz der Gleichbehandlung die Mitgliedstaaten im Hinblick auf die effektive Gewährleistung der vollen Gleichstellung von Männern und Frauen im Arbeitsleben nicht daran, zur Erleichterung der Berufstätigkeit des unterrepräsentierten Geschlechts oder zur Verhinderung bzw. zum Ausgleich von Benachteiligungen in der beruflichen Laufbahn spezifische Vergünstigungen beizubehalten oder zu beschließen. Angesichts der derzeitigen Lage und in Kenntnis der Erklärung Nr. 28 zum Vertrag von Amsterdam sollten die Mitgliedstaaten in erster Linie darauf hinwirken, die Lage der Frauen im Arbeitsleben zu verbessern.

(23) Aus der Rechtsprechung des Gerichtshofs ergibt sich klar, dass die Schlechterstellung einer Frau im Zusammenhang mit Schwangerschaft oder Mutterschaft eine unmittelbare Diskriminierung aufgrund des Geschlechts darstellt. Eine solche Behandlung sollte daher von der vorliegenden Richtlinie ausdrücklich erfasst werden.

(24) Der Gerichtshof hat in ständiger Rechtsprechung anerkannt, dass der Schutz der körperlichen Verfassung der Frau während und nach einer Schwangerschaft sowie Maßnahmen zum Mutterschutz legitime Mittel zur Erreichung einer nennenswerten Gleichstellung sind. Diese Richtlinie sollte somit die Richtlinie 92/85/EWG des Rates vom 19. Oktober 1992 über die Durchführung von Maßnahmen zur Verbesserung der Sicherheit und des Gesundheitsschutzes von schwangeren Arbeitnehmerinnen, Wöchnerinnen und stillenden Arbeitnehmerinnen am

Arbeitsplatz[12] unberührt lassen. Sie sollte ferner die Richtlinie 96/34/EG des Rates vom 3. Juni 1996 zu der von UNICE, CEEP und EGB geschlossenen Rahmenvereinbarung über Elternurlaub[13] unberührt lassen.

(25) Aus Gründen der Klarheit ist es außerdem angebracht, ausdrücklich Bestimmungen zum Schutz der Rechte der Frauen im Bereich der Beschäftigung im Falle des Mutterschaftsurlaubs aufzunehmen, insbesondere den Anspruch auf Rückkehr an ihren früheren Arbeitsplatz oder einen gleichwertigen Arbeitsplatz ohne Verschlechterung der Arbeitsbedingungen aufgrund dieses Mutterschaftsurlaubs sowie darauf, dass ihnen auch alle Verbesserungen der Arbeitsbedingungen zugute kommen, auf die sie während ihrer Abwesenheit Anspruch gehabt hätten.

(26) In der Entschließung des Rates und der im Rat vereinigten Minister für Beschäftigung und Sozialpolitik vom 29. Juni 2000 über eine ausgewogene Teilhabe von Frauen und Männern am Berufs- und Familienleben[14] wurden die Mitgliedstaaten ermutigt, die Möglichkeit zu prüfen, in ihren jeweiligen Rechtsordnungen männlichen Arbeitnehmern unter Wahrung ihrer bestehenden arbeitsbezogenen Rechte ein individuelles, nicht übertragbares Recht auf Vaterschaftsurlaub zuzuerkennen.

(27) Ähnliche Bedingungen gelten für die Zuerkennung – durch die Mitgliedstaaten – eines individuellen, nicht übertragbaren Rechts auf Urlaub nach Adoption eines Kindes an Männer und Frauen. Es ist Sache der Mitgliedstaaten zu entscheiden, ob sie ein solches Recht auf Vaterschaftsurlaub und/oder Adoptionsurlaub zuerkennen oder nicht, sowie alle außerhalb des Geltungsbereichs dieser Richtlinie liegenden Bedingungen, mit Ausnahme derjenigen, die die Entlassung und die Rückkehr an den Arbeitsplatz betreffen, festzulegen.

(28) Die wirksame Anwendung des Grundsatzes der Gleichbehandlung erfordert die Schaffung angemessener Verfahren durch die Mitgliedstaaten.

(29) Die Schaffung angemessener rechtlicher und administrativer Verfahren zur Durchsetzung der Verpflichtungen aufgrund der vorliegenden Richtlinie ist wesentlich für die tatsächliche Verwirklichung des Grundsatzes der Gleichbehandlung.

(30) Der Erlass von Bestimmungen zur Beweislast ist wesentlich, um sicherzustellen, dass der Grundsatz der Gleichbehandlung wirksam durchgesetzt werden kann. Wie der Gerichtshof entschieden hat, sollten daher Bestimmungen vorgesehen werden, die sicherstellen, dass die Beweislast – außer im Zusammenhang mit Verfahren, in denen die Ermittlung des Sachverhalts dem Gericht oder der zuständigen nationalen Stelle obliegt – auf die beklagte Partei verlagert wird, wenn der Anschein einer Diskriminierung besteht. Es ist jedoch klarzustellen, dass die Bewertung der Tatsachen, die das Vorliegen einer unmittelbaren oder mittelbaren Diskriminierung vermuten lassen, weiterhin der einschlägigen einzelstaatlichen Stelle im Einklang mit den innerstaatlichen Rechtsvorschriften oder Gepflogen-

---

12 ABl. L 348 vom 28.11.1992, S. 1.
13 ABl. L 145 vom 19.6.1996, S. 4. Geändert durch die Richtlinie 97/75/EG (ABl. L 10 vom 16.1.1998, S. 24).
14 ABl. C 218 vom 31.7.2000, S. 5.

heiten obliegt. Außerdem bleibt es den Mitgliedstaaten überlassen, auf jeder Stufe des Verfahrens eine für die klagende Partei günstigere Beweislastregelung vorzusehen.

(31) Um den durch diese Richtlinie gewährleisteten Schutz weiter zu verbessern, sollte auch die Möglichkeit bestehen, dass sich Verbände, Organisationen und andere juristische Personen unbeschadet der nationalen Verfahrensregeln bezüglich der Vertretung und Verteidigung bei einem entsprechenden Beschluss der Mitgliedstaaten im Namen der beschwerten Person oder zu deren Unterstützung an einem Verfahren beteiligen.

(32) In Anbetracht des grundlegenden Charakters des Anspruchs auf einen effektiven Rechtsschutz ist es angebracht, dass Arbeitnehmer diesen Schutz selbst noch nach Beendigung des Verhältnisses genießen, aus dem sich der behauptete Verstoß gegen den Grundsatz der Gleichbehandlung ergibt. Ein Arbeitnehmer, der eine Person, die nach dieser Richtlinie Schutz genießt, verteidigt oder für sie als Zeuge aussagt, sollte den gleichen Schutz genießen.

(33) Der Gerichtshof hat eindeutig festgestellt, dass der Gleichbehandlungsgrundsatz nur dann als tatsächlich verwirklicht angesehen werden kann, wenn bei allen Verstößen eine dem erlittenen Schaden angemessene Entschädigung zuerkannt wird. Es ist daher angebracht, die Vorabfestlegung irgendeiner Höchstgrenze für eine solche Entschädigung auszuschließen, außer in den Fällen, in denen der Arbeitgeber nachweisen kann, dass der einem Bewerber infolge einer Diskriminierung im Sinne dieser Richtlinie entstandene Schaden allein darin besteht, dass die Berücksichtigung seiner Bewerbung verweigert wurde.

(34) Um die wirksame Umsetzung des Grundsatzes der Gleichbehandlung zu verstärken, sollten die Mitgliedstaaten den Dialog zwischen den Sozialpartnern und – im Rahmen der einzelstaatlichen Praxis – mit den Nichtregierungsorganisationen fördern.

(35) Die Mitgliedstaaten sollten wirksame, verhältnismäßige und abschreckende Sanktionen festlegen, die bei einer Verletzung der aus dieser Richtlinie erwachsenden Verpflichtungen zu verhängen sind.

(36) Da die Ziele dieser Richtlinie auf Ebene der Mitgliedstaaten nicht ausreichend verwirklicht werden können und daher besser auf Gemeinschaftsebene zu erreichen sind, kann die Gemeinschaft im Einklang mit dem in Artikel 5 des Vertrags niedergelegten Subsidiaritätsprinzip tätig werden. Entsprechend dem in demselben Artikel genannten Grundsatz der Verhältnismäßigkeit geht diese Richtlinie nicht über das zur Erreichung dieser Ziele erforderliche Maß hinaus.

(37) Zum besseren Verständnis der Ursachen der unterschiedlichen Behandlung von Männern und Frauen in Arbeits- und Beschäftigungsfragen sollten vergleichbare, nach Geschlechtern aufgeschlüsselte Statistiken weiterhin erstellt, ausgewertet und auf den geeigneten Ebenen zur Verfügung gestellt werden.

(38) Die Gleichbehandlung von Männern und Frauen in Arbeits- und Beschäftigungsfragen kann sich nicht auf gesetzgeberische Maßnahmen beschränken. Die Europäische Union und die Mitgliedstaaten sind vielmehr aufgefordert, den Pro-

zess der Bewusstseinsbildung für das Problem der Lohndiskriminierung und ein Umdenken verstärkt zu fördern und dabei alle betroffenen Kräfte auf öffentlicher wie privater Ebene so weit wie möglich einzubinden. Dabei kann der Dialog zwischen den Sozialpartnern einen wichtigen Beitrag leisten.

(39) Die Verpflichtung zur Umsetzung dieser Richtlinie in nationales Recht sollte auf diejenigen Bestimmungen beschränkt werden, die eine inhaltliche Veränderung gegenüber den früheren Richtlinien darstellen. Die Verpflichtung zur Umsetzung derjenigen Bestimmungen, die inhaltlich unverändert bleiben, ergibt sich aus den früheren Richtlinien.

(40) Diese Richtlinie sollte unbeschadet der Verpflichtungen der Mitgliedstaaten in Bezug auf die Fristen zur Umsetzung der in Anhang I Teil B aufgeführten Richtlinien in einzelstaatliches Recht und zu ihrer Anwendung gelten.

(41) Entsprechend Nummer 34 der Interinstitutionellen Vereinbarung über bessere Rechtsetzung[15] sollten die Mitgliedstaaten für ihre eigenen Zwecke und im Interesse der Gemeinschaft eigene Tabellen aufstellen, denen im Rahmen des Möglichen die Entsprechungen zwischen dieser Richtlinie und den Umsetzungsmaßnahmen zu entnehmen sind, und diese veröffentlichen –

haben folgende Richtiline erlassen:

Titel I
Allgemeine Bestimmungen

Artikel 1
Gegenstand

Ziel der vorliegenden Richtlinie ist es, die Verwirklichung des Grundsatzes der Chancengleichheit und Gleichbehandlung von Männern und Frauen in Arbeits- und Beschäftigungsfragen sicherzustellen.

Zu diesem Zweck enthält sie Bestimmungen zur Verwirklichung des Grundsatzes der Gleichbehandlung in Bezug auf

a) den Zugang zur Beschäftigung einschließlich des beruflichen Aufstiegs und zur Berufsbildung,

b) Arbeitsbedingungen einschließlich des Entgelts,

c) betriebliche Systeme der sozialen Sicherheit.

Weiter enthält sie Bestimmungen, mit denen sichergestellt werden soll, dass die Verwirklichung durch die Schaffung angemessener Verfahren wirksamer gestaltet wird.

---

15 ABl. C 321 vom 31.12.2003, S. 1.

Artikel 2
Begriffsbestimmungen

(1) Im Sinne dieser Richtlinie bezeichnet der Ausdruck

a) »unmittelbare Diskriminierung« eine Situation, in der eine Person aufgrund ihres Geschlechts eine weniger günstige Behandlung erfährt, als eine andere Person in einer vergleichbaren Situation erfährt, erfahren hat oder erfahren würde;

b) »mittelbare Diskriminierung« eine Situation, in der dem Anschein nach neutrale Vorschriften, Kriterien oder Verfahren Personen des einen Geschlechts in besonderer Weise gegenüber Personen des anderen Geschlechts benachteiligen können, es sei denn, die betreffenden Vorschriften, Kriterien oder Verfahren sind durch ein rechtmäßiges Ziel sachlich gerechtfertigt und die Mittel sind zur Erreichung dieses Ziels angemessen und erforderlich;

c) »Belästigung« unerwünschte auf das Geschlecht einer Person bezogene Verhaltensweisen, die bezwecken oder bewirken, dass die Würde der betreffenden Person verletzt und ein von Einschüchterungen, Anfeindungen, Erniedrigungen, Entwürdigungen oder Beleidigungen gekennzeichnetes Umfeld geschaffen wird;

d) »sexuelle Belästigung« jede Form von unerwünschtem Verhalten sexueller Natur, das sich in unerwünschter verbaler, nicht-verbaler oder physischer Form äußert und das bezweckt oder bewirkt, dass die Würde der betreffenden Person verletzt wird, insbesondere wenn ein von Einschüchterungen, Anfeindungen, Erniedrigungen, Entwürdigungen und Beleidigungen gekennzeichnetes Umfeld geschaffen wird;

e) »Entgelt« die üblichen Grund- oder Mindestlöhne und gehälter sowie alle sonstigen Vergütungen, die der Arbeitgeber aufgrund des Dienstverhältnisses dem Arbeitnehmer mittelbar oder unmittelbar als Geld- oder Sachleistung zahlt;

f) »betriebliche Systeme der sozialen Sicherheit« Systeme, die nicht durch die Richtlinie 79/7/EWG des Rates vom 19. Dezember 1978 zur schrittweisen Verwirklichung des Grundsatzes der Gleichbehandlung von Männern und Frauen im Bereich der sozialen Sicherheit[16] geregelt werden und deren Zweck darin besteht, den abhängig Beschäftigten und den Selbständigen in einem Unternehmen oder einer Unternehmensgruppe, in einem Wirtschaftszweig oder den Angehörigen eines Berufes oder einer Berufsgruppe Leistungen zu gewähren, die als Zusatzleistungen oder Ersatzleistungen die gesetzlichen Systeme der sozialen Sicherheit ergänzen oder an ihre Stelle treten, unabhängig davon, ob der Beitritt zu diesen Systemen Pflicht ist oder nicht.

(2) Im Sinne dieser Richtlinie gelten als Diskriminierung

a) Belästigung und sexuelle Belästigung sowie jede nachteilige Behandlung aufgrund der Zurückweisung oder Duldung solcher Verhaltensweisen durch die betreffende Person;

---

16 ABl. L 6 vom 10.1.1979, S. 24.

b) die Anweisung zur Diskriminierung einer Person aufgrund des Geschlechts;
c) jegliche ungünstigere Behandlung einer Frau im Zusammenhang mit Schwangerschaft oder Mutterschaftsurlaub im Sinne der Richtlinie 92/85/EWG.

Artikel 3
Positive Maßnahmen

Die Mitgliedstaaten können im Hinblick auf die Gewährleistung der vollen Gleichstellung von Männern und Frauen im Arbeitsleben Maßnahmen im Sinne von Artikel 141 Absatz 4 des Vertrags beibehalten oder beschließen.

Titel II
Besondere Bestimmungen

Kapitel 1
Gleiches Entgelt

Artikel 4
Diskriminierungsverbot

Bei gleicher Arbeit oder bei einer Arbeit, die als gleichwertig anerkannt wird, wird mittelbare und unmittelbare Diskriminierung aufgrund des Geschlechts in Bezug auf sämtliche Entgeltbestandteile und -bedingungen beseitigt.

Insbesondere wenn zur Festlegung des Entgelts ein System beruflicher Einstufung verwendet wird, muss dieses System auf für männliche und weibliche Arbeitnehmer gemeinsamen Kriterien beruhen und so beschaffen sein, dass Diskriminierungen aufgrund des Geschlechts ausgeschlossen werden.

Kapitel 2
Gleichbehandlung in betrieblichen Systemen der sozialen Sicherheit

Artikel 5
Diskriminierungsverbot

Unbeschadet des Artikels 4 darf es in betrieblichen Systemen der sozialen Sicherheit keine unmittelbare oder mittelbare Diskriminierung aufgrund des Geschlechts geben, insbesondere hinsichtlich

a) des Anwendungsbereichs solcher Systeme und die Bedingungen für den Zugang zu ihnen,
b) der Beitragspflicht und der Berechnung der Beiträge,
c) der Berechnung der Leistungen, einschließlich der Zuschläge für den Ehegatten und für unterhaltsberechtigte Personen, sowie der Bedingungen betreffend die Geltungsdauer und die Aufrecherhaltung des Leistungsanspruchs.

Artikel 6
Persönlicher Anwendungsbereich

Dieses Kapitel findet entsprechend den einzelstaatlichen Rechtsvorschriften und/oder Gepflogenheiten Anwendung auf die Erwerbsbevölkerung einschließlich der Selbständigen, der Arbeitnehmer, deren Erwerbstätigkeit durch Krankheit, Mutterschaft, Unfall oder unverschuldete Arbeitslosigkeit unterbrochen ist, und der Arbeitssuchenden sowie auf die sich im Ruhestand befindlichen oder arbeitsunfähigen Arbeitnehmer und auf ihre anspruchsberechtigten Angehörigen.

Artikel 7
Sachlicher Anwendungsbereich

(1) Dieses Kapitel findet Anwendung

a) auf betriebliche Systeme der sozialen Sicherheit, die Schutz gegen folgende Risiken bieten:
- i) Krankheit,
- ii) Invalidität,
- iii) Alter, einschließlich vorzeitige Versetzung in den Ruhestand,
- iv) Arbeitsunfall und Berufskrankheit,
- v) Arbeitslosigkeit;

b) auf betriebliche Systeme der sozialen Sicherheit, die sonstige Sozialleistungen in Form von Geld- oder Sachleistungen vorsehen, insbesondere Leistungen an Hinterbliebene und Familienleistungen, wenn diese Leistungen als vom Arbeitgeber aufgrund des Beschäftigungsverhältnisses an den Arbeitnehmer gezahlte Vergütungen gelten.

(2) Dieses Kapitel findet auch Anwendung auf Rentensysteme für eine besondere Gruppe von Arbeitnehmern wie beispielsweise Beamte, wenn die aus dem System zu zahlenden Leistungen aufgrund des Beschäftigungsverhältnisses mit dem öffentlichen Arbeitgeber gezahlt werden. Die Tatsache, dass ein solches System Teil eines allgemeinen durch Gesetz geregelten Systems ist, steht dem nicht entgegen.

Artikel 8
Ausnahmen vom sachlichen Anwendungsbereich

(1) Dieses Kapitel gilt nicht

a) für Einzelverträge Selbständiger,

b) für Systeme Selbständiger mit nur einem Mitglied,

c) im Fall von abhängig Beschäftigten für Versicherungsverträge, bei denen der Arbeitgeber nicht Vertragspartei ist,

d) für fakultative Bestimmungen betrieblicher Systeme der sozialen Sicherheit, die einzelnen Mitgliedern eingeräumt werden, um ihnen
- i) entweder zusätzliche Leistungen

ii) oder die Wahl des Zeitpunkts, zu dem die regulären Leistungen für Selbständige einsetzen, oder die Wahl zwischen mehreren Leistungen zu garantieren,

e) für betriebliche Systeme der sozialen Sicherheit, sofern die Leistungen durch freiwillige Beiträge der Arbeitnehmer finanziert werden.

(2) Diesem Kapitel steht nicht entgegen, dass ein Arbeitgeber Personen, welche die Altersgrenze für die Gewährung einer Rente aus einem betrieblichen System der sozialen Sicherheit, jedoch noch nicht die Altersgrenze für die Gewährung einer gesetzlichen Rente erreicht haben, eine Zusatzrente gewährt, damit der Betrag der gesamten Leistungen dem Betrag entspricht oder nahe kommt, der Personen des anderen Geschlechts in derselben Lage, die bereits das gesetzliche Rentenalter erreicht haben, gewährt wird, bis die Bezieher der Zusatzrente das gesetzliche Rentenalter erreicht haben.

Artikel 9
Beispiele für Diskriminierung

(1) Dem Grundsatz der Gleichbehandlung entgegenstehende Bestimmungen sind solche, die sich unmittelbar oder mittelbar auf das Geschlecht stützen und Folgendes bewirken:

a) Festlegung der Personen, die zur Mitgliedschaft in einem betrieblichen System der sozialen Sicherheit zugelassen sind;

b) Regelung der Zwangsmitgliedschaft oder der freiwilligen Mitgliedschaft in einem betrieblichen System der sozialen Sicherheit;

c) unterschiedliche Regeln für das Beitrittsalter zum System oder für die Mindestdauer der Beschäftigung oder Zugehörigkeit zum System, die einen Leistungsanspruch begründen;

d) Festlegung – außer in den unter den Buchstaben h und j genannten Fällen – unterschiedlicher Regeln für die Erstattung der Beiträge, wenn der Arbeitnehmer aus dem System ausscheidet, ohne die Bedingungen erfüllt zu haben, die ihm einen aufgeschobenen Anspruch auf die langfristigen Leistungen garantieren;

e) Festlegung unterschiedlicher Bedingungen für die Gewährung der Leistungen oder die Beschränkung dieser Leistungen auf eines der beiden Geschlechter;

f) Festsetzung unterschiedlicher Altersgrenzen für den Eintritt in den Ruhestand;

g) Unterbrechung der Aufrechterhaltung oder des Erwerbs von Ansprüchen während eines gesetzlich oder tarifvertraglich festgelegten Mutterschaftsurlaubs oder Urlaubs aus familiären Gründen, der vom Arbeitgeber bezahlt wird;

h) Gewährung unterschiedlicher Leistungsniveaus, es sei denn, dass dies notwendig ist, um versicherungstechnischen Berechnungsfaktoren Rechnung zu tragen, die im Fall von Festbeitragssystemen je nach Geschlecht unterschiedlich sind; bei durch Kapitalansammlung finanzierten Festleistungssystemen ist hinsichtlich einiger Punkte eine Ungleichbehandlung gestattet, wenn die Ungleichheit der Beträge darauf zurückzuführen ist, dass bei der Durchführung der Finanzierung des Systems je nach Geschlecht unterschiedliche versicherungstechnische Berechnungsfaktoren angewendet worden sind;

i) Festlegung unterschiedlicher Höhen für die Beiträge der Arbeitnehmer;

j) Festlegung unterschiedlicher Höhen für die Beiträge der Arbeitgeber, außer

   i) im Fall von Festbeitragssystemen, sofern beabsichtigt wird, die Höhe der auf diesen Beiträgen beruhenden Rentenleistungen für Männer und Frauen auszugleichen oder anzunähern;

   ii) im Fall von durch Kapitalansammlung finanzierten Festleistungssystemen, sofern die Arbeitgeberbeiträge dazu bestimmt sind, die zur Deckung der Aufwendungen für die zugesagten Leistungen unerlässliche Finanzierungsgrundlage zu ergänzen;

k) Festlegung unterschiedlicher oder nur für Arbeitnehmer eines der Geschlechter geltender Regelungen – außer in den unter den Buchstaben h und j vorgesehenen Fällen – hinsichtlich der Garantie oder der Aufrechterhaltung des Anspruchs auf spätere Leistungen, wenn der Arbeitnehmer aus dem System ausscheidet.

(2) Steht die Gewährung von unter dieses Kapitel fallenden Leistungen im Ermessen der für das System zuständigen Verwaltungsstellen, so beachten diese den Grundsatz der Gleichbehandlung.

Artikel 10
Durchführung in Bezug auf Selbständige

(1) Die Mitgliedstaaten treffen die notwendigen Maßnahmen, um sicherzustellen, dass Bestimmungen betrieblicher Systeme der sozialen Sicherheit selbständig Erwerbstätiger, die dem Grundsatz der Gleichbehandlung entgegenstehen, spätestens mit Wirkung vom 1. Januar 1993 oder – für Mitgliedstaaten, die nach diesem Datum beigetreten sind – ab dem Datum, zu dem die Richtlinie 86/378/EG in ihrem Hoheitsgebiet anwendbar wurde, geändert werden.

(2) Dieses Kapitel steht dem nicht entgegen, dass für die Rechte und Pflichten, die sich aus einer vor dem Zeitpunkt der Änderung eines betrieblichen Systems der sozialen Sicherheit Selbständiger liegenden Zeit der Mitgliedschaft in dem betreffenden System ergeben, weiterhin die Bestimmungen des Systems gelten, die während dieses Versicherungszeitraums galten.

Artikel 11
Möglichkeit des Aufschubs in Bezug auf Selbständige

Was die betrieblichen Systeme der sozialen Sicherheit Selbständiger betrifft, können die Mitgliedstaaten die obligatorische Anwendung des Grundsatzes der Gleichbehandlung aufschieben

a) für die Festsetzung des Rentenalters für die Gewährung von Altersrenten oder Ruhestandsrenten sowie die Folgen, die sich daraus für andere Leistungen ergeben können, und zwar

   i) entweder bis zu dem Zeitpunkt, zu dem diese Gleichbehandlung in den gesetzlichen Systemen verwirklicht ist,

ii) oder längstens bis zu dem Zeitpunkt, zu dem eine Richtlinie diese Gleichbehandlung vorschreibt;

b) für Hinterbliebenenrenten bis zu dem Zeitpunkt, zu dem für diese der Grundsatz der Gleichbehandlung in den gesetzlichen Systemen der sozialen Sicherheit durch das Gemeinschaftsrecht vorgeschrieben ist;

c) für die Anwendung des Artikels 9 Absatz 1 Buchstabe i in Bezug auf die Anwendung von versicherungstechnischen Berechnungsfaktoren bis zum 1. Januar 1999 oder – für Mitgliedstaaten, die nach diesem Datum beigetreten sind – bis zu dem Datum, zu dem die Richtlinie 86/378/EG in ihrem Hoheitsgebiet anwendbar wurde.

Artikel 12
Rückwirkung

(1) Jede Maßnahme zur Umsetzung dieses Kapitels in Bezug auf die Arbeitnehmer deckt alle Leistungen der betrieblichen Systeme der sozialen Sicherheit ab, die für Beschäftigungszeiten nach dem 17. Mai 1990 gewährt werden, und gilt rückwirkend bis zu diesem Datum, außer im Fall von Arbeitnehmern oder ihren anspruchsberechtigten Angehörigen, die vor diesem Zeitpunkt Klage bei Gericht oder ein gleichwertiges Verfahren nach dem geltenden einzelstaatlichen Recht angestrengt haben. In diesem Fall werden die Umsetzungsmaßnahmen rückwirkend bis zum 8. April 1976 angewandt und decken alle Leistungen ab, die für Beschäftigungszeiten nach diesem Zeitpunkt gewährt werden. Für Mitgliedstaaten, die der Gemeinschaft nach dem 8. April 1976 und vor dem 17. Mai 1990 beigetreten sind, gilt anstelle dieses Datums das Datum, an dem Artikel 141 des Vertrags auf ihrem Hoheitsgebiet anwendbar wurde.

(2) Absatz 1 Satz 2 steht dem nicht entgegen, dass den Arbeitnehmern oder ihren Anspruchsberechtigten, die vor dem 17. Mai 1990 Klage erhoben haben, einzelstaatliche Vorschriften über die Fristen für die Rechtsverfolgung nach innerstaatlichem Recht entgegengehalten werden können, sofern sie für derartige Klagen nicht ungünstiger sind als für gleichartige Klagen, die das innerstaatliche Recht betreffen, und sofern sie die Ausübung der durch das Gemeinschaftsrecht gewährten Rechte nicht praktisch unmöglich machen.

(3) Für Mitgliedstaaten, die nach dem 17. Mai 1990 der Gemeinschaft beigetreten sind und zum 1. Januar 1994 Vertragsparteien des Abkommens über den Europäischen Wirtschaftsraum waren, wird das Datum »17. Mai 1990« in Absatz 1 Satz 1 durch »1. Januar 1994« ersetzt.

(4) Für andere Mitgliedstaaten, die nach dem 17. Mai 1990 beigetreten sind, wird das Datum »17. Mai 1990« in den Absätzen 1 und 2 durch das Datum ersetzt, zu dem Artikel 141 des Vertrags in ihrem Hoheitsgebiet anwendbar wurde.

Artikel 13
Flexibles Rentenalter

Haben Frauen und Männer zu gleichen Bedingungen Anspruch auf ein flexibles Rentenalter, so ist dies nicht als mit diesem Kapitel unvereinbar anzusehen.

EU-Richtlinien

Kapitel 3
Gleichbehandlung hinsichtlich des Zugangs zur Beschäftigung zur Berufsbildung und zum beruflichen Aufstieg sowie in Bezug auf die Arbeitsbedingungen

Artikel 14
Diskriminierungsverbot

(1) Im öffentlichen und privaten Sektor einschließlich öffentlicher Stellen darf es in Bezug auf folgende Punkte keinerlei unmittelbare oder mittelbare Diskriminierung aufgrund des Geschlechts geben:

a) die Bedingungen – einschließlich Auswahlkriterien und Einstellungsbedingungen – für den Zugang zur Beschäftigung oder zu abhängiger oder selbständiger Erwerbstätigkeit, unabhängig von Tätigkeitsfeld und beruflicher Position einschließlich des beruflichen Aufstiegs;

b) den Zugang zu allen Formen und allen Ebenen der Berufsberatung, der Berufsausbildung, der beruflichen Weiterbildung und der Umschulung einschließlich der praktischen Berufserfahrung;

c) die Beschäftigungs- und Arbeitsbedingungen einschließlich der Entlassungsbedingungen sowie das Arbeitsentgelt nach Maßgabe von Artikel 141 des Vertrags;

d) die Mitgliedschaft und Mitwirkung in einer Arbeitnehmer- oder Arbeitgeberorganisation oder einer Organisation, deren Mitglieder einer bestimmten Berufsgruppe angehören, einschließlich der Inanspruchnahme der Leistungen solcher Organisationen.

(2) Die Mitgliedstaaten können im Hinblick auf den Zugang zur Beschäftigung einschließlich der zu diesem Zweck erfolgenden Berufsbildung vorsehen, dass eine Ungleichbehandlung wegen eines geschlechtsbezogenen Merkmals keine Diskriminierung darstellt, wenn das betreffende Merkmal aufgrund der Art einer bestimmten beruflichen Tätigkeit oder der Bedingungen ihrer Ausübung eine wesentliche und entscheidende berufliche Anforderung darstellt, sofern es sich um einen rechtmäßigen Zweck und eine angemessene Anforderung handelt.

Artikel 15
Rückkehr aus dem Mutterschaftsurlaub

Frauen im Mutterschaftsurlaub haben nach Ablauf des Mutterschaftsurlaubs Anspruch darauf, an ihren früheren Arbeitsplatz oder einen gleichwertigen Arbeitsplatz unter Bedingungen, die für sie nicht weniger günstig sind, zurückzukehren, und darauf, dass ihnen auch alle Verbesserungen der Arbeitsbedingungen, auf die sie während ihrer Abwesenheit Anspruch gehabt hätten, zugute kommen.

Artikel 16
Vaterschaftsurlaub und Adoptionsurlaub

Diese Richtlinie lässt das Recht der Mitgliedstaaten unberührt, eigene Rechte auf Vaterschaftsurlaub und/oder Adoptionsurlaub anzuerkennen. Die Mitgliedstaaten, die derartige Rechte anerkennen, treffen die erforderlichen Maßnahmen, um männliche und weibliche Arbeitnehmer vor Entlassung infolge der Inanspruchnahme dieser Rechte zu schützen, und gewährleisten, dass sie nach Ablauf des Urlaubs Anspruch darauf haben, an ihren früheren Arbeitsplatz oder einen gleichwertigen Arbeitsplatz unter Bedingungen, die für sie nicht weniger günstig sind, zurückzukehren, und darauf, dass ihnen auch alle Verbesserungen der Arbeitsbedingungen, auf die sie während ihrer Abwesenheit Anspruch gehabt hätten, zugute kommen.

Titel III
Horizontale Bestimmungen

Kapitel 1
Rechtsmittel und Rechtsdurchsetzung

Abschnitt 1
Rechtsmittel

Artikel 17
Rechtsschutz

(1) Die Mitgliedstaaten stellen sicher, dass alle Personen, die sich durch die Nichtanwendung des Gleichbehandlungsgrundsatzes in ihren Rechten für verletzt halten, ihre Ansprüche aus dieser Richtlinie gegebenenfalls nach Inanspruchnahme anderer zuständiger Behörden oder, wenn die Mitgliedstaaten es für angezeigt halten, nach einem Schlichtungsverfahren auf dem Gerichtsweg geltend machen können, selbst wenn das Verhältnis, während dessen die Diskriminierung vorgekommen sein soll, bereits beendet ist.

(2) Die Mitgliedstaaten stellen sicher, dass Verbände, Organisationen oder andere juristische Personen, die gemäß den in ihrem einzelstaatlichen Recht festgelegten Kriterien ein rechtmäßiges Interesse daran haben, für die Einhaltung der Bestimmungen dieser Richtlinie zu sorgen, sich entweder im Namen der beschwerten Person oder zu deren Unterstützung mit deren Einwilligung an den in dieser Richtlinie zur Durchsetzung der Ansprüche vorgesehenen Gerichts- und/oder Verwaltungsverfahren beteiligen können.

(3) Die Absätze 1 und 2 lassen einzelstaatliche Regelungen über Fristen für die Rechtsverfolgung betreffend den Grundsatz der Gleichbehandlung unberührt.

Artikel 18
Schadenersatz oder Entschädigung

Die Mitgliedstaaten treffen im Rahmen ihrer nationalen Rechtsordnungen die erforderlichen Maßnahmen, um sicherzustellen, dass der einer Person durch eine Diskriminierung aufgrund des Geschlechts entstandene Schaden – je nach den Rechtsvorschriften der Mitgliedstaaten – tatsächlich und wirksam ausgeglichen oder ersetzt wird, wobei dies auf eine abschreckende und dem erlittenen Schaden angemessene Art und Weise geschehen muss. Dabei darf ein solcher Ausgleich oder eine solche Entschädigung nur in den Fällen durch eine im Voraus festgelegte Höchstgrenze begrenzt werden, in denen der Arbeitgeber nachweisen kann, dass der einem Bewerber durch die Diskriminierung im Sinne dieser Richtlinie entstandene Schaden allein darin besteht, dass die Berücksichtigung seiner Bewerbung verweigert wurde.

Abschnitt 2
Beweislast

Artikel 19
Beweislast

(1) Die Mitgliedstaaten ergreifen im Einklang mit dem System ihrer nationalen Gerichtsbarkeit die erforderlichen Maßnahmen, nach denen dann, wenn Personen, die sich durch die Verletzung des Gleichbehandlungsgrundsatzes für beschwert halten und bei einem Gericht bzw. einer anderen zuständigen Stelle Tatsachen glaubhaft machen, die das Vorliegen einer unmittelbaren oder mittelbaren Diskriminierung vermuten lassen, es dem Beklagten obliegt zu beweisen, dass keine Verletzung des Gleichbehandlungsgrundsatzes vorgelegen hat.

(2) Absatz 1 lässt das Recht der Mitgliedstaaten, eine für die klagende Partei günstigere Beweislastregelung vorzusehen, unberührt.

(3) Die Mitgliedstaaten können davon absehen, Absatz 1 auf Verfahren anzuwenden, in denen die Ermittlung des Sachverhalts dem Gericht oder einer anderen zuständigen Stelle obliegt.

(4) Die Absätze 1, 2 und 3 finden ebenfalls Anwendung auf

a) die Situationen, die von Artikel 141 des Vertrags und – sofern die Frage einer Diskriminierung aufgrund des Geschlechts angesprochen ist – von den Richtlinien 92/85/EWG und 96/34/EG erfasst werden;

b) zivil- und verwaltungsrechtliche Verfahren sowohl im öffentlichen als auch im privaten Sektor, die Rechtsbehelfe nach innerstaatlichem Recht bei der Anwendung der Vorschriften gemäß Buchstabe a vorsehen, mit Ausnahme der freiwilligen oder in den innerstaatlichen Rechtsvorschriften vorgesehenen außergerichtlichen Verfahren.

(5) Soweit von den Mitgliedstaaten nicht anders geregelt, gilt dieser Artikel nicht für Strafverfahren.

Kapitel 2
Förderung der Gleichbehandlung – Dialog

Artikel 20
Stellen zur Förderung der Gleichbehandlung

(1) Jeder Mitgliedstaat bezeichnet eine oder mehrere Stellen, deren Aufgabe darin besteht, die Verwirklichung der Gleichbehandlung aller Personen ohne Diskriminierung aufgrund des Geschlechts zu fördern, zu analysieren, zu beobachten und zu unterstützen. Diese Stellen können Teil von Einrichtungen sein, die auf nationaler Ebene für den Schutz der Menschenrechte oder der Rechte des Einzelnen verantwortlich sind.

(2) Die Mitgliedstaaten stellen sicher, dass es zu den Befugnissen dieser Stellen gehört,

a) unbeschadet der Rechte der Opfer und der Verbände, Organisationen oder anderer juristischer Personen nach Artikel 17 Absatz 2 die Opfer von Diskriminierungen auf unabhängige Weise dabei zu unterstützen, ihre Beschwerde wegen Diskriminierung zu verfolgen;
b) unabhängige Untersuchungen zum Thema der Diskriminierung durchzuführen;
c) unabhängige Berichte zu veröffentlichen und Empfehlungen zu allen Aspekten vorzulegen, die mit diesen Diskriminierungen in Zusammenhang stehen;
d) auf geeigneter Ebene mit entsprechenden europäischen Einrichtungen, wie beispielsweise einem künftigen Europäischen Institut für Gleichstellungsfragen verfügbare Informationen auszutauschen.

Artikel 21
Sozialer Dialog

(1) Die Mitgliedstaaten treffen im Einklang mit den nationalen Gepflogenheiten und Verfahren geeignete Maßnahmen zur Förderung des sozialen Dialogs zwischen den Sozialpartnern mit dem Ziel, die Verwirklichung der Gleichbehandlung voranzubringen, beispielsweise durch Beobachtung der Praktiken am Arbeitsplatz und beim Zugang zur Beschäftigung, zur Berufsbildung und zum beruflichen Aufstieg sowie durch Beobachtung der Tarifverträge und durch Verhaltenskodizes, Forschungsarbeiten oder den Austausch von Erfahrungen und bewährten Verfahren.

(2) Soweit mit den nationalen Gepflogenheiten und Verfahren vereinbar, ersuchen die Mitgliedstaaten die Sozialpartner ohne Eingriff in deren Autonomie, die Gleichstellung von Männern und Frauen durch flexible Arbeitsbedingungen zur besseren Vereinbarkeit von Privatleben und Beruf zu fördern und auf geeigneter Ebene Antidiskriminierungsvereinbarungen zu schließen, die die in Artikel 1 genannten Bereiche betreffen, soweit diese in den Verantwortungsbereich der Tarifparteien fallen. Die Vereinbarungen müssen den Bestimmungen dieser Richtlinie sowie den einschlägigen nationalen Durchführungsbestimmungen entsprechen.

(3) Die Mitgliedstaaten ersuchen in Übereinstimmung mit den nationalen Gesetzen, Tarifverträgen oder Gepflogenheiten die Arbeitgeber, die Gleichbehandlung von Männern und Frauen am Arbeitsplatz sowie beim Zugang zur Beschäftigung, zur Berufsbildung und zum beruflichen Aufstieg in geplanter und systematischer Weise zu fördern.

(4) Zu diesem Zweck werden die Arbeitgeber ersucht, den Arbeitnehmern und/ oder den Arbeitnehmervertretern in regelmäßigen angemessenen Abständen Informationen über die Gleichbehandlung von Männern und Frauen in ihrem Betrieb zu geben.

Diese Informationen können Übersichten über den Anteil von Männern und Frauen auf den unterschiedlichen Ebenen des Betriebs, ihr Entgelt sowie Unterschiede beim Entgelt und mögliche Maßnahmen zur Verbesserung der Situation in Zusammenarbeit mit den Arbeitnehmervertretern enthalten.

Artikel 22
Dialog mit Nichtregierungsorganisationen

Die Mitgliedstaaten fördern den Dialog mit den jeweiligen Nichtregierungsorganisationen, die gemäß den einzelstaatlichen Rechtsvorschriften und Gepflogenheiten ein rechtmäßiges Interesse daran haben, sich an der Bekämpfung von Diskriminierung aufgrund des Geschlechts zu beteiligen, um die Einhaltung des Grundsatzes der Gleichbehandlung zu fördern.

Kapitel 3
Allgemeine horizontale Bestimmungen

Artikel 23
Einhaltung

Die Mitgliedstaaten treffen alle erforderlichen Maßnahmen, um sicherzustellen, dass

a) die Rechts- und Verwaltungsvorschriften, die dem Gleichbehandlungsgrundsatz zuwiderlaufen, aufgehoben werden;

b) mit dem Gleichbehandlungsgrundsatz nicht zu vereinbarende Bestimmungen in Arbeits- und Tarifverträgen, Betriebsordnungen und Statuten der freien Berufe und der Arbeitgeber- und Arbeitnehmerorganisationen und allen sonstigen Vereinbarungen und Regelungen nichtig sind, für nichtig erklärt werden können oder geändert werden können;

c) betriebliche Systeme der sozialen Sicherheit, die solche Bestimmungen enthalten, nicht durch Verwaltungsmaßnahmen genehmigt oder für allgemeinverbindlich erklärt werden können.

Artikel 24
Viktimisierung

Die Mitgliedstaaten treffen im Rahmen ihrer nationalen Rechtsordnungen die erforderlichen Maßnahmen, um die Arbeitnehmer sowie die aufgrund der innerstaatlichen Rechtsvorschriften und/oder Gepflogenheiten vorgesehenen Arbeitnehmervertreter vor Entlassung oder anderen Benachteiligungen durch den Arbeitgeber zu schützen, die als Reaktion auf eine Beschwerde innerhalb des betreffenden Unternehmens oder auf die Einleitung eines Verfahrens zur Durchsetzung des Gleichbehandlungsgrundsatzes erfolgen.

Artikel 25
Sanktionen

Die Mitgliedstaaten legen die Regeln für die Sanktionen fest, die bei einem Verstoß gegen die einzelstaatlichen Vorschriften zur Umsetzung dieser Richtlinie zu verhängen sind, und treffen alle erforderlichen Maßnahmen, um deren Anwendung zu gewährleisten. Die Sanktionen, die auch Schadenersatzleistungen an die Opfer umfassen können, müssen wirksam, verhältnismäßig und abschreckend sein. Die Mitgliedstaaten teilen diese Vorschriften der Kommission spätestens bis zum 5. Oktober 2005 mit und unterrichten sie unverzüglich über alle späteren Änderungen dieser Vorschriften.

Artikel 26
Vorbeugung von Diskriminierung

Die Mitgliedstaaten ersuchen in Einklang mit ihren nationalen Rechtsvorschriften, Tarifverträgen oder Gepflogenheiten die Arbeitgeber und die für Berufsbildung zuständigen Personen, wirksame Maßnahmen zu ergreifen, um allen Formen der Diskriminierung aufgrund des Geschlechts und insbesondere Belästigung und sexueller Belästigung am Arbeitsplatz sowie beim Zugang zur Beschäftigung, zur Berufsbildung und zum beruflichen Aufstieg vorzubeugen.

Artikel 27
Mindestanforderungen

(1) Die Mitgliedstaaten können Vorschriften erlassen oder beibehalten, die im Hinblick auf die Wahrung des Gleichbehandlungsgrundsatzes günstiger als die in dieser Richtlinie vorgesehenen Vorschriften sind.

(2) Die Durchführung dieser Richtlinie rechtfertigt in keinem Fall eine Beeinträchtigung des Schutzniveaus der Arbeitnehmer in dem von ihr abgedeckten Bereich; das Recht der Mitgliedstaaten, als Reaktion auf eine veränderte Situation Rechts- und Verwaltungsvorschriften zu erlassen, die sich von denen unterscheiden, die zum Zeitpunkt der Bekanntgabe dieser Richtlinie in Kraft waren, bleibt unberührt, solange die Bestimmungen dieser Richtlinie eingehalten werden.

Artikel 28
Verhältnis zu gemeinschaftlichen und einzelstaatlichen Vorschriften

(1) Diese Richtlinie steht Vorschriften zum Schutz der Frau, insbesondere bei Schwangerschaft und Mutterschaft, nicht entgegen.

(2) Diese Richtlinie berührt nicht die Bestimmungen der Richtlinien 96/34/EG und 92/85/EWG.

Artikel 29
Durchgängige Berücksichtigung des Gleichstellungsaspekts

Die Mitgliedstaaten berücksichtigen aktiv das Ziel der Gleichstellung von Männern und Frauen bei der Formulierung und Durchführung von Rechts- und Verwaltungsvorschriften, Politiken und Tätigkeiten in den in dieser Richtlinie genannten Bereichen.

Artikel 30
Verbreitung von Informationen

Die Mitgliedstaaten tragen dafür Sorge, dass die in Anwendung dieser Richtlinie ergehenden Maßnahmen sowie die bereits geltenden einschlägigen Vorschriften allen Betroffenen in geeigneter Form und gegebenenfalls in den Betrieben bekannt gemacht werden.

Titel IV
Schlussbestimmungen

Artikel 31
Berichte

(1) Die Mitgliedstaaten übermitteln der Kommission bis zum 15. Februar 2011 alle Informationen, die diese benötigt, um einen Bericht an das Europäische Parlament und den Rat über die Anwendung der Richtlinie zu erstellen.

(2) Unbeschadet des Absatzes 1 übermitteln die Mitgliedstaaten der Kommission alle vier Jahre den Wortlaut aller Maßnahmen nach Artikel 141 Absatz 4 des Vertrags sowie Berichte über diese Maßnahmen und deren Durchführung. Auf der Grundlage dieser Informationen verabschiedet und veröffentlicht die Kommission alle vier Jahre einen Bericht, der eine vergleichende Bewertung solcher Maßnahmen unter Berücksichtigung der Erklärung Nr. 28 in der Schlussakte des Vertrags von Amsterdam enthält.

(3) Die Mitgliedstaaten prüfen in regelmäßigen Abständen die in Artikel 14 Absatz 2 genannten beruflichen Tätigkeiten, um unter Berücksichtigung der sozialen Entwicklung festzustellen, ob es gerechtfertigt ist, die betreffenden Ausnahmen aufrechtzuerhalten. Sie übermitteln der Kommission das Ergebnis dieser Prüfung regelmäßig, zumindest aber alle acht Jahre.

Artikel 32
Überprüfung

Die Kommission überprüft spätestens bis zum 15. Februar 2013 die Anwendung dieser Richtlinie und schlägt, soweit sie dies für erforderlich hält, Änderungen vor.

Artikel 33
Umsetzung

Die Mitgliedstaaten setzen die Rechts- und Verwaltungsvorschriften in Kraft, die erforderlich sind, um dieser Richtlinie spätestens ab dem 15. August 2008 nachzukommen, oder stellen bis zu diesem Zeitpunkt sicher, dass die Sozialpartner im Wege einer Vereinbarung die erforderlichen Bestimmungen einführen. Den Mitgliedstaaten kann längstens ein weiteres Jahr eingeräumt werden, um dieser Richtlinie nachzukommen, wenn dies aufgrund besonderer Schwierigkeiten erforderlich ist. Die Mitgliedstaaten treffen alle notwendigen Maßnahmen, um jederzeit gewährleisten zu können, dass die durch die Richtlinie vorgeschriebenen Ergebnisse erzielt werden. Sie teilen der Kommission unverzüglich den Wortlaut dieser Vorschriften mit.

Wenn die Mitgliedstaaten diese Vorschriften erlassen, nehmen sie in den Vorschriften selbst oder durch einen Hinweis bei der amtlichen Veröffentlichung auf diese Richtlinie Bezug. Diese Bezugnahme enthält außerdem eine Erklärung, wonach Bezugnahmen in bestehenden Rechts- oder Verwaltungsvorschriften auf durch diese Richtlinie aufgehobene Richtlinien als Bezugnahmen auf die vorliegende Richtlinie zu verstehen sind. Die Mitgliedstaaten regeln die Einzelheiten der Bezugnahme und die Formulierung der genannten Erklärung.

Die Verpflichtung zur Umsetzung dieser Richtlinie in innerstaatliches Recht beschränkt sich auf diejenigen Bestimmungen, die eine inhaltliche Veränderung gegenüber den früheren Richtlinien darstellen. Die Verpflichtung zur Umsetzung derjenigen Bestimmungen, die inhaltlich unverändert bleiben, ergibt sich aus den früheren Richtlinien.

Die Mitgliedstaaten teilen der Kommission den Wortlaut der wichtigsten innerstaatlichen Rechtsvorschriften mit, die sie auf dem unter diese Richtlinie fallenden Gebiet erlassen.

Artikel 34
Aufhebung

(1) Die Richtlinien 75/117/EWG, 76/207/EWG, 86/378/EWG und 97/80/EG werden mit Wirkung vom 15. August 2009 aufgehoben; die Verpflichtung der Mitgliedstaaten hinsichtlich der Fristen für die Umsetzung der in Anhang I Teil B[1] genannten Richtlinien in einzelstaatliches Recht und für ihre Anwendung bleibt hiervon unberührt.

(2) Verweisungen auf die aufgehobenen Richtlinien gelten als Verweisungen auf die vorliegende Richtlinie und sind nach der Entsprechungstabelle in Anhang II[1] zu lesen.

Artikel 35
Inkrafttreten

Diese Richtlinie tritt am zwanzigsten Tag nach ihrer Veröffentlichung im Amtsblatt der Europäischen Union in Kraft.

Artikel 36
Adressaten

Diese Richtlinie ist an die Mitgliedstaaten gerichtet.

---

[1] Vom Abdruck der Anhänge wurde abgesehen.

Grundgesetz für die Bundesrepublik Deutschland (GG)
vom 23. 5. 1949 (BGBl. I S. 1) – zuletzt geändert durch Gesetz vom 28. 8. 2006 (BGBl. I S. 2034)

(Auszug)

Artikel 1 [Schutz der Menschenwürde]

(1) Die Würde des Menschen ist unantastbar. Sie zu achten und zu schützen ist Verpflichtung aller staatlichen Gewalt.

(2) Das Deutsche Volk bekennt sich darum zu unverletzlichen und unveräußerlichen Menschenrechten als Grundlage jeder menschlichen Gemeinschaft, des Friedens und der Gerechtigkeit in der Welt.

(3) Die nachfolgenden Grundrechte binden Gesetzgebung, vollziehende Gewalt und Rechtsprechung als unmittelbar geltendes Recht.

...

Artikel 3 [Gleichheit vor dem Gesetz]

(1) Alle Menschen sind vor dem Gesetz gleich.

(2) Männer und Frauen sind gleichberechtigt. Der Staat fördert die tatsächliche Durchsetzung der Gleichberechtigung von Frauen und Männern und wirkt auf die Beseitigung bestehender Nachteile hin.

(3) Niemand darf wegen seines Geschlechtes, seiner Abstammung, seiner Rasse, seiner Sprache, seiner Heimat und Herkunft, seines Glaubens, seiner religiösen oder politischen Anschauungen benachteiligt oder bevorzugt werden. Niemand darf wegen seiner Behinderung benachteiligt werden.

...

Artikel 9 [Vereinigungsfreiheit]

(1) Alle Deutschen haben das Recht, Vereine und Gesellschaften zu bilden.

(2) Vereinigungen, deren Zwecke oder deren Tätigkeit den Strafgesetzen zuwiderlaufen oder die sich gegen die verfassungsmäßige Ordnung oder gegen den Gedanken der Völkerverständigung richten, sind verboten.

(3) Das Recht, zur Wahrung und Förderung der Arbeits- und Wirtschaftsbedingungen Vereinigungen zu bilden, ist für jedermann und für alle Berufe gewährleistet. Abreden, die dieses Recht einschränken oder zu behindern suchen, sind nichtig, hierauf gerichtete Maßnahmen sind rechtswidrig. Maßnahmen nach den Artikeln 12 a, 35 Abs. 2 und 3, Artikel 87 a Abs. 4 und Artikel 91 dürfen sich nicht gegen Arbeitskämpfe richten, die zur

Wahrung und Förderung der Arbeits- und Wirtschaftsbedingungen von Vereinigungen im Sinne des Satzes 1 geführt werden.

...

Artikel 12 [Berufsfreiheit]

(1) Alle Deutschen haben das Recht, Beruf, Arbeitsplatz und Ausbildungsstätte frei zu wählen. Die Berufsausübung kann durch Gesetz oder auf Grund eines Gesetzes geregelt werden.

(2) Niemand darf zu einer bestimmten Arbeit gezwungen werden, außer im Rahmen einer herkömmlichen allgemeinen, für alle gleichen öffentlichen Dienstleistungspflicht.

(3) Zwangsarbeit ist nur bei einer gerichtlich angeordneten Freiheitsentziehung zulässig.

...

Artikel 33 [Staatsbürgerliche Stellung, Zugang zu öffentl. Ämtern; Berufsbeamtentum]

(1) Jeder Deutsche hat in jedem Lande die gleichen staatsbürgerlichen Rechte und Pflichten.

(2) Jeder Deutsche hat nach seiner Eignung, Befähigung und fachlichen Leistung gleichen Zugang zu jedem öffentlichen Amte.

(3) Der Genuß bürgerlicher und staatsbürgerlicher Rechte, die Zulassung zu öffentlichen Ämtern sowie die im öffentlichen Dienste erworbenen Rechte sind unabhängig von dem religiösen Bekenntnis. Niemandem darf aus seiner Zugehörigkeit oder Nichtzugehörigkeit zu einem Bekenntnisse oder einer Weltanschauung ein Nachteil erwachsen.

(4) Die Ausübung hoheitsrechtlicher Befugnisse ist als ständige Aufgabe in der Regel Angehörigen des öffentlichen Dienstes zu übertragen, die in einem öffentlich-rechtlichen Dienst- und Treueverhältnis stehen.

(5) Das Recht des öffentlichen Dienstes ist unter Berücksichtigung der hergebrachten Grundsätze des Berufsbeamtentums zu regeln und fortzuentwickeln.

Gesetz zur Gleichstellung von Frauen und Männern in der Bundesverwaltung und in den Gerichten des Bundes (Bundesgleichstellungsgesetz – BGleiG)
vom 30. 11. 2001 (BGBl. I S. 3234), zuletzt geändert durch Gesetz vom 14. 8. 2006 (BGBl. I S. 1897)

Abschnitt 1
Allgemeine Bestimmungen

§ 1 Ziel des Gesetzes

(1) Dieses Gesetz dient der Gleichstellung von Frauen und Männern sowie der Beseitigung bestehender und der Verhinderung künftiger Diskriminierungen wegen des Geschlechts in dem in § 3 genannten Geltungsbereich dieses Gesetzes. Nach Maßgabe dieses Gesetzes werden Frauen gefördert, um bestehende Benachteiligungen abzubauen. Ziel des Gesetzes ist es auch, die Vereinbarkeit von Familie und Erwerbstätigkeit für Frauen und Männer zu verbessern. Dabei wird den besonderen Belangen behinderter und von Behinderung bedrohter Frauen Rechnung getragen.

(2) Rechts- und Verwaltungsvorschriften des Bundes sollen die Gleichstellung von Frauen und Männern auch sprachlich zum Ausdruck bringen. Dies gilt auch für den dienstlichen Schriftverkehr.

§ 2 Verpflichtete

Alle Beschäftigten, insbesondere auch solche mit Vorgesetzten- und Leitungsaufgaben, sind verpflichtet, die Gleichstellung von Frauen und Männern zu fördern. Diese Verpflichtung ist als durchgängiges Leitprinzip in allen Aufgabenbereichen der Dienststelle sowie auch bei der Zusammenarbeit von Dienststellen zu berücksichtigen.

§ 3 Geltungsbereich

(1) Dieses Gesetz gilt für alle Beschäftigten in der unmittelbaren und mittelbaren Bundesverwaltung unabhängig von ihrer Rechtsform sowie in den Gerichten des Bundes. Zur Bundesverwaltung im Sinne dieses Gesetzes gehören auch die in bundeseigener Verwaltung geführten öffentlichen Unternehmen einschließlich sonstiger Betriebsverwaltungen.

(2) Bei der Umwandlung eines Unternehmens aus bundeseigener Verwaltung in die Rechtsform eines Unternehmens des privaten Rechts soll auf die entsprechende Anwendung der Vorschriften dieses Gesetzes hingewirkt werden.

(3) Bei der Gewährung von freiwilligen staatlichen Leistungen durch Dienststellen des Bundes an institutionelle Leistungsempfänger soll durch vertragliche Vereinbarungen sichergestellt werden, dass die Leistungsempfänger die Grundzüge

dieses Gesetzes anwenden. Dies gilt auch für Einrichtungen, die mit Bundesmitteln im Wege der Zuweisung institutionell gefördert werden.

§ 4 Begriffsbestimmungen

(1) Beschäftigte im Sinne dieses Gesetzes sind Beamtinnen und Beamte, Angestellte, Arbeiterinnen und Arbeiter sowie zu ihrer Berufsbildung Beschäftigte, ferner Inhaberinnen und Inhaber öffentlich-rechtlicher Ämter sowie Richterinnen und Richter.

(2) Familienpflichten im Sinne dieses Gesetzes bestehen, wenn eine beschäftigte Person mindestens ein Kind unter 18 Jahren oder einen nach ärztlichem Gutachten pflegebedürftigen Angehörigen tatsächlich betreut oder pflegt.

(3) Bereiche im Sinne dieses Gesetzes sind die einzelnen Besoldungs-, Vergütungs- und Lohngruppen, Laufbahngruppen, Laufbahnen und Fachrichtungen sowie zusätzlich die Funktionen mit Vorgesetzten- und Leitungsaufgaben in der Dienststelle. Für die Berufsausbildung gilt Entsprechendes.

(4) Zu den Funktionen mit Vorgesetzten- und Leitungsaufgaben gehören auch die Stellen Vorsitzender Richterinnen und Vorsitzender Richter.

(5) Dienststellen im Sinne dieses Gesetzes sind die einzelnen Behörden, Verwaltungsstellen und Betriebe der in § 3 genannten Verwaltungen sowie die Gerichte des Bundes; maßgebend ist § 6 Abs. 1, 2 und 4 des Bundespersonalvertretungsgesetzes.

(6) Frauen sind dann als unterrepräsentiert anzusehen, wenn der Frauenanteil an den Beschäftigten in den einzelnen Bereichen nach Absatz 3 jeweils unter 50 Prozent liegt.

(7) *(Aufgehoben)*

(8) Arbeitsplätze im Sinne dieses Gesetzes sind Ausbildungsplätze, Stellen, Planstellen und Dienstposten, für die nach haushaltsrechtlichen Vorgaben lediglich finanzielle Mittel benötigt werden.

Abschnitt 2
Maßnahmen zur Gleichstellung von Frauen und Männern
§ 5 Grundsatz; entsprechende Anwendung von Vorschriften

Die Vorschriften dieses Abschnitts finden Anwendung, soweit nicht ein bestimmtes Geschlecht unverzichtbare Voraussetzung für die auszuübende Tätigkeit ist.

§ 6 Arbeitsplatzausschreibung

(1) Die Dienststelle darf einen Arbeitsplatz weder öffentlich noch innerhalb der Dienststelle nur für Männer oder nur für Frauen ausschreiben. Der gesamte Ausschreibungstext muss so ausgestaltet sein, dass er nicht nur auf Personen eines Geschlechts zugeschnitten ist. Die Arbeitsplätze sind einschließlich der Funktio-

nen mit Vorgesetzten- und Leitungsaufgaben zur Besetzung auch in Teilzeit auszuschreiben, soweit zwingende dienstliche Belange nicht entgegenstehen.

(2) Sind Frauen in einzelnen Bereichen unterrepräsentiert, soll die Besetzung eines freien Arbeitsplatzes ausgeschrieben werden, um die Zahl von Bewerberinnen zu erhöhen. Die Ausschreibung soll öffentlich erfolgen, wenn dieses Ziel mit einer hausinternen oder dienststellenübergreifenden Ausschreibung nicht erreicht werden kann. § 8 Abs. 2 des Bundesbeamtengesetzes bleibt unberührt.

(3) Arbeitsplatzausschreibungen müssen mit den Anforderungen der zu besetzenden Arbeitsplätze übereinstimmen und im Hinblick auf mögliche künftige Funktionen der Bewerberinnen und Bewerber auch das vorausgesetzte Anforderungs- und Qualifikationsprofil der Laufbahn oder der Funktionsbereiche enthalten.

§ 7 Bewerbungsgespräche

(1) Bei der Besetzung von Arbeitsplätzen in Bereichen, in denen Frauen unterrepräsentiert sind, sind zu Vorstellungsgesprächen oder besonderen Auswahlverfahren mindestens ebenso viele Frauen wie Männer einzuladen, die die in der Ausschreibung vorgegebene Qualifikation aufweisen, sofern Bewerbungen von Frauen in ausreichender Zahl vorliegen.

(2) In Vorstellungs- oder Auswahlgesprächen sind Fragen nach dem Familienstand, einer bestehenden oder geplanten Schwangerschaft sowie der Sicherstellung der Betreuung von Kindern, behinderten oder pflegebedürftigen Angehörigen neben der Berufstätigkeit unzulässig.

(3) Auswahlkommissionen sollen zu gleichen Teilen mit Frauen und Männern besetzt sein. Ist dies aus triftigen Gründen nicht möglich, sind die Gründe aktenkundig zu machen.

§ 8 Auswahlentscheidungen bei Einstellung, beruflichem Aufstieg, Vergabe von Ausbildungsplätzen

Sind Frauen in einzelnen Bereichen unterrepräsentiert, hat die Dienststelle sie bei der Vergabe von Ausbildungsplätzen, Einstellung, Anstellung und beruflichem Aufstieg bei Vorliegen von gleicher Eignung, Befähigung und fachlicher Leistung (Qualifikation) bevorzugt zu berücksichtigen, sofern nicht in der Person eines Mitbewerbers liegende Gründe überwiegen. Dies gilt für

1. die Besetzung von Beamten-, Angestellten- und Arbeiterstellen, auch mit Vorgesetzten- und Leitungsaufgaben, von Stellen für die Berufsausbildung sowie für Richterstellen, soweit nicht für die Berufung eine Wahl oder die Mitwirkung eines Wahlausschusses vorgeschrieben ist,

2. die Beförderung, Höhergruppierung, Höherreihung und Übertragung höher bewerteter Dienstposten und Arbeitsplätze auch in Funktionen mit Vorgesetzten- und Leitungsaufgaben.

Die Ausnahmeregelung in Satz 2 Nr. 1 gilt entsprechend für die Stellen von Mitgliedern des Bundesrechnungshofes, für deren Ernennung gemäß § 5 Abs. 2 Satz 2 des Bundesrechnungshofgesetzes der Ständige Ausschuss des Großen Senats des Bundesrechnungshofes zu hören ist.

§ 9 Qualifikation; Benachteiligungsverbote

(1) Die Feststellung der Qualifikation bestimmt sich ausschließlich nach den Anforderungen der zu besetzenden Arbeitsplätze, insbesondere nach den Ausbildungsvoraussetzungen und den beruflichen Erfahrungen. Dienstalter, Lebensalter und der Zeitpunkt der letzten Beförderung finden nur insoweit Berücksichtigung, als ihnen für die Eignung, Leistung und Befähigung der Bewerberinnen und Bewerber Bedeutung zukommt. Spezifische, durch Betreuungs- und Pflegeaufgaben erworbene Erfahrungen und Fähigkeiten sind zu berücksichtigen, soweit sie für die Ausübung der jeweiligen Tätigkeit von Bedeutung sind.

(2) Folgende Gründe sind bei der vergleichenden Bewertung nicht zu berücksichtigen:

1. Unterbrechungen der Erwerbstätigkeit, geringere aktive Dienst- oder Beschäftigungsjahre, Reduzierungen der Arbeitszeit oder Verzögerungen beim Abschluss einzelner Ausbildungsgänge auf Grund der Wahrnehmung von Familienpflichten,

2. die Einkommenssituation des Ehepartners oder der Ehepartnerin, des Lebenspartners oder der Lebenspartnerin, des Lebensgefährten oder der Lebensgefährtin,

3. zeitliche Belastungen durch die Betreuung von Kindern oder pflegebedürftigen Angehörigen und die Absicht, von der Möglichkeit der Arbeitsreduzierung Gebrauch zu machen.

§ 10 Fortbildung

(1) Die Dienststelle hat durch geeignete Maßnahmen die Fortbildung von Frauen zu unterstützen. Bei der Einführungs-, Förderungs- und Anpassungsfortbildung sind Frauen mindestens entsprechend ihrem Anteil an der jeweiligen Zielgruppe der Fortbildung zu berücksichtigen.

(2) Die Dienststelle muss Beschäftigten mit Familienpflichten die Teilnahme in geeigneter Weise ermöglichen. Soweit erforderlich, sind zusätzliche Veranstaltungen anzubieten, die den räumlichen und zeitlichen Bedürfnissen von Beschäftigten mit Familienpflichten entsprechen. Möglichkeiten der Kinderbetreuung sollen im Bedarfsfall angeboten werden.

(3) Fortbildungskurse, die Frauen den beruflichen Aufstieg, insbesondere auch aus den unteren Besoldungs-, Vergütungs- und Lohngruppen, sowie den Wiedereinstieg in die Erwerbstätigkeit nach einer Unterbrechung der Berufstätigkeit zur Wahrnehmung von Familienpflichten erleichtern, sind in ausreichendem Maße anzubieten. Absatz 2 gilt entsprechend.

(4) Beschäftigte der Personalverwaltung und alle Vorgesetzten sind verpflichtet, sich über Maßnahmen zur Gleichstellung von Frauen und Männern sowie zur

Vereinbarkeit von Familie und Erwerbstätigkeit zu informieren. Sie sollen entsprechende Fortbildungsveranstaltungen besuchen.

(5) Der Gleichstellungsbeauftragten und ihrer Stellvertreterin ist Gelegenheit zur Fortbildung insbesondere im Gleichstellungsrecht und in Fragen des öffentlichen Dienst-, Personalvertretungs-, Organisations- und Haushaltsrechts zu geben.

(6) Frauen sind verstärkt als Leiterinnen und Referentinnen für Fortbildungsveranstaltungen einzusetzen.

§ 11 Gleichstellungsplan

(1) Der Gleichstellungsplan ist ein wesentliches Instrument der Personalplanung, insbesondere der Personalentwicklung, und zur Gleichstellung von Frauen und Männern. Seine Umsetzung ist besondere Verpflichtung der Personalverwaltung sowie jeder Funktionsträgerin und jedes Funktionsträgers mit Vorgesetzten- und Leitungsaufgaben.

(2) Der Gleichstellungsplan muss die Situation der weiblichen Beschäftigten im Vergleich zur Situation der männlichen Beschäftigten beschreiben und die bisherige Förderung der Frauen in den einzelnen Bereichen (§ 4 Abs. 3) auswerten. Insbesondere sind zur Erhöhung des Frauenanteils in den einzelnen Bereichen Maßnahmen zur Durchsetzung notwendiger personeller und organisatorischer Verbesserungen im Rahmen konkreter Zielvorgaben und eines zeitlichen Stufenplans zu entwickeln. In jedem Gleichstellungsplan ist mindestens die Hälfte der zu besetzenden Personalstellen eines Bereichs, in dem Frauen unterrepräsentiert sind, zur Besetzung durch Frauen vorzusehen. Sind zur Beseitigung des Ungleichgewichts nicht genügend Frauen mit der notwendigen Qualifikation zu gewinnen, können entsprechend weniger Personalstellen zur Besetzung mit Frauen vorgesehen werden. Dies ist im Gleichstellungsplan darzulegen. Personenbezogene Daten darf der Gleichstellungsplan nicht enthalten.

(3) Wenn personalwirtschaftliche Maßnahmen vorgesehen sind, die Stellen sperren oder zum Wegfall bringen, ist im Gleichstellungsplan vorzugeben, dass der Frauenanteil in Bereichen, in denen Frauen unterrepräsentiert sind, mindestens gleich bleibt.

(4) Der Gleichstellungsplan wird von der Dienststelle unter frühzeitiger Beteiligung der Gleichstellungsbeauftragten für vier Jahre erstellt. Er ist nach zwei Jahren der aktuellen Entwicklung anzupassen. Bei dieser Anpassung sind insbesondere die Gründe sowie ergänzende Maßnahmen aufzunehmen, wenn erkennbar ist, dass die Ziele des Gleichstellungsplans sonst nicht oder nicht innerhalb der vorgesehenen Zeiträume erreicht werden können.

(5) Der Gleichstellungsplan sowie die Aktualisierungen sind in der Dienststelle zu veröffentlichen. Den Vorgesetzten ist der Gleichstellungsplan gesondert zur Verfügung zu stellen.

(6) Wenn die Zielvorgaben des Gleichstellungsplans nicht umgesetzt worden sind, sind die Gründe im nächsten Gleichstellungsplan darzulegen sowie zusätzlich der höheren Dienststelle mitzuteilen.

Abschnitt 3
Vereinbarkeit von Familie und Erwerbstätigkeit für Frauen und Männer

§ 12 Familiengerechte Arbeitszeiten und Rahmenbedingungen

Die Dienststelle hat Arbeitszeiten und sonstige Rahmenbedingungen anzubieten, die Frauen und Männern die Vereinbarkeit von Familie und Erwerbstätigkeit erleichtern, soweit zwingende dienstliche Belange nicht entgegenstehen.

§ 13 Teilzeitbeschäftigung, Telearbeit und familienbedingte Beurlaubung

(1) Anträgen von Beschäftigten mit Familienpflichten auf Teilzeitbeschäftigung oder Beurlaubung ist auch bei Stellen mit Vorgesetzten- und Leitungsaufgaben zu entsprechen, soweit nicht zwingende dienstliche Belange entgegenstehen. Im Rahmen der dienstlichen Möglichkeiten sind Beschäftigten mit Familienpflichten auch Telearbeitsplätze oder besondere Arbeitszeitmodelle wie zum Beispiel Sabbatjahr oder Arbeitszeitkonto anzubieten. Die Dienststelle muss die Ablehnung von Anträgen im Einzelnen schriftlich begründen.

(2) Beschäftigte, die einen Antrag auf Teilzeitbeschäftigung, andere Arbeitszeitmodelle oder Beurlaubung stellen, sind insbesondere auf die beamten-, arbeits-, versorgungs- und rentenrechtlichen Folgen von Teilzeitarbeit und Beurlaubung sowie auf die Möglichkeit einer Befristung mit Verlängerung und deren Folgen hinzuweisen. Die Dienststelle hat darauf zu achten, dass die Beschäftigten eine ihrer ermäßigten Arbeitszeit entsprechende Entlastung von ihren dienstlichen Aufgaben erhalten und dass sich daraus für die anderen Beschäftigten der Dienststelle keine dienstlichen Mehrbelastungen ergeben.

§ 14 Wechsel zur Vollzeitbeschäftigung, beruflicher Wiedereinstieg

(1) Teilzeitbeschäftigte mit Familienpflichten, die eine Vollzeitbeschäftigung beantragen, und Beurlaubte mit Familienpflichten, die eine vorzeitige Rückkehr aus der Beurlaubung beantragen, müssen bei der Besetzung von Arbeitsplätzen unter Beachtung des Leistungsprinzips und der Benachteiligungsverbote vorrangig berücksichtigt werden.

(2) Die Dienststelle hat durch geeignete Maßnahmen den aus familiären Gründen beurlaubten Beschäftigten die Verbindung zum Beruf und den beruflichen Wiedereinstieg zu erleichtern. Dazu gehören das Angebot von Urlaubs- und Krankheitsvertretungen, ihre rechtzeitige Unterrichtung über das Fortbildungsprogramm und das Angebot zur Teilnahme an der Fortbildung während oder nach der Beurlaubung. Die Teilnahme an einer Fortbildungsveranstaltung während der Beurlaubung begründet einen Anspruch auf bezahlte Dienst- oder Arbeitsbefreiung nach Ende der Beurlaubung. Die Dauer der bezahlten Dienst- oder Arbeitsbefreiung richtet sich nach der Dauer der Fortbildung.

(3) Mit den Beschäftigten sind rechtzeitig vor Ablauf einer Beurlaubung Beratungsgespräche zu führen, in denen sie über die Möglichkeiten ihrer Beschäftigung nach der Beurlaubung informiert werden.

§ 15 Benachteiligungsverbot bei Teilzeitbeschäftigung, Telearbeit und familienbedingter Beurlaubung

(1) Teilzeitbeschäftigung darf das berufliche Fortkommen nicht beeinträchtigen. Eine unterschiedliche Behandlung von Teilzeitbeschäftigten gegenüber Vollzeitbeschäftigten ist nur zulässig, wenn zwingende sachliche Gründe sie rechtfertigen. Teilzeitbeschäftigung darf sich nicht nachteilig auf die dienstliche Beurteilung auswirken.

(2) Absatz 1 gilt entsprechend für Beschäftigte an Telearbeitsplätzen und für Beurlaubte mit Familienpflichten; eine regelmäßige Gleichbehandlung von Zeiten der Beurlaubung, der Teilzeit- und der Vollzeitbeschäftigung ist damit nicht verbunden.

(3) Eine Verzögerung im beruflichen Werdegang, die sich aus der familienbedingten Beurlaubung ergibt, ist bei einer Beförderung angemessen zu berücksichtigen, soweit das nicht schon durch eine vorzeitige Anstellung geschehen ist.

(4) Die Beurlaubung darf sich nicht nachteilig auf eine Beförderungsreihenfolge und die Möglichkeiten einer Höhergruppierung oder Höherreihung auswirken.

Abschnitt 4
Gleichstellungsbeauftragte

§ 16 Wahl der Gleichstellungsbeauftragten und der Stellvertreterin

(1) In jeder Dienststelle mit regelmäßig mindestens 100 Beschäftigten ist aus dem Kreis der weiblichen Beschäftigten eine Gleichstellungsbeauftragte nach geheimer Wahl durch die weiblichen Beschäftigten von der Dienststelle zu bestellen. In Verwaltungen mit mehreren kleineren Dienststellen, die insgesamt regelmäßig mindestens 100 Beschäftigte haben, ist eine Gleichstellungsbeauftragte bei der oberen Behörde zu bestellen. Verwaltungen mit einem großen Geschäftsbereich können von Satz 1 abweichen, sofern sichergestellt ist, dass die weiblichen Beschäftigten aller Dienststellen angemessen durch eine Gleichstellungsbeauftragte vertreten werden.

(2) Die Gleichstellungsbeauftragte wird für grundsätzlich vier Jahre mit der Möglichkeit der Wiederwahl bestellt. Die Bundesregierung regelt das Verfahren für die Durchführung der Wahl durch Rechtsverordnung. Findet sich keine Kandidatin oder ist nach der Wahl keine Kandidatin gewählt, ist die Gleichstellungsbeauftragte aus dem Kreis der weiblichen Beschäftigten von Amts wegen zu bestellen; hierzu bedarf es der Zustimmung der zu bestellenden Beschäftigten.

(3) Für kleinere Dienststellen ohne eigene Gleichstellungsbeauftragte ist die Gleichstellungsbeauftragte der nächsthöheren Dienststelle zuständig. Zusätzlich ist als Ansprechpartnerin für die Beschäftigten und für die zuständige Gleichstellungsbeauftragte eine Vertrauensfrau zu bestellen. Auch für Nebenstellen und

Teile einer Dienststelle, die räumlich weit von dieser entfernt liegen, ist auf Vorschlag der zuständigen Gleichstellungsbeauftragten eine Vertrauensfrau als Ansprechpartnerin für sie und die Beschäftigten zu bestellen. Die Aufgaben der Vertrauensfrau beschränken sich auf die Vermittlung von Informationen zwischen den Beschäftigten und der zuständigen Gleichstellungsbeauftragten. Macht die Dienststelle von der Möglichkeit in Absatz 1 Satz 3 Gebrauch, kann die Gleichstellungsbeauftragte der Vertrauensfrau mit ihrem Einverständnis auch Aufgaben zur eigenständigen Erledigung bei der örtlichen Dienststelle übertragen.

(4) Für jede Gleichstellungsbeauftragte ist eine Stellvertreterin gemäß den Absätzen 1 und 2 zu bestellen. Die Bundesregierung regelt das Verfahren für die Durchführung der Wahl durch Rechtsverordnung. Findet sich für die Wahl der Stellvertreterin keine Kandidatin oder ist nach der Wahl keine Kandidatin gewählt, ist die Stellvertreterin auf Vorschlag der Gleichstellungsbeauftragten aus dem Kreis der weiblichen Beschäftigten zu bestellen; hierzu bedarf es der Zustimmung der zu bestellenden Beschäftigten.

(5) Die Gleichstellungsbeauftragte und ihre Stellvertreterin dürfen keiner Personalvertretung angehören und nur in ihrer Eigenschaft als Gleichstellungsbeauftragte mit Personalangelegenheiten befasst sein.

(6) Mindestens drei Wahlberechtigte oder die Leitung der Dienststelle können binnen einer Frist von zwölf Arbeitstagen, vom Tage der Bekanntgabe des Wahlergebnisses an gerechnet, die Wahl beim Verwaltungsgericht anfechten, wenn gegen wesentliche Vorschriften über das Wahlrecht, die Wählbarkeit oder das Wahlverfahren verstoßen worden und eine Berichtigung nicht erfolgt ist, es sei denn, dass durch den Verstoß das Wahlergebnis nicht geändert oder beeinflusst werden konnte.

(7) Bei vorzeitigem Ausscheiden der Gleichstellungsbeauftragten oder ihrer nicht nur vorübergehenden Verhinderung ist eine Gleichstellungsbeauftragte für die restliche Amtszeit neu zu bestellen. Entsprechendes gilt für die Stellvertreterin der Gleichstellungsbeauftragten und die Vertrauensfrau. Die Bestellung der Gleichstellungsbeauftragten und ihrer Stellvertreterin erfolgt für die volle Amtszeit, sofern beide Ämter neu zu besetzen sind.

§ 17 Koordination, Stufenbeteiligung

(1) Die Gleichstellungsbeauftragte der obersten Bundesbehörde ist für den Informations- und Erfahrungsaustausch der Gleichstellungsbeauftragten und der Vertrauensfrauen in ihrem Geschäftsbereich verantwortlich.

(2) Soweit in höheren Dienststellen Entscheidungen für nachgeordnete Dienststellen getroffen werden, hat jede beteiligte Dienststelle die für sie zuständige Gleichstellungsbeauftragte gemäß den §§ 19 und 20 an dem bei ihr anhängigen Teilverfahren zu beteiligen. Das schriftliche Votum der Gleichstellungsbeauftragten der nachgeordneten Dienststelle ist zusammen mit den weiteren Unterlagen der höheren Dienststelle und der dortigen Gleichstellungsbeauftragten vorzulegen.

§ 18 Rechtsstellung

(1) Die Gleichstellungsbeauftragte gehört der Personalverwaltung an und übt ihr Amt ohne Minderung ihrer bisherigen Bezüge oder ihres bisherigen Arbeitsentgelts aus. Sie wird unmittelbar der Dienststellenleitung zugeordnet. Bei obersten Bundesbehörden ist auch ihre Zuordnung zur Leitung der Zentralabteilung möglich. Entsprechendes gilt im Bereich der öffentlichen Unternehmen. Die Gleichstellungsbeauftragte ist in der Ausübung ihrer Tätigkeit weisungsfrei.

(2) Die Gleichstellungsbeauftragte wird von anderweitigen dienstlichen Tätigkeiten soweit entlastet, wie es nach Art und Größe der Dienststelle zur ordnungsgemäßen Durchführung ihrer Aufgaben erforderlich ist. Die Entlastung soll mindestens die Hälfte der regelmäßigen Arbeitszeit betragen, in Dienststellen mit mehr als 600 Beschäftigten die volle regelmäßige Arbeitszeit. Ist die Gleichstellungsbeauftragte für mehr als eine Dienststelle zuständig, ist die Gesamtzahl der Beschäftigten aller Dienststellen maßgeblich.

(3) Der Gleichstellungsbeauftragten ist die notwendige personelle, räumliche und sachliche Ausstattung zur Verfügung zu stellen. Bei einer Beschäftigtenzahl von über 1 000 ist zu prüfen, ob der Gleichstellungsbeauftragten zusätzliche Mitarbeiterinnen oder Mitarbeiter zuzuordnen sind.

(4) Die vollständig freigestellte Gleichstellungsbeauftragte erhält einen monatlichen Verfügungsfonds; die teilweise entlastete Gleichstellungsbeauftragte erhält einen Fonds, der dem Anteil ihrer Entlastung entspricht. Die Verordnung über die Höhe der Aufwandsentschädigung für vom Dienst freigestellte Personalvertretungsmitglieder gilt entsprechend.

(5) Die Gleichstellungsbeauftragte darf bei der Erfüllung ihrer Pflichten nicht behindert und wegen ihrer Tätigkeit in ihrer beruflichen Entwicklung nicht benachteiligt oder begünstigt werden. Die fiktive Nachzeichnung ihres beruflichen Werdegangs ist im Hinblick auf die Einbeziehung in Personalauswahlentscheidungen zu gewährleisten. Vor Kündigung, Versetzung und Abordnung ist die Gleichstellungsbeauftragte wie ein Mitglied der Personalvertretung geschützt.

(6) Die Dienststelle hat der Gleichstellungsbeauftragten auf deren Antrag hin eine Aufgabenbeschreibung als Nachweis über ihre Tätigkeit zu erteilen.

(7) Die Stellvertreterin hat im Vertretungsfall dieselben Rechte und Pflichten wie die Gleichstellungsbeauftragte. Im Einvernehmen mit der Stellvertreterin kann die Gleichstellungsbeauftragte dieser Aufgaben zur eigenständigen Erledigung übertragen. Insoweit wird die Stellvertreterin anstelle der Gleichstellungsbeauftragten entsprechend entlastet.

(8) Die Gleichstellungsbeauftragte, ihre Vertreterin sowie ihre Mitarbeiterinnen und Mitarbeiter sind hinsichtlich persönlicher Verhältnisse von Beschäftigten und anderer vertraulicher Angelegenheiten in der Dienststelle über die Zeit ihrer Bestellung hinaus zum Stillschweigen verpflichtet. Die Verschwiegenheitspflicht gilt auch für Vertrauensfrauen.

§ 19 Aufgaben

(1) Die Gleichstellungsbeauftragte hat die Aufgabe, den Vollzug dieses Gesetzes sowie des Allgemeinen Gleichbehandlungsgesetzes im Hinblick auf den Schutz vor Benachteiligungen wegen des Geschlechts und sexueller Belästigung in der Dienststelle zu fördern und zu überwachen. Sie wirkt bei allen personellen, organisatorischen und sozialen Maßnahmen ihrer Dienststelle mit, die die Gleichstellung von Frauen und Männern, die Vereinbarkeit von Familie und Erwerbstätigkeit sowie den Schutz vor sexueller Belästigung am Arbeitsplatz betreffen. Sie ist frühzeitig zu beteiligen, insbesondere bei

1. Personalangelegenheiten an der Vorbereitung und Entscheidung über die Vergabe von Ausbildungsplätzen, Einstellung, Anstellung, Abordnung und Umsetzung mit einer Dauer von über drei Monaten, Versetzung, Fortbildung, beruflichen Aufstieg und vorzeitige Beendigung der Beschäftigung,

2. organisatorischen und sozialen Angelegenheiten,

3. der Abfassung von Beurteilungsrichtlinien und bei Besprechungen, die die einheitliche Anwendung in der Dienststelle sicherstellen sollen,

4. Maßnahmen zum Schutz vor sexueller Belästigung.

Zu den Aufgaben der Gleichstellungsbeauftragten gehört auch die Beratung und Unterstützung in Einzelfällen bei beruflicher Förderung, Beseitigung von Benachteiligung und Fragen der Vereinbarkeit von Familie und Erwerbstätigkeit.

(2) Die Dienststelle hat die Gleichstellungsbeauftragte in Verfahren zur Besetzung von Gremien bei der Berufung, beim Vorschlagsverfahren bei der Berufung oder bei der Entsendung nach Maßgabe des Bundesgremienbesetzungsgesetzes zu beteiligen, sofern kein Referat zur Gleichstellung von Frauen und Männern eingerichtet ist.

(3) Die Gleichstellungsbeauftragte ist verpflichtet, die Fortbildungsangebote der Dienststelle nach § 10 Abs. 5 wahrzunehmen.

§ 20 Information und Mitwirkung

(1) Die Gleichstellungsbeauftragte ist zur Durchführung ihrer Aufgaben unverzüglich und umfassend zu unterrichten. Ihr sind die hierfür erforderlichen Unterlagen einschließlich der Bewerbungsunterlagen und vergleichenden Übersichten frühestmöglich vorzulegen und die erbetenen Auskünfte zu erteilen. Ihr soll Gelegenheit zur aktiven Teilnahme an allen Entscheidungsprozessen zu personellen, organisatorischen und sozialen Angelegenheiten gegeben werden. Sie hat im Rahmen ihrer gesetzlichen Aufgaben Einsichtsrecht in die entscheidungsrelevanten Teile von Personalakten.

(2) Die Gleichstellungsbeauftragte hat unmittelbares Vortragsrecht und unmittelbare Vortragspflicht bei der Dienststellenleitung und wird von dieser bei der Durchführung ihrer Aufgaben unterstützt. In allen Fragen, die ihrer Mitwirkung unterliegen, hat die Gleichstellungsbeauftragte ein Initiativrecht. Die Mitwirkung der Gleichstellungsbeauftragten erfolgt regelmäßig durch schriftliches Votum, das zu

den Akten zu nehmen ist. Folgt die Dienststelle dem Votum der Gleichstellungsbeauftragten nicht, so hat sie dieser die Gründe hierfür auf Verlangen schriftlich mitzuteilen. Die Gleichstellungsbeauftragte kann Sprechstunden für die Beschäftigten durchführen sowie jährlich mindestens eine Versammlung der weiblichen Beschäftigten nach Anzeige gegenüber der Dienststellenleitung einberufen. Sie kann an Personalversammlungen in Dienststellen teilnehmen, für die sie als Gleichstellungsbeauftragte zuständig ist, und hat dort ein Rederecht, auch wenn sie nicht Angehörige dieser Dienststelle ist.

(3) Zur Klärung von Fragen grundsätzlicher Bedeutung, insbesondere zur Auslegung dieses Gesetzes, kann sich die Gleichstellungsbeauftragte an das für Gleichstellungsfragen zuständige Bundesministerium wenden. Soweit dabei die Übermittlung personenbezogener Daten von Beschäftigten erforderlich ist, bedarf dies der Einwilligung der Betroffenen.

§ 21 Einspruchsrecht

(1) Bei Verstößen der Dienststelle gegen den Gleichstellungsplan, weitere Vorschriften dieses Gesetzes oder andere Vorschriften über die Gleichstellung von Frauen und Männern hat die Gleichstellungsbeauftragte gegenüber der Dienststellenleitung ein Einspruchsrecht. Der Einspruch ist innerhalb einer Woche schriftlich bei der Dienststellenleitung einzulegen. Er hat aufschiebende Wirkung. § 80 Abs. 2 Nr. 4 und Abs. 3 der Verwaltungsgerichtsordnung gilt entsprechend.

(2) Die Dienststellenleitung soll über den Einspruch innerhalb einer Frist von einem Monat nach Zugang des Einspruchs entscheiden. Hält die Dienststellenleitung den Einspruch für begründet, sind die Maßnahmen und ihre Folgen zu berichtigen sowie die Ergebnisse des Einspruchs bei weiteren vergleichbaren Fällen zu berücksichtigen.

(3) Hält die Dienststellenleitung den Einspruch für unbegründet, legt sie diesen der nächsthöheren Dienststellenleitung, bei selbständigen bundesunmittelbaren Körperschaften, Anstalten und Stiftungen deren Vorstand unverzüglich vor. Absatz 2 gilt entsprechend.

§ 22 Gerichtliches Verfahren; außergerichtliche Einigung

(1) Bleibt der Einspruch erfolglos, kann die Gleichstellungsbeauftragte das Verwaltungsgericht anrufen, wenn ein nochmaliger Versuch, außergerichtlich zu einer einvernehmlichen Lösung zu gelangen, gescheitert ist. Das Gericht ist innerhalb eines Monats nach schriftlicher Feststellung des Scheiterns des außergerichtlichen Einigungsversuchs anzurufen. Die schriftliche Feststellung kann durch die Gleichstellungsbeauftragte oder die Dienststelle getroffen werden. Die Anrufung hat keine aufschiebende Wirkung.

(2) Ist über den Einspruch ohne zureichenden Grund in angemessener Frist sachlich nicht entschieden worden, so ist die Anrufung abweichend vom Absatz 1 zulässig. § 75 Satz 2 bis 4 der Verwaltungsgerichtsordnung gilt entsprechend.

(3) Die Anrufung des Gerichts kann nur darauf gestützt werden,

1. dass die Dienststelle Rechte der Gleichstellungsbeauftragten verletzt hat;
2. dass die Dienststelle einen den Vorschriften dieses Gesetzes nicht entsprechenden Gleichstellungsplan aufgestellt hat.

(4) Die Dienststelle trägt die der Gleichstellungsbeauftragten entstehenden Kosten.

§ 23 Sonderregelungen für den Bundesnachrichtendienst

Für den Bundesnachrichtendienst gilt dieses Gesetz mit folgenden Abweichungen:
1. Der Bundesnachrichtendienst gilt als einheitliche Dienststelle.
2. § 6 Abs. 2 Satz 2 ist nicht anzuwenden.
3. Die Beschäftigten des Bundesnachrichtendienstes sind berechtigt, den Gleichstellungsplan bei den von der Personalverwaltung bezeichneten Stellen einzusehen. § 11 Abs. 5 ist nicht anzuwenden.
4. Beim Informations- und Erfahrungsaustausch der Gleichstellungsbeauftragten gemäß § 17 Abs. 1 sind die für den Bundesnachrichtendienst geltenden Sicherheitsbestimmungen zu beachten. § 17 Abs. 2 ist nicht anzuwenden. Soweit im Bundeskanzleramt Entscheidungen für den Bundesnachrichtendienst getroffen werden, ist ein schriftliches Votum der Gleichstellungsbeauftragten des Bundesnachrichtendienstes, das diese gemäß den §§ 19 und 20 abgegeben hat, dem Bundeskanzleramt vorzulegen.
5. Soweit im Falle des § 20 Abs. 3 eine Angelegenheit behandelt werden soll, die als Verschlusssache eingestuft ist, bedarf die Gleichstellungsbeauftragte des Einvernehmens der Dienststelle.
6. Für gerichtliche Entscheidungen nach § 22 ist im ersten und letzten Rechtszug das Bundesverwaltungsgericht zuständig.
7. Bei Vorliegen besonderer Sicherheitsvorfälle oder einer besonderen Einsatzsituation, von der der Bundesnachrichtendienst ganz oder teilweise betroffen ist, ruhen die Rechte und Pflichten der Gleichstellungsbeauftragten. Beginn und Ende des Ruhens werden jeweils von der Leitung des Bundesnachrichtendienstes im Einvernehmen mit dem Chef oder der Chefin des Bundeskanzleramtes festgestellt.

Abschnitt 5
Statistische Angaben, Bericht

§ 24 Statistische Angaben

(1) Die Dienststelle erfasst in den einzelnen Bereichen jährlich statistisch die Zahl der Frauen und Männer
1. unter den Beschäftigten, gegliedert nach Voll- und Teilzeittätigkeit sowie familienbedingter Beurlaubung,

2. bei Bewerbung, Einstellung, beruflichem Aufstieg und Fortbildung,
3. sowie deren Noten bei den dienstlichen Beurteilungen im Berichtsjahr, gegliedert nach Voll- und Teilzeittätigkeit.

Die statistischen Angaben sind jährlich der obersten Bundesbehörde mitzuteilen.

(2) Die Bundesregierung regelt durch Rechtsverordnung die einzelnen Vorgaben für die Erfassung und Mitteilung der statistischen Angaben unter Berücksichtigung der Personalstandsstatistik nach dem Finanz- und Personalstatistikgesetz. Die Rechtsverordnung beschränkt den Kreis der mitteilungspflichtigen Dienststellen auf das Notwendige.

§ 25 Bericht

Die Bundesregierung legt dem Deutschen Bundestag alle vier Jahre einen Erfahrungsbericht über die Situation der Frauen im Vergleich zu der der Männer in den in § 3 genannten Verwaltungen sowie den Gerichten des Bundes und über die Anwendung dieses Gesetzes vor. Die Bundesministerien haben dazu die erforderlichen Angaben zu machen. Der Bericht hat vorbildhafte Gleichstellungsmaßnahmen einzelner Dienststellen und institutioneller Leistungsempfänger besonders hervorzuheben. Er darf keine personenbezogenen Daten enthalten.

Abschnitt 6
Schlussbestimmungen

§ 26 Übergangsbestimmung

Vor Inkrafttreten dieses Gesetzes bestellte Frauenbeauftragte bleiben bis zum Ende des Zeitraumes, für den sie bestellt wurden, als Gleichstellungsbeauftragte im Amt. Soweit sie zugleich Mitglied in einer Personalvertretung sind, findet § 16 Abs. 5 bis zum Ablauf ihrer Amtszeit als Mitglied dieser Personalvertretung keine Anwendung.

Gesetz zur Gleichstellung von Soldatinnen und Soldaten der Bundeswehr (Soldatinnen- und Soldatengleichstellungsgesetz – SGleiG)

vom 27. 12. 2004 (BGBl. I S. 3822), geändert durch Gesetz vom 14. 8. 2006 (BGBl. I S. 1897)

Abschnitt 1
Allgemeine Vorschriften

§ 1 Ziel des Gesetzes

(1) Dieses Gesetz dient der Gleichstellung von Soldatinnen und Soldaten der Bundeswehr sowie der Beseitigung bestehender und der Verhinderung künftiger Diskriminierungen wegen des Geschlechts. Nach Maßgabe dieses Gesetzes werden Soldatinnen gefördert, um bestehende Benachteiligungen abzubauen. Ziel des Gesetzes ist es auch, die Vereinbarkeit von Familie und Dienst in den Streitkräften für Soldatinnen und Soldaten zu verbessern. Die Funktionsfähigkeit der Streitkräfte wird dadurch nicht beeinträchtigt.

(2) Rechts- und Verwaltungsvorschriften für Soldatinnen und Soldaten sollen die Gleichstellung von Frauen und Männern auch sprachlich zum Ausdruck bringen. Dies gilt auch für den dienstlichen Schriftverkehr.

(3) Für Soldatinnen können Dienstgradbezeichnungen in weiblicher Form festgesetzt werden.

§ 2 Grundsätze

(1) Alle Soldatinnen und Soldaten, insbesondere solche mit Vorgesetzten- und Führungsaufgaben, sind in ihrem Aufgabenbereich verpflichtet, die Gleichstellung von Frauen und Männern zu fördern. Dies gilt auch für Soldatinnen und Soldaten, die außerhalb der Streitkräfte dienstliche Aufgaben wahrnehmen. Verpflichtete im Sinne dieses Gesetzes sind auch zivile Vorgesetzte, denen Soldatinnen und Soldaten unterstehen.

(2) Die Gleichstellung von Frauen und Männern ist als durchgängiges Leitprinzip in allen Aufgabenbereichen der Dienststellen und bei deren Zusammenarbeit zu berücksichtigen.

§ 3 Geltungsbereich

(1) Dieses Gesetz gilt für alle Soldatinnen und Soldaten.

(2) Bei der Ausgliederung von Aufgaben des Geschäftsbereichs des Bundesministeriums der Verteidigung in die Rechtsform eines Unternehmens des privaten Rechts soll auf die entsprechende Anwendung dieses Gesetzes hingewirkt werden.

(3) Bei der Gewährung von freiwilligen staatlichen Leistungen durch Dienststellen im Geschäftsbereich des Bundesministeriums der Verteidigung an Institutio-

nen soll durch vertragliche Vereinbarungen sichergestellt werden, dass diese Institutionen die Grundzüge dieses Gesetzes anwenden.

(4) Dieses Gesetz ist im Spannungs- und Verteidigungsfall nicht anwendbar.

(5) Im Rahmen von besonderen Auslandsverwendungen gilt dieses Gesetz, es sei denn, das Bundesministerium der Verteidigung erklärt es im Einzelfall zur Gewährleistung der Sicherheit oder Einsatzbereitschaft der eingesetzten Truppen für nicht oder nur eingeschränkt anwendbar; in diesem Fall hat das Bundesministerium der Verteidigung den Deutschen Bundestag hierüber unverzüglich zu unterrichten.

§ 4 Begriffsbestimmungen

(1) Familienpflichten im Sinne dieses Gesetzes bestehen, wenn eine Soldatin oder ein Soldat mindestens ein Kind unter 18 Jahren oder eine Angehörige oder einen Angehörigen, die oder der nach ärztlichem Gutachten pflegebedürftig ist, tatsächlich betreut oder pflegt.

(2) Bereiche im Sinne dieses Gesetzes unter Berücksichtigung struktureller Vorgaben sind
1. die einzelnen Laufbahngruppen und Laufbahnen sowie Besoldungsgruppen,
2. die Statusgruppen der Berufssoldatinnen und Berufssoldaten sowie der Soldatinnen auf Zeit und Soldaten auf Zeit,
3. die militärischen Organisationsbereiche Heer, Luftwaffe, Marine und Sanitätsdienst.

(3) Dienststellen im Sinne dieses Gesetzes sind das Bundesministerium der Verteidigung sowie alle militärischen Dienststellen und Truppenteile ab der Einheitsebene.

(4) Qualifikation im Sinne dieses Gesetzes sind Eignung, Befähigung und Leistung.

(5) Soldatinnen sind dann als unterrepräsentiert anzusehen, wenn ihr Anteil in den einzelnen Bereichen nach Absatz 2 in allen Laufbahnen mit Ausnahme der Laufbahn des Sanitätsdienstes unter 15 Prozent, in der Laufbahn des Sanitätsdienstes unter 50 Prozent liegt. Das Bundesministerium der Verteidigung erstattet dem Deutschen Bundestag spätestens nach zwei Jahren Bericht, ob die in Satz 1 festgesetzten Quoten dem Ziel der Förderung der Gleichstellung von Soldatinnen und Soldaten angemessen Rechnung tragen; der Bericht nach § 24 bleibt hierdurch unberührt. Spätestens nach fünf Jahren entscheidet der Deutsche Bundestag, ob zur Förderung der Gleichstellung eine Änderung der in Satz 1 festgesetzten Quoten notwendig ist.

(6) Eine unmittelbare Diskriminierung von Soldatinnen ist gegeben, wenn diese auf Grund ihres Geschlechts in einer vergleichbaren Situation eine weniger günstige Behandlung erfahren als Soldaten erfahren, erfahren haben oder erfahren würden. Eine mittelbare Diskriminierung von Soldatinnen liegt vor, wenn dem Anschein nach neutrale Vorschriften, Kriterien oder Verfahren die Soldatinnen in

besonderer Weise gegenüber den Soldaten benachteiligen können, es sei denn, die betreffenden Vorschriften, Kriterien oder Verfahren sind durch ein rechtmäßiges Ziel gerechtfertigt und die Mittel sind zur Erreichung dieses Ziels angemessen und erforderlich.

(7) (weggefallen)

Abschnitt 2
Maßnahmen zur Gleichstellung von Soldatinnen und Soldaten

§ 5 Grundsatz, entsprechende Anwendung von Vorschriften

(1) Dieser Abschnitt ist anzuwenden, soweit nicht ein bestimmtes Geschlecht unverzichtbare Voraussetzung für die auszuübende Tätigkeit ist.

(2) Bei Verstößen der Dienststellen gegen die Benachteiligungsverbote bei Begründung eines Dienstverhältnisses und beim beruflichen Aufstieg findet § 12 des Soldatinnen- und Soldaten-Gleichbehandlungsgesetzes Anwendung.

§ 6 Personalwerbung, Dienstpostenbekanntgabe

(1) Anzeigen zur Personalwerbung sowie Dienstpostenbekanntgaben für die Streitkräfte müssen sowohl Frauen als auch Männer ansprechen. Der gesamte Anzeigentext darf nicht nur auf Personen eines Geschlechts zugeschnitten sein. In Anzeigen für Bereiche, in denen Soldatinnen nach Maßgabe des § 4 Abs. 2 und 5 unterrepräsentiert sind, ist hervorzuheben, dass Bewerbungen von Frauen erwünscht sind und dass Frauen bei gleicher Qualifikation bevorzugt eingestellt werden.

(2) Anzeigen zur Personalwerbung müssen im Hinblick auf mögliche künftige Funktionen der Bewerberinnen und Bewerber das vorausgesetzte Anforderungs- und Qualifikationsprofil der Laufbahn oder der Verwendungsbereiche, mindestens jedoch einen Hinweis auf den Zugang zu entsprechenden Informationen, enthalten. Dienstpostenbekanntgaben müssen mit den Anforderungen der zu besetzenden Dienstposten übereinstimmen.

§ 7 Annahmeverfahren

(1) In Bereichen, in denen Soldatinnen unterrepräsentiert sind, sind in Annahmeverfahren mindestens ebenso viele Frauen wie Männer zu berücksichtigen, sofern Bewerbungen von Frauen in ausreichender Anzahl vorliegen und die Bewerberinnen das erforderliche Anforderungs- und Qualifikationsprofil aufweisen. Sind Frauen in einzelnen Bereichen unterrepräsentiert, sind sie bei gleicher Qualifikation bevorzugt einzustellen, sofern nicht in der Person eines Mitbewerbers liegende Gründe überwiegen.

(2) In Annahmegesprächen sind Fragen nach dem Familienstand, einer bestehenden oder geplanten Schwangerschaft sowie nach der Sicherstellung der Betreuung von Kindern, behinderten oder pflegebedürftigen sonstigen Angehörigen neben der Berufstätigkeit unzulässig. Ärztliche Untersuchungen zur Feststellung der körperlichen Eignung dürfen sich ohne ausdrückliche Einwilligung der Bewerberin

nach § 4a des Bundesdatenschutzgesetzes nicht gezielt auf das Bestehen einer Schwangerschaft erstrecken.

(3) Prüfkommissionen sollen zu gleichen Teilen mit Frauen und Männern besetzt.

§ 8 Auswahlentscheidungen beim beruflichen Aufstieg

Sind Frauen in einzelnen Bereichen unterrepräsentiert, sind sie beim beruflichen Aufstieg bei gleicher Qualifikation bevorzugt zu berücksichtigen. Dies gilt insbesondere für Berufungen in das Dienstverhältnis, Umwandlungen des Dienstverhältnisses, Beförderungen, Laufbahnwechsel und für förderliche Verwendungsentscheidungen. Etwas anderes gilt ausnahmsweise nur dann, wenn in der Person eines Mitbewerbers liegende Gründe überwiegen. § 7 Abs. 2 und 3 gilt entsprechend.

§ 9 Qualifikation, Benachteiligungsverbote

(1) Die Feststellung der Qualifikation bestimmt sich nach den Anforderungen der in Betracht kommenden Verwendungen und nach den Ausbildungsvoraussetzungen, den beruflichen Erfahrungen und Leistungen. Spezifische, durch Betreuungs- und Pflegeaufgaben erworbene Erfahrungen und Fähigkeiten sind zu berücksichtigen, soweit sie für die Ausübung der jeweiligen Tätigkeit von Bedeutung sind. Können bestimmte Verwendungen nicht in Teilzeitbeschäftigung wahrgenommen werden, sollen andere Verwendungen angeboten werden, damit der berufliche Aufstieg nicht unverhältnismäßig behindert wird.

(2) Folgende Gründe sind bei der vergleichenden Bewertung nicht zu berücksichtigen:

1. Beurlaubungen, Teilzeitbeschäftigung oder Verzögerungen beim Abschluss einzelner Ausbildungsgänge jeweils auf Grund der Wahrnehmung von Familienpflichten,
2. Belastungen durch die Betreuung von Kindern oder pflegebedürftigen sonstigen Angehörigen,
3. die Einkommenssituation des Ehepartners oder der Ehepartnerin, des Lebenspartners oder der Lebenspartnerin, des Lebensgefährten oder der Lebensgefährtin.

§ 10 Aus-, Fort- und Weiterbildung

(1) Die Dienststellen haben durch geeignete Maßnahmen die Aus-, Fort- und Weiterbildung von Soldatinnen zu unterstützen.

(2) Die Dienststellen müssen Soldatinnen und Soldaten mit Familienpflichten die Teilnahme in geeigneter Weise ermöglichen, sofern dienstliche Gründe nicht entgegenstehen. Soweit erforderlich und in vertretbarem Rahmen möglich, sollen zusätzliche Veranstaltungen angeboten werden, die den räumlichen und zeitlichen Bedürfnissen von Soldatinnen und Soldaten mit Familienpflichten entspre-

chen. Möglichkeiten der Kinderbetreuung sollen im Bedarfsfall angeboten werden.

(3) Dem mit der Personalführung und Personalbearbeitung beauftragten Personal sowie dem Personal in Funktionen mit Vorgesetzten- und Führungsaufgaben soll Fortbildung über Maßnahmen zur Gleichstellung von Soldatinnen und Soldaten sowie zur Vereinbarkeit von Familie und Dienst in den Streitkräften angeboten werden. Entsprechende Fortbildungsangebote der Dienststelle sollen wahrgenommen werden.

(4) Soldatinnen sind verstärkt als Leiterinnen und Referentinnen von Fortbildungsveranstaltungen einzusetzen.

§ 11 Gleichstellungsplan

(1) Der Gleichstellungsplan ist ein Instrument der Personalplanung, insbesondere der Personalentwicklung, und zur Gleichstellung von Soldatinnen und Soldaten. Seine Umsetzung ist besondere Verpflichtung der militärischen Personalführung sowie der Disziplinarvorgesetzten.

(2) Der Gleichstellungsplan muss die Situation der Soldatinnen im Vergleich zur Situation der Soldaten beschreiben und die bisherige Förderung der Soldatinnen in den einzelnen Bereichen (§ 4 Abs. 2 und 5) auswerten. Insbesondere sind zur Erhöhung des Anteils der Soldatinnen in den einzelnen Bereichen Maßnahmen zur Durchsetzung notwendiger personeller und organisatorischer Verbesserungen im Rahmen konkreter Zielvorgaben vorzusehen. In jedem Gleichstellungsplan ist in Bereichen, in denen Soldatinnen unterrepräsentiert sind, für die Besetzung von Dienstposten die Anzahl von Soldatinnen festzulegen, die der in § 4 Abs. 5 genannten Quote entspricht. Personenbezogene Daten darf der Gleichstellungsplan nicht enthalten.

(3) Der Gleichstellungsplan wird von den Dienststellen, in denen eine Gleichstellungsbeauftragte zu wählen ist, im Benehmen mit den zuständigen personalbearbeitenden Dienststellen und unter frühzeitiger Beteiligung der zuständigen Gleichstellungsbeauftragten für vier Jahre erstellt. Er ist nach zwei Jahren der aktuellen Entwicklung anzupassen. Hierbei sind insbesondere die Gründe sowie ergänzende Maßnahmen aufzunehmen, wenn erkennbar ist, dass die Ziele des Gleichstellungsplans sonst nicht oder nicht innerhalb der vorgesehenen Zeiträume erreicht werden können.

(4) Der Gleichstellungsplan sowie die Aktualisierungen sind in den hiervon erfassten Dienststellen zu veröffentlichen. Den Disziplinarvorgesetzten und der Fachaufsicht führenden Dienststelle ist der Gleichstellungsplan gesondert zur Verfügung zu stellen.

(5) Wenn die Zielvorgaben des Gleichstellungsplans nicht umgesetzt worden sind, sind die Gründe im nächsten Gleichstellungsplan darzulegen und zusätzlich der vorgesetzten Dienststelle und der Fachaufsicht führenden Dienststelle mitzuteilen.

Abschnitt 3
Vereinbarkeit von Familie und Dienst für Soldatinnen und Soldaten

§ 12 Familiengerechte Arbeitszeiten und Rahmenbedingungen

Die Dienststelle hat Arbeitszeiten und sonstige Rahmenbedingungen anzubieten, die Soldatinnen und Soldaten die Vereinbarkeit von Familie und Dienst erleichtern, soweit wichtige dienstliche Gründe nicht entgegenstehen.

§ 13 Teilzeitbeschäftigung und familienbedingte Beurlaubung

(1) Für Soldatinnen und Soldaten ist nach Maßgabe des § 30a des Soldatengesetzes Teilzeitbeschäftigung sowie nach Maßgabe des § 28 Abs. 5 des Soldatengesetzes familienbedingte Beurlaubung zu ermöglichen.

(2) Soldatinnen und Soldaten, die eine Teilzeitbeschäftigung oder eine familienbedingte Beurlaubung beantragen, sind durch ihre jeweilige personalbearbeitende Dienststelle insbesondere auf die dienst- und versorgungsrechtlichen Folgen hinzuweisen.

(3) Die Dienststelle hat darauf zu achten, dass die Soldatinnen und Soldaten in Teilzeitbeschäftigung eine ihrer ermäßigten Arbeitszeit entsprechende Entlastung von ihren dienstlichen Aufgaben erhalten und sich daraus für die anderen Soldatinnen und Soldaten der Dienststelle keine unzumutbaren dienstlichen Mehrbelastungen ergeben.

§ 14 Wechsel zur Vollzeitbeschäftigung, beruflicher Wiedereinstieg

(1) Teilzeitbeschäftigte Soldatinnen und Soldaten, die eine Vollzeitbeschäftigung beantragen, und beurlaubte Soldatinnen und Soldaten mit Familienpflichten, die eine vorzeitige Rückkehr aus der Beurlaubung beantragen, müssen unter Beachtung ihrer Qualifikation bei der Rückkehr zur Vollzeitbeschäftigung vorrangig berücksichtigt werden.

(2) Die Dienststelle hat durch geeignete Maßnahmen den aus familiären Gründen beurlaubten Soldatinnen und Soldaten die Verbindung zum Beruf und den beruflichen Wiedereinstieg zu erleichtern. Dazu gehören die rechtzeitige Unterrichtung über Fortbildungsmaßnahmen und das Angebot zur Teilnahme während oder nach der Beurlaubung. Die Teilnahme an einer Fortbildungsmaßnahme während der Beurlaubung begründet einen Anspruch auf Freistellung vom Dienst nach Ende der Beurlaubung. Die Dauer der Freistellung vom Dienst richtet sich nach der Dauer der Fortbildungsmaßnahme.

(3) Mit den Soldatinnen und Soldaten sind rechtzeitig vor Ablauf einer Beurlaubung aus familiären Gründen Personalgespräche zu führen, in denen sie über die Möglichkeiten ihrer Verwendung nach der Beurlaubung informiert werden.

§ 15 Benachteiligungsverbot bei Teilzeitbeschäftigung und familienbedingter Beurlaubung

(1) Teilzeitbeschäftigung darf sich nicht nachteilig auf das berufliche Fortkommen und die dienstliche Beurteilung auswirken. Eine unterschiedliche Behandlung von teilzeitbeschäftigten und vollzeitbeschäftigten Soldatinnen und Soldaten ist nur zulässig, wenn wichtige sachliche Gründe sie rechtfertigen.

(2) Absatz 1 gilt entsprechend für wegen Familienpflichten beurlaubte Soldatinnen und Soldaten; eine regelmäßige Gleichbehandlung von Zeiten der Beurlaubung, der Teilzeit- und der Vollzeitbeschäftigung ist damit nicht verbunden.

(3) Bei Beförderungen sind die sich aus der familienbedingten Beurlaubung ergebenden Verzögerungen angemessen zu berücksichtigen.

(4) Soldatinnen und Soldaten können während einer Beurlaubung gemäß Absatz 2 befördert werden, wenn die Eignung für den höheren Dienstgrad vor der Beurlaubung nachgewiesen wurde und die übrigen laufbahnrechtlichen Voraussetzungen erfüllt sind.

Abschnitt 4
Gleichstellungsbeauftragte

§ 16 Wahl der Gleichstellungsbeauftragten und der Stellvertreterin

(1) Für die Divisionsebene und für die Dienststellen vergleichbarer Ebene wählen die Soldatinnen eine der jeweiligen Dienststelle zuzuordnende Gleichstellungsbeauftragte. Wahlberechtigt sind alle Soldatinnen in den der Division zugehörenden Dienststellen. Für die Wahl der den Dienststellen vergleichbarer Ebene zugeordneten Gleichstellungsbeauftragten gilt Entsprechendes.

(2) Für die der Divisionsebene und den Dienststellen vergleichbarer Ebene übergeordneten Dienststellen werden ebenfalls der jeweiligen Dienststelle zuzuordnende Gleichstellungsbeauftragte gewählt. Wahlberechtigt sind alle Soldatinnen dieser Dienststellen sowie der nachgeordneten Dienststellen, soweit sie nicht bereits nach Absatz 1 Satz 2 und 3 wahlberechtigt sind.

(3) Für die zentralen personalbearbeitenden Dienststellen einschließlich des Bundesministeriums der Verteidigung werden ebenfalls Gleichstellungsbeauftragte gewählt. Wahlberechtigt sind alle Soldatinnen, für die in der jeweiligen zentralen personalbearbeitenden Dienststelle Personalentscheidungen getroffen werden, sowie die Soldatinnen der jeweiligen Dienststellen einschließlich der zugehörenden Dienststellen. Für die Gleichstellungsbeauftragte im Bundesministerium der Verteidigung sind die Soldatinnen dieser Dienststelle sowie die Soldatinnen wahlberechtigt, für die in dieser Dienststelle Personalentscheidungen getroffen werden.

(4) Die gemäß den Absätzen 1 bis 3 wahlberechtigten Soldatinnen wählen die jeweilige Gleichstellungsbeauftragte aus ihrem Kreis in geheimer Wahl. Wiederwahl ist möglich.

(5) Die gemäß den Absätzen 1 bis 4 gewählte Gleichstellungsbeauftragte wird von der Dienststelle, der sie zuzuordnen ist, für vier Jahre bestellt. Findet sich keine Kandidatin oder ist nach der Wahl keine Kandidatin gewählt, ist die Gleichstellungsbeauftragte von der Dienststelle, der sie zuzuordnen ist, aus dem Kreis der wahlberechtigten Soldatinnen von Amts wegen zu bestellen; hierzu bedarf es der Zustimmung der zu bestellenden Soldatin.

(6) Für Dienststellen ohne eigene Gleichstellungsbeauftragte ist zusätzlich ab der Regimentsebene als Ansprechpartnerin für die Soldatinnen und Soldaten und für die zuständige Gleichstellungsbeauftragte eine Gleichstellungsvertrauensfrau zu bestellen, wenn dies tatsächlich möglich ist. Deren Aufgabe besteht in der Vermittlung von Informationen zwischen den Soldatinnen und Soldaten und der zuständigen Gleichstellungsbeauftragten. Die Gleichstellungsvertrauensfrau berät die zuständige Gleichstellungsbeauftragte in allen Fragen, welche die vertretenen Dienststellen betreffen. Die Gleichstellungsbeauftragte kann der Gleichstellungsvertrauensfrau mit deren Einverständnis Aufgaben zur eigenständigen Erledigung bei den vertretenen Dienststellen übertragen.

(7) Für jede Gleichstellungsbeauftragte ist eine Stellvertreterin gemäß den Absätzen 1 bis 4 zu wählen und zu bestellen. Findet sich für die Wahl der Stellvertreterin keine Kandidatin oder ist nach der Wahl keine Kandidatin gewählt, ist eine Stellvertreterin auf Vorschlag der Gleichstellungsbeauftragten aus dem Kreis der Soldatinnen zu bestellen, die den Dienststellen angehören, für die gemäß den Absätzen 1 bis 3 eine Gleichstellungsbeauftragte zu wählen ist. Zur Bestellung bedarf es der Zustimmung der zu bestellenden Soldatin.

(8) Die Gleichstellungsbeauftragte und ihre Stellvertreterin dürfen keiner Personalvertretung angehören und nur in ihrer Eigenschaft als Gleichstellungsbeauftragte mit Personalangelegenheiten befasst sein. Sie dürfen nicht zugleich Vertrauensperson nach dem Soldatenbeteiligungsgesetz sein oder einer Schwerbehindertenvertretung angehören.

(9) Bei vorzeitigem Ausscheiden der Gleichstellungsbeauftragten oder bei ihrer nicht nur vorübergehenden Verhinderung ist eine Gleichstellungsbeauftragte für die restliche Amtszeit durch die Dienststelle, der sie zuzuordnen ist, neu zu bestellen. Entsprechendes gilt für die Stellvertreterin der Gleichstellungsbeauftragten und die Gleichstellungsvertrauensfrau.

(10) Mindestens drei Wahlberechtigte oder die Leitung der Dienststelle, der die Gleichstellungsbeauftragte zuzuordnen ist, können binnen einer Frist von zwei Wochen, vom Tage der Bekanntgabe des Wahlergebnisses an gerechnet, die Wahl beim Truppendienstgericht anfechten, wenn gegen wesentliche Vorschriften über das Wahlrecht, die Wählbarkeit oder das Wahlverfahren verstoßen worden ist und eine Berichtigung nicht erfolgt ist, es sei denn, dass durch den Verstoß das Wahlergebnis nicht geändert oder beeinflusst werden konnte. Für das Verfahren gelten die Vorschriften der Wehrbeschwerdeordnung über das gerichtliche Antrags-

verfahren entsprechend. Die Truppendienstkammer soll mit mindestens einer Soldatin als ehrenamtlicher Richterin besetzt sein, wobei eine ehrenamtliche Richterin oder ein ehrenamtlicher Richter Unteroffizier, die andere ehrenamtliche Richterin oder der andere ehrenamtliche Richter Stabsoffizier sein muss. Die Reihenfolge der Heranziehung richtet sich nach der einheitlichen Liste der ehrenamtlichen Richterinnen und Richter für Verfahren nach diesem Gesetz, in der die verschiedenen Teilstreitkräfte angemessen zu berücksichtigen sind; § 74 Abs. 8 der Wehrdisziplinarordnung gilt entsprechend.

(11) Das Wahlergebnis im Bundesministerium der Verteidigung kann unmittelbar beim Bundesverwaltungsgericht (Wehrdienstsenate) angefochten werden. Absatz 10 gilt entsprechend.

(12) Das Bundesministerium der Verteidigung regelt das Verfahren für die Durchführung der Wahl nach den Grundsätzen der Absätze 1 bis 5 und 7 bis 11 durch Rechtsverordnung.

§ 17 Koordination, Stufenbeteiligung

(1) Die Gleichstellungsbeauftragte für Soldatinnen und Soldaten im Bundesministerium der Verteidigung ist für den Informations- und Erfahrungsaustausch der Gleichstellungsbeauftragten und der Gleichstellungsvertrauensfrauen im Geschäftsbereich des Bundesministeriums der Verteidigung verantwortlich.

(2) Soweit Entscheidungen mit Wirkung für nachgeordnete Dienststellen getroffen werden, können deren Gleichstellungsbeauftragte im Rahmen der §§ 19 und 20 eine schriftliche Stellungnahme abgeben. Diese Stellungnahme ist der vorgesetzten Dienststelle und deren Gleichstellungsbeauftragter vorzulegen.

(3) Werden in zentralen personalbearbeitenden Dienststellen einschließlich des Bundesministeriums der Verteidigung Personalentscheidungen getroffen, ist an diesen Entscheidungen nur die Gleichstellungsbeauftragte dieser Dienststelle zu beteiligen.

§ 18 Rechtsstellung

(1) Die Gleichstellungsbeauftragte ist unmittelbar der zuständigen Dienststellenleitung zugeordnet. Sie ist in der Ausübung ihrer Tätigkeit weisungsfrei.

(2) Die Gleichstellungsbeauftragte ist von ihrer dienstlichen Tätigkeit grundsätzlich für die volle regelmäßige Arbeitszeit unter Belassung der Geld- und Sachbezüge zu entlasten; ihr wird die notwendige personelle, räumliche und sachliche Ausstattung zur Verfügung gestellt. Näheres regelt das Bundesministerium der Verteidigung in Ausführungsbestimmungen.

(3) Der Gleichstellungsbeauftragten und ihrer Stellvertreterin ist Gelegenheit zur Fortbildung insbesondere im Gleichstellungsrecht und in Fragen des Soldaten-, Soldatenbeteiligungs-, Personalvertretungs- sowie Organisations- und Haushaltsrechts zu geben. Entsprechende Fortbildungsangebote der Dienststelle hat die Gleichstellungsbeauftragte wahrzunehmen.

(4) Die Gleichstellungsbeauftragte erhält einen monatlichen Verfügungsfonds. Die Verordnung über die Höhe der Aufwandsentschädigung für vom Dienst freigestellte Personalvertretungsmitglieder gilt entsprechend.

(5) Die Gleichstellungsbeauftragte darf bei der Erfüllung ihrer Pflichten nicht behindert und wegen ihrer Tätigkeit in ihrer beruflichen Entwicklung nicht benachteiligt oder begünstigt werden. Die fiktive Nachzeichnung ihres beruflichen Werdegangs ist im Hinblick auf die Einbeziehung in Personalauswahlentscheidungen zu gewährleisten. Die Gleichstellungsbeauftragte darf gegen ihren Willen nur versetzt oder kommandiert werden, wenn dies aus wichtigen dienstlichen Gründen unvermeidbar ist.

(6) Die Dienststelle hat der Gleichstellungsbeauftragten auf deren Antrag hin eine Aufgabenbeschreibung als Nachweis über ihre Tätigkeit zu erteilen.

(7) Die Stellvertreterin hat im Vertretungsfall dieselben Rechte und Pflichten wie die Gleichstellungsbeauftragte.

(8) Die Gleichstellungsbeauftragte und ihre Stellvertreterin, ihre Mitarbeiterinnen und Mitarbeiter sowie die Gleichstellungsvertrauensfrauen unterliegen in allen Angelegenheiten, insbesondere hinsichtlich der persönlichen Verhältnisse von Soldatinnen und Soldaten und anderer vertraulicher Angelegenheiten in der Dienststelle, auch über die Zeit ihrer Bestellung oder Beschäftigung hinaus, der Verschwiegenheitspflicht.

§ 19 Aufgaben

(1) Die Gleichstellungsbeauftragte hat den Vollzug dieses Gesetzes in der Dienststelle zu fördern und zu unterstützen; dies gilt auch für das Soldatinnen- und Soldaten-Gleichbehandlungsgesetz in Bezug auf das Verbot von Benachteiligungen auf Grund des Geschlechts in Form von Belästigungen und sexuellen Belästigungen. Im Übrigen wirkt sie bei allen personellen, organisatorischen und sozialen Maßnahmen ihrer Dienststelle mit, welche die Gleichstellung von Soldatinnen und Soldaten, die Vereinbarkeit von Familie und Dienst in den Streitkräften sowie den Schutz vor sexueller Belästigung am Arbeitsplatz betreffen. Sie ist frühzeitig zu beteiligen, insbesondere bei

1. Personalangelegenheiten wie der Einstellung, Maßnahmen des beruflichen Aufstiegs und der vorzeitigen Entlassung aus dem Dienstverhältnis,
2. der Abfassung von Beurteilungs- und Auswahlrichtlinien und bei Besprechungen, welche die einheitliche Anwendung dieser Richtlinien in der Dienststelle sicherstellen sollen,
3. Maßnahmen zum Schutz vor sexueller Belästigung.

Bei Entscheidungen über Versetzungen, Kommandierungen und Beförderungen hat sie auf ihren Antrag hin das Recht auf Beteiligung. Zu den Aufgaben der Gleichstellungsbeauftragten gehören auch die Beratung und Unterstützung in Einzelfällen bei beruflicher Förderung, Beseitigung von Benachteiligung und Fragen der Vereinbarkeit von Familie und Dienst in den Streitkräften.

(2) Die Dienststelle hat die Gleichstellungsbeauftragte in Verfahren zur Besetzung von Gremien nach Maßgabe des Bundesgremienbesetzungsgesetzes zu beteiligen, sofern in der Dienststelle keine besondere Organisationseinheit zur Gleichstellung von Soldatinnen und Soldaten eingerichtet ist.

§ 20 Information und Mitwirkung

(1) Die Gleichstellungsbeauftragte ist zur Durchführung ihrer Aufgaben unverzüglich und umfassend zu unterrichten. Ihr sind die hierfür erforderlichen Unterlagen und vergleichenden Übersichten zur Verfügung zu stellen und die erbetenen Auskünfte zu erteilen. Ihr soll Gelegenheit zur aktiven Teilnahme an allen Entscheidungsprozessen zu personellen, organisatorischen und sozialen Angelegenheiten gegeben werden. Sie hat im Rahmen ihrer gesetzlichen Aufgaben im Einzelfall Einsichtsrecht in die entscheidungsrelevanten Teile von Personalakten mit Ausnahme der Gesundheitsunterlagen. Die Einsichtnahme, deren Umfang und Zweck sind in der Personalakte zu vermerken.

(2) Die Gleichstellungsbeauftragte hat unmittelbares Vortragsrecht und unmittelbare Vortragspflicht bei der Dienststellenleitung und wird von dieser bei der Durchführung ihrer Aufgaben unterstützt. In allen Fragen, die ihrer Mitwirkung unterliegen, hat die Gleichstellungsbeauftragte ein Initiativrecht. Die Mitwirkung der Gleichstellungsbeauftragten erfolgt regelmäßig durch schriftliches Votum, das zu den Akten zu nehmen ist. Folgt die Dienststelle dem Votum der Gleichstellungsbeauftragten nicht, hat sie dieser die Gründe auf Verlangen schriftlich mitzuteilen.

(3) Die Gleichstellungsbeauftragte kann Sprechstunden durchführen. Sie kann jährlich in den einzelnen Dienststellen eine Versammlung der Soldatinnen einberufen, die der jeweiligen Dienststellenleitung vorher anzuzeigen ist. Sie kann an Personalversammlungen in Dienststellen teilnehmen, für die sie als Gleichstellungsbeauftragte zuständig ist, und hat dort ein Rederecht, auch wenn sie nicht Angehörige dieser Dienststelle ist.

(4) Zur Klärung von Fragen grundsätzlicher Bedeutung, insbesondere zur Auslegung dieses Gesetzes, kann sich die Gleichstellungsbeauftragte unmittelbar an die Gleichstellungsbeauftragte für Soldatinnen und Soldaten im Bundesministerium der Verteidigung wenden. Soweit dabei die Übermittlung personenbezogener Daten von Soldatinnen und Soldaten erforderlich ist, bedarf dies deren Einwilligung gemäß § 4a des Bundesdatenschutzgesetzes. Soweit eine Angelegenheit behandelt werden soll, die als Verschlusssache eingestuft ist, bedarf die Gleichstellungsbeauftragte des Einvernehmens der Dienststelle.

§ 21 Einspruchsrecht

(1) Bei Verstößen der Dienststelle gegen dieses Gesetz oder gegen andere Vorschriften über die Gleichstellung von Soldatinnen und Soldaten sowie gegen den Gleichstellungsplan hat die Gleichstellungsbeauftragte gegenüber der Dienststellenleitung ein Einspruchsrecht. Den Einspruch hat sie innerhalb einer Woche nach ihrer Kenntniserlangung schriftlich bei der Dienststellenleitung einzulegen. Er hat keine aufschiebende Wirkung. Die Dienststellenleitung kann die Vollziehung ei-

ner Maßnahme, gegen die sich der Einspruch richtet, bis zur Entscheidung über den Einspruch aussetzen.

(2) Die Dienststellenleitung soll über den Einspruch innerhalb einer Frist von einem Monat nach Zugang des Einspruchs entscheiden. Hält sie den Einspruch für begründet, sind die Maßnahmen und ihre Folgen zu berichtigen sowie die Ergebnisse des Einspruchs bei weiteren vergleichbaren Fällen zu berücksichtigen.

(3) Hält die Dienststellenleitung den Einspruch für unbegründet, legt sie diesen der nächsthöheren Dienststellenleitung unverzüglich vor. 2Absatz 2 gilt entsprechend.

(4) Hat die Gleichstellungsbeauftragte für Soldatinnen und Soldaten im Bundesministerium der Verteidigung einen Einspruch eingelegt, der nicht zur Abhilfe geführt hat, kann sie unmittelbar das gerichtliche Verfahren einleiten.

§ 22 Gerichtliches Verfahren

(1) Bleibt der Einspruch erfolglos, kann die Gleichstellungsbeauftragte das Truppendienstgericht, die Gleichstellungsbeauftragte für Soldatinnen und Soldaten im Bundesministerium der Verteidigung das Bundesverwaltungsgericht (Wehrdienstsenate) anrufen. Sie kann das Gericht auch anrufen, wenn über den Einspruch ohne zureichenden Grund in angemessener Frist sachlich nicht entschieden worden ist. Die Anrufung kann nicht vor Ablauf von drei Monaten seit Einlegung des Einspruchs erfolgen, außer wenn wegen besonderer Umstände des Falles eine kürzere Frist geboten ist. Liegt ein zureichender Grund dafür vor, dass über den Einspruch noch nicht entschieden ist, setzt das Gericht das Verfahren bis zum Ablauf einer von ihm bestimmten Frist, die verlängert werden kann, aus. Wird dem Einspruch innerhalb der vom Gericht gesetzten Frist stattgegeben, ist die Hauptsache für erledigt zu erklären. In keinem Fall hat die Anrufung des Gerichts aufschiebende Wirkung. Für das Verfahren gelten die Vorschriften der Wehrbeschwerdeordnung über das gerichtliche Antragsverfahren entsprechend. Für die Auswahl der ehrenamtlichen Richterinnen und Richter gilt § 16 Abs. 10 Satz 3 und 4 entsprechend.

(2) Die Anrufung des Gerichts kann nur darauf gestützt werden, dass
1. die Dienststelle Rechte der Gleichstellungsbeauftragten verletzt hat oder
2. die Dienststelle einen den Vorschriften dieses Gesetzes nicht entsprechenden Gleichstellungsplan aufgestellt hat.

(3) Die Dienststelle trägt die der Gleichstellungsbeauftragten entstehenden Kosten.

Abschnitt 5
Statistische Angaben, Bericht

§ 23 Statistische Angaben

Das Bundesministerium der Verteidigung erfasst statistisch für die einzelnen Bereiche

1. jährlich die Zahl der Soldatinnen und Soldaten, gegliedert nach Vollzeit- und Teilzeitbeschäftigung sowie familienbedingter Beurlaubung,
2. jährlich die Zahl der Bewerberinnen und Bewerber sowie die Zahl der eingestellten Soldatinnen und Soldaten,
3. jährlich die Zahl der Soldatinnen und Soldaten, für die ein Status- oder ein Laufbahnwechsel entschieden oder für die eine Förderperspektive vergeben wurde, sowie
4. nach den jeweiligen Beurteilungsterminen eine Auswertung der dienstlichen Beurteilung der Soldatinnen und Soldaten, bezogen auf Vollzeit- und Teilzeitbeschäftigung.

§ 24 Bericht

Die Bundesregierung legt dem Deutschen Bundestag alle zwei Jahre einen Bericht über die Situation der Soldatinnen im Vergleich zu der Situation der Soldaten in dem in § 3 genannten Geltungsbereich und über die Anwendung dieses Gesetzes nach Auswertung der statistischen Angaben vor. Der Bericht kann mit dem durch die Bundesregierung gemäß § 25 des Bundesgleichstellungsgesetzes vorzulegenden Bericht verbunden werden und vorbildhafte Gleichstellungsmaßnahmen besonders hervorheben. Er darf keine personenbezogenen Daten enthalten.

Stichwortverzeichnis

Die fettgedruckten Ziffern bezeichnen die Paragraphen, die mager gedruckten Ziffern die Randnummern.

A

Antidiskriminierungsgesetz **Einf.** 5
Antidiskriminierungsstelle **Einf.** 28; 25; **25**, 1, 2
- Leiter **26**, 1, 2
Allgemeines Gleichbehandlungsgesetz **Einf.** 6, 22
Alter **Einf.** 19; 1, 33 ff.; 8, 9; 10, 1 ff.
Anwendungsbereich
- sachlich **Einf.** 23; **2**, 1 ff.
- persönlich **Einf.** 24
Allgemeiner Teil **Einf.** 39; **2**, 1
Antirassismusrichtlinie 1, 5; **21**, 6
Altersgrenzen **1**, 36
Absagen **2**, 14
Ausübungsbedingungen **2**, 15 ff.
Arbeitgeberverbände **2**, 19
Arbeitnehmer **6**, 3
Arbeitnehmerähnliche Personen **6**, 5
Arbeitgeber **6**, 10; **11**, 4
- Pflichten **12**, 1 ff.
Arbeitnehmerüberlassung **6**, 12
Altersversorgung **10**, 12
Ausschreibung **11**, 1 ff.
Angehörige **19**, 15
Antidiskriminierungsverbände **23**, 1 ff.; **23**, 2
Anspruchskonkurrenz **21**, 12

B

Beirat **Einf.** 28; **30**, 1 - 4;
Behinderung **1**, 23 ff.; **8**, 8
Beschäftigung **Einf.** 13
Beruf **Einf.** 13
Begriffsbestimmungen **Einf.** 23
Beschäftigtenschutzgesetz **Einf.** 34
Benachteiligungskriterien **Einf.** 38

Benachteiligung **1**, 3; **3**, 1
- unmittelbar **1**, 14 ff.; **3**, 2, 4 ff.
- mittelbar **1**, 14 ff.; **3**, 2, 8 ff.
Betriebsangehörigkeit **1**, 35
Beruflicher Werdegang **1**, 35
Bildung **2**, 5; **2**, 27 ff.
Beruflicher Aufstieg **2**, 8
Bewerbungsunterlagen **2**, 11
Berufsberatung **2**, 17
Berufliche Bildung **2**, 17
Berufsbezogene Vereinigung **2**, 19
Belästigung **3**, 9 ff.; **7**, 1 SoldGG
Beschäftigte **6**, 2 ff.; **10**, 3
Bewerber **6**, 7
Benachteiligungsverbot **7**, 1 ff.; **2**, 38
Beamte **7**, 12; **24**, 12; **24**, 13
Berufliche Anforderungen **8**, 1 ff. **8**, 3
Behinderte **8**, 11
Berufserfahrung **10**, 9
Betriebszugehörigkeit **10**, 15
Beweislastumkehr **11**, 5
Beschwerderecht **13**, 1 ff.
Betriebsrat **17**, 2
Berufsgruppenvereinigung **18**, 3
Beweislast **21**, 10; **22**, 1 ff.; **21**, 10
Beistand **23**, 5
Beschwerdeordnung **11**, 1 SoldGG
Berufsverbände **14**, 1 SoldGG
Betriebliche Altersvorsorge **2**, 37

D

Diskriminierung **Einf.** 2
Diversity **Einf.** 41; **5**, 6
Diversitymanagement **19**, 14

Deutschsprachigkeit **1**, 9
Dienstleistungen **2**,5; **2**, 29
Dienstalter **10**, 9
Doppelwirkung **Einf.** 35 ff.; **24**, 6; **24**, 7
Datenschutz **28**, 3;

E
Ethnische Herkunft **1**, 5 ff.; 8, 7; 19, 13
Ehe **1**, 40
Erwerbstätigkeit
– Zugang **2**, 8
– Einstellung **2**, 10
Entschädigung **15**, 1 ff.;

F
Freiheitsrecht **Einf.** 1
Fehlzeiten **1**, 28
Frauenförderplan **5**, 6
Frist **15**, 10; **21**, 14;

G
Gesetzgebungskompetenz **Einf.** 32
Gemeinwohlbindung **Einf.** 27
Grundrechte **Einf.** 19, 2
Geschlecht **1**, 11 ff.; **8**, 5; **8**, 11
Gender Mainstreaming **1**, 11
Geburtsdatum **1**, 35
Geschlechtsumwandlung **1**, 39
Gesundheitsdienst **2**, 5
Gewerkschaft **2**, 19; **17**, 2
Gesundheitswesen **2**, 25
Günstigkeitsprinzip **31**, 4
Günstigkeitsvergleich **31**, 8

H
Hautfarbe **1**, 42
Heimarbeiter **6**, 6; **6**, 13
Haftung **7**, 12
Höchstalter **10**, 11
Hergebrachte Grundsätze **24**, 1
Herausnahmetatbestand **2**, 33

I
Integrationsvereinbarung **5**, 6
Informationspflicht **12**, 15

Indiz **22**, 1 ff.
Interessensvertretung **23**, 8

K
Krankheit **1**, 27
Kündigung **1**, 37; **2**, 40
Kundenkontakt **7**, 13
Kirche **9**, 2

L
Leistungen **2**, 6; **2**, 20 ff.; **2**, 26; **2**, 30
Lichtbild **2**, 11; **11**, 9
Lohngleichheit **8**, 10
Lebenslauf **11**, 10
Leistungsverweigerung **14**, 1
Loyalitätspflicht **14**, 2
Leistungsverweigerungsrecht **24**, 11

M
Menschenrechtskonvention **Einf.** 11
Mindeststandard **Einf.** 39; **2**, 3
Mitarbeitervertretung **Einf.** 41
Muttersprache **1**, 10
Mobbing **7**, 14; **14**, 3
Mindestanforderungen **10**, 8
Maßnahmen/Beschäftigte **12**, 11
Maßnahmen/Dritte **12**, 12
Maßregelungsverbot **16**, 1 ff.
Massengeschäft **19**, 6; **19**, 11

O
Öffentlicher Dienst **Einf.** 33, 42; **10**, 10; **12**, 14; **16**, 6; **24**, 11
Öffentlich-rechtliche Dienstverhältnisse **6**, 9; **24**, 1 ff.; **24**, 1; **24**, 3
Organmitglieder **6**, 15
Öffentlich-rechtliche Körperschaft **6**, 16

P
Positive Maßnahmen **2**, 7; **5**, 1 ff.; **11**, 7
Personengesellschaft **6**, 11
Prävention **12**, 1; **12**, 1
Privatautonomie **19**, 1
Personalwerbung **9**, 1 SoldGG

R
Rasse   1, 5 ff.; 8, 7; 19, 13
Richtlinien   Einf. 3, 8, 10, 37
Rechtsschutz   Einf. 26
Religion   1, 17; 9, 1 ff.
Regress   7, 12
Richter   24, 14
Rechtsberatung   23, 6
Rechtfertigungsgrund   8, 1 - 11

S
Sexuelle Identität   Einf. 20; 1, 39
Soldatinnen- und Soldatengleichbehandlungsgesetz   Einf. 29
Schulung   Einf. 40, 12, 5 ff.
Schwerbehinderung   1, 25; 1, 30; 1, 2 SoldGG; 18, 1 - 3 SoldGG
Soziale Auswahl   1, 37
Sprache   1, 42
Sozialschutz   2, 20
Soziale Vergünstigungen   2, 26
Sexuelle Belästigung   3, 14 ff.; 7, 1 SoldGG
Selbständige   6, 14
Sozialplan   10, 14 ff.
Schadensersatz   15, 1 ff.
Schaden
- materiell   15, 4
- immateriell   15, 5; 21, 11
Soziale Verantwortung   17, 1 ff.
Sachlicher Grund   19, 5; 20, 1 ff.
Streikverbot   24, 12
Sozialrecht   Einf. 37; 2, 30

T
Transsexualität   1, 39
Tendenzunternehmen   9, 2
Tarifvertragsparteien   18, 2
Truppenteile   10, 1 SoldGG

U
Unwirksamkeitsklausel   7, 8
Unterlassung   21, 2
Unterstützungspflicht   28, 2
Unabdingbarkeit   31, 1
Übergangsregelungen   33, 1 - 8

V
Verbotene Verhaltensweisen   3, 1
Verhältnismäßigkeitsgrundsatz   5, 6
Vertragsverletzung   7, 11
Vereinigungen   18, 1 ff.
Versicherung   19, 6; 20, 4
Verschuldensprinzip   21, 9
Vermutungstatsachen   22, 2
Vermutung   22, 1

W
Weltanschauung   1, 18; 9, 1 ff.; 19, 10
Wohnraum   2, 5
Wohnungswirtschaft   19, 14
Wehrdienst   6, 1 SoldGG

Z
Ziele   Einf. 38; 1, 1
Zivilrecht   19, 1 ff.